30인의 목사들이 말하는 내 목회의 스승

목사님의
목사님

권　철 서울 숭의마펫기념교회

김권수 서울 동신교회

김기영 서귀포 향림교회

김명서 인천 가좌제일교회

김상규 천안 새롭게하는교회

김정호 천안 예찬교회

김정희 서울 영락교회

김치성 세종 햇무리교회

남주희 천안 우리노인주간보호센터

리종빈 광주 벧엘교회

박선타 천안 두란노교회

백승철 천안 두정교회

성연순 안산 안산제일교회

어윤일 천안 보석교회

워런홀랜드&이성민 조지아(유럽) 선교사

윤마태 천안 천안서부교회

을지자르갈 몽골UBTC교수

이규황 서울 산성교회

이남수 하남 믿음교회

이종혁 서울 반석교회

이준학 천안 주엘림교회

이진만 파라과이 남미교회

이태승 보령 대천중앙교회 '주님의선교센터'

임종희 서울 새문안교회

임채련 은퇴목사

최진철 경기 광주 성림교회

최찬호 평택 한일교회

한현수 일산 예일교회

함영복 부산 광안교회

현해순 은퇴목사

하이지저스

한국의 성자 이순목사님을 그리면서

'한국교회에 성자 목사님이 누구실까?' 하고 묻는다면, 나는
첫째로는 하늘나라 가신 한경직 목사님이 대한민국 교회의 성자
목사님이시라고 생각한다. 한 목사님은 한국교회를 향한 큰 역사를
이루고 사랑의 흔적을 통해서 대한민국 땅에 1,000여 개 이상의
교회를 개척하셨다. 한 목사님은 그럼에도 불구하고, 자신의 명의로
된 방 한 칸도 없었고, 자손들에게도 물려주신 것이 하나도 없다.
목사님은 오로지 예수로 사는 분이셨고, 돈 보기를 돌같이 하시는
분이셨다. 실로암안과병원도 한경직 목사님의 기도와 소원 사업으로
이 땅 위에 존재하게 되었다.

두 번째 성자 목사님을 꼽는다면, 나의 친형제와도 같이 사랑하던
이순목사를 꼽을 수 있다. 나와 그는 신학생 때 처음 만났고, 그가
노량진교회 부목사로 있을 때도 알고 지냈다. 그는 서대문구에 있는
어느 교회에서 시무할 때부터 앞 못 보는 이들을 위해 빛을 찾아주는
데 믿음으로 정성을 다 바쳤다. 그것을 기초로 천안중앙교회에서
시무하면서도 다년간 앞 못 보는 이들에게 빛을 찾아주는 것을 제2의
목회처럼 생각하고 협력했다. 교회 내에서 가정에 경사스러운 일이
있으면 그때마다 '화려하고 거하게 차리지 말고 그 비용을 줄여서
앞 못 보는 이들에게 빛을 찾아주는 성스러운 일에 협력하라'고
강조하는 것이 그의 삶과 목회의 철학이었다. 이순목사의 사랑의
실천이 수천 명의 시각장애인에게 빛을 찾아주는 데 큰 공헌을

하였다.

이순목사의 신앙과 윤리, 사랑을 목회에서 보고 배운 후배, 제자들이 이제는 어엿한 목회자들이 되어 한국과 세계 선교 현장에서 그의 목회철학, 신앙철학을 실천하는 것을 볼 때 감사가 흘러넘치고, 목회자 한 사람이 얼마나 중요하고 큰 영향을 미치는지 잘 알 수 있다. 이순목사의 목회를 함께 도왔던 분들이 오늘도 실로암의 연못을 이루는데 큰 기둥이 되고 있는 것을 볼 때마다 감사한 마음 한이 없다.

이 목사의 큰딸 하늘이가 신학교에 다닐 때 동기 중에 앞 못 보는 자매가 있었다. 하늘이는 앞 못 보는 자매의 오른팔 역할을 하면서 전적으로 도와주므로 앞 못 보는 자매가 학교를 무사히 졸업할 수 있었다. 그렇게 하기까지는 딸에게 '너는 시간에 쫓기더라도 앞 못 보는 그 자매를 힘껏 도우라'는 목사님의 권면이 있었다. 하늘이는 아버지의 말씀을 그대로 따라서 내 몸과 같이 그 자매를 도우며 섬겼다. 그 결과 하늘이는 좋은 형제를 만나 결혼하여 가정을 이루었고 슬하에는 딸과 아들이 잘 성장하고 있다.

이순목사가 딸 하늘이가 있는 독일 비스바덴을 잠시 방문하였을 때 나도 그곳을 방문한 적이 있다. 그때 이순목사는 자신이 사용하던 방을 우리 부부에게 내어준 적이 있다. 그래서 하늘이 집에서 이순목사와 함께 약 3주간을 함께 머문 적이 있었다. 그는 '이곳에서 몇 년을 사셔도 환영합니다.'라고 하면서 나에게 방을 양보해 주었다. 그만큼 믿음과 사랑이 넘치는 성자이셨다.

신실한 복음의 사도인 동시에 사랑의 사도, 그리스도의 진실한

사도였던 그가 이 세상에 더 오래 머물러 있으면서 하나님이
기뻐하시는 선한 일을 많이 하고, 한국교회를 위해서 더 많은 역사를
이룰 것으로 기대했으나 너무 일찍 하나님의 부르심을 받아서 아쉬운
마음이 한없다.

　그는 지금 하나님께로부터 부름을 받아 주무시고 있지만, 우리
주님 재림의 나팔 소리와 함께 다시 일어나 만날 그날이 있기에
위로를 받는다. 송이레 사모님을 비롯해서 큰딸 하늘이와 둘째 딸
보람이와 아들 기둥이 모두 아버지의 신앙을 이어받아 이 땅 위에
사랑의 흔적을 많이 남겨놓기를 바라는 바이다.

　이순목사 추모 1주년을 맞이하여 이순목사의 제자들, 후배들,
동역자들이 그의 신앙과 목회를 기억하며 책이 나오게 됨을 진심으로
축하한다. 이순목사의 삶, 그의 신앙과 윤리, 사랑 철학을 기억하고
배울 수 있는 이 책이 많은 목회자들, 성도들에게 도움이 될 것으로
생각하며 기쁜 마음으로 추천한다.

_김선태 실로암안과병원장

가장 감동받은 목사님!

　제가 일생 목회하면서 가장 감동을 받은 사람은 하나님 주시는
축복을 받는 사람이었습니다.

　이순목사님은 저와 같이 동역도 하였지만 하나님께서 목회 축복을
주시는 목사님이십니다. 노량진교회 시무하는 중 목사 안수를
받았는데 서울 시내에 있는 교회의 청빙을 받고 빨리 단독 목회를

하게 되었습니다. 교회의 초빙을 받는 것은 큰 축복입니다. 그런데 첫 번 단독 목회 출발인데 몇 해 매우 힘든 목회를 하였습니다. 교인은 점점 많이 늘고 잘 모이는데 그 교회 오래된 장로 한 분이 목사의 목회에 사사건건 간섭을 하고 트집을 잡아서 심리적으로도 편치 못하고, 실제 새롭게 일하기가 매우 어려웠습니다.

예를 들면 목사가 "예배시간 10분 전에 다 나와 기도로 준비하세요." 광고하면, 그 장로가 목사에게 맞대고 "예배시간 10분 전에 오라는 것이 성경 어데 있습니까?"고 따진다는 것입니다. 한번은 이목사께서 저에게 그 사정을 일일이 이야기하며 "이런 경우에 어떻게 해야 합니까?"고 묻기에, "보통은 그런 장로가 없는데 하나님께서 이목사께 꼭 필요해서 특별히 붙여주신 것 같네요? 하나님께 보답하려면 단 한 번도 그 장로와 충돌하지 말고, 그로 인해 화내지도 말고, 여유 있는 마음으로 부드럽게 대하며 '저 장로가 몰라서 저러거니'로 생각하며 목회는 위축되지 말고 잘하세요. 다음번에는 꼭 대조적인 훈련을 주실 거예요, 그래야 참 목회자 성품이 이루어지지요."라고 대답해드렸지요. 그런데 그 교회 떠나 경주에 장로 많은 교회에 부임했는데 아무도 목회 신경 쓰는 이 없고 전적으로 협조하는 교회 목회를 거쳐서, 천안중앙교회 부임하여 27년간 시무하고 원로목사 추대를 받았습니다, 천안중앙교회 시무 중에서도, 생각 밖의 예배당 주변 환경 변동으로 큰 타격을 입을 수도 있었는데 도리어 예배당 건축에 도움이 되는 등 목회의 축복을 많이 받았습니다.

이순목사님은 단독 목회 세 곳에서 목회하였는데 간곳마다 하나님께서 꼭 필요하고 유익한 요소들로 은혜를 주셔서 점점 축복으로 목회하였습니다.

목회에 두 가지 형태가 있다고 할 수 있습니다. 한 가지가, 목회자의 노력과 수고만 많이 보이고, 별로 하나님 주시는 축복이 보이지 않는 목회가 있습니다. 그런 교회 분위기는 훈훈해지지 않습니다. 목회 피곤이 오고 교회 발전이 없게 되지요. 그런가 하면 반대로, 목회자의 수고와 노력은 보이는 것 같지 않는데 은혜와 축복이 충만하게 보이는 목회와 교회는 날이 갈수록 훈훈한 사랑의 분위기를 느끼게 됩니다. 물론 교회가 성장 발전합니다. 목회는 하나님께서 주시는 축복으로 감당해 가는 것입니다. 이순목사님 목회가 그런 축복의 목회여서 교회가 가정 분위기로 다 같이 복을 나누었습니다. 이목사님은 하나님께서 주시는 축복으로 목회한 부러워할 만한 목사님입니다.

또 한 가지 제가 일생 목회하면서 가장 감동을 받은 사람은 '말없이 일 잘하는 주님의 종'입니다.

사람은 '일하기 위해 태어났다'고 생각하는 것이 옳습니다. (창1:28) 하나님께서 사람을 창조하시고 "땅에 충만하라", "땅을 정복하라", "생물을 다스리라"고 하셨습니다. 하나님께서 사람에게 엄청난 일을 맡기시기 위해 창조하신 것입니다. (요5:17) 예수께서 그들에게 이르시되 "내 아버지께서 이제까지 일하시니 나도 일한다."고 하셨습니다. 예수님도 세상에 육신을 입고 오셔서 사람을 영육 간 살리는 일을 하셨습니다. (살후3:10) 바울 사도는 "우리가 너희와 함께 있을 때에도 너희에게 명하기를 누구든지 일하기 싫어하거든 먹지도 말게 하라 하였더니"라고 하였습니다. 일하기 싫어하면, 먹을 자격이 없다고까지 하였습니다. 사람의 가치는 일하는 데서 나타납니다.

이순목사님은 필요 없는 말을 하지 않는 즉 잡담이 많지 않고 일 잘하는 목사님입니다. 일반적으로 우리 사회에서 말 많은 사람을 불신하고 싫어하는 경향이 있습니다. 우리나라가 세계 선진 행복지수 높은 나라가 되는데 많이 부족한 점은 '거짓말-불신', '약속 안 지키는 것' '싸우는 것', '부정비리', '범죄율' 등이 많기 때문입니다. 문제는 기독교인이 많아졌는데 이런 점이 고쳐지지 않는다는 것이 더욱 걱정됩니다. 이순목사님은 비교적 말이 많지 않고 대신 정직하고 성실한 목회자이십니다.

물질에 대해 청렴(淸廉)하고, 대인관계에서 흐리터분한 것이 없는 신뢰를 받는 깨끗한 목사님이십니다. 언제나 맡은 일을 깨끗이 마무리하는 유능한 목회자이십니다. 한국교회에 본이 될 만한 감동을 받을만한 목사님이 십니다. 그의 발자취가 점점 퍼지며 좋은 영향이 있을 것을 확신하며 감동을 받습니다.

그리고 제가 일생 목회하면서 가장 감동받은 사람은 가정생활을 행복하게 사는 그리스도인입니다. 저는 '가정 같은 교회! 교회 같은 가정!'을 만들자고 힘썼습니다. 목회하는 중에 가장 슬프고 비참을 느끼는 것은 신자 가정이 파탄 나는 사건이 생기는 것입니다. 가정은 문제가 생기면 회복되기가 어려워집니다. 그 불행과 고통은 생각밖에 복합적으로 넓게 오래 쌓여갑니다. 목회자의 마음은 불행 당하는 식구 이상으로 마음이 아프고 슬픕니다. 목회 실패의 죄책감에 빠집니다. 반면에 신자 가정이 행복하며 가정의 모든 일들이 잘되는 것을 보면 그렇게 기쁠 수가 없습니다. 마치 목회자 자신이 행복을 누리는 이상으로 기쁩니다. 하나님께서 최초로 세우신 것이 가정입니다. 가정이 범죄로 불행해진 것을 예수님의 속죄 구원으로 회복하게 하셨고 성령께서 오순절 신자들에게 충만히 임하셔서 교회를 세워 능력 입은 성도들로 새로운 경건한 가정을 이루어 가게 하셨습니다. 목회는 매 개인을 속죄 구원 받게 하는 것으로 맞어 지는 것이 아니라 그 구원받은 신자들로 이루어지는 경건한 가정을 이루게 하는 것이 목적이어야 합니다. 성 프란치스코가 "아빠는 믿음으로 가정을 다스리고 엄마는 사랑으로 아이를 훈육하고 자녀는 순종으로 어른을 공경하여 가정에 지상낙원을 꽃피우게 하소서."라고 기원한 대로 이순목사님은 미리 누리는 천국 같은 가정을 이루었습니다. 아들은 목회자로 큰딸은 독일에서 작은딸은 미국에서 각각 신앙 가정으로 후손들이 자랑스러울 만큼 활약하고 있습니다. 이순목사님은 모범 신앙 가정을 누리며 모든 신자들에게 보여주는 감동적인 목회를 하였습니다.

제 목회 일생 중 감동받은 이순목사님은 하나님이 주시는 축복받은 목회자! 하나님 뜻대로 일 잘한 목회자! 행복한 신앙 가정생활 모범자로 칭찬드리고 싶고 이 목사님 기념집 발간을 환영하는 동시에, 한국의 모든 목회자와 성도들에게 우리 모두 다 같이 이 목사님을 본받자고 권유합니다.

_**림인식** 노량진교회 원로 목사

사랑하는 친구 이순목사

사랑하는 친구 이순목사는 신학교 입학하면서 하나님께서 만나게 하신 선지동산의 친구입니다. 하나님의 부름을 받기까지 50년 희년의 세월을 가장 자주 만나고 늘 올라와서 자고 가는 친구였습니다. 우리들은 팔자가 비슷해서 고생을 많이 하면서 공부하고, 개척도 하고 돌아다니는 김삿갓 목회하다가, 마지막에 친구는 천안에서, 나는 서울에서 실로암을 만나 목회를 마치게 되었습니다.

깨끗한 목회자, 마음이 넓고 가슴이 큰 주의 종, 어려운 이웃을 만나면 그냥 지나가지 않는 사마리아 사람이지요. 나보다 10배 훌륭한 친구.

나보고 학교 다닐 때 "동전아, 동전아~" 그랬습니다. 옛날 화폐 개혁 전 3환은 동전이었으니까요. "너는 두 푼이다 2순이니까" 내가 그렇게 불렀던 것입니다.

"예수님 앞에 자네나 나나 동전 두 푼이라도 되면 다행이지. 순아, 너는 나보다 훌륭해, 잘했어. 기둥이 너보다 낫다. 안심해라. 다시 만나자. 너 좋아하는 사람 억수로 많다. 읽어 보고 활짝 웃어라."

_**김삼환** 명성교회 원로 목사

차례

머리말

    일평생 고등학교 음악교사로 살았던 한 교사의 이야기를 그린
'홀랜드 오퍼스(Mr. Holland's Opus)'라는 영화가 있습니다. 주인공은
30년간의 교직 생활을 다소 불명예스럽게 마치게 됩니다. 지역의
교육예산이 줄어 음악과목이 폐지되었기 때문에 쫓겨나듯 떠나게 된
겁니다. 음악적으로 찬란하게 빛나고 싶었지만 그의 꿈은 학생들을
가르치는 일에 치이고, 또 뜻밖에 소리를 듣지 못하는 장애인 아들을
키우느라 삶에 치여서, 묻혀버리는 듯했습니다. 학교에서의 마지막
퇴근길, 초라한 발걸음으로 짐을 다 챙겨 들고 집으로 향합니다.
그런 그를 더욱 초라하게 만드는 것은 남몰래 작곡해 온 관현악곡을
한 번도 연주해 보지 못했다는 현실이었습니다. 초라하게 퇴장하는
그를 동반하는 사람은 아내와 청각장애를 가진 아들뿐입니다.
그날따라 학교는 더 적막하고 쓸쓸하기까지 합니다. 한참을 걷다가
작은 소리가 들려 따라가봅니다. 놀랍게도 주인공을 사랑하는
모든 사람들이 강당에 가득 모여 있었고, 마지막 파티가 준비되어
있었습니다. 게다가 강단의 커튼이 젖혀지자 선생님 몰래 졸업생과
재학생이 함께 선생님의 곡을 연주하기 위해 오케스트라를 구성해
앉아 있었습니다. 선생님께 지휘봉을 넘겨줍니다. 일생의 작품을
초연하는 자리로 변한 그 현장에서 연설을 맡은 졸업생은 선생님을
이렇게 소개합니다. "최고의 작품을 작곡하고 연주하고 싶었던
선생님의 꿈은 실패했다고 생각할 수도 있을 것입니다. 그러나
선생님 최고의 작품은 우리들입니다. 우리가 바로 선생님이 그리신
악보의 음표들입니다."

아버지는 아버지에게 허락된 시간들을 교회에 바치셨습니다. 교회 말고는 설명이 되지 않는 일생이셨습니다. 그리고 아버지의 교회는 건물이 아니라 사람이었습니다. 건축을 많이 한 목사로 기억할지도 모르지만, 아버지는 부교역자들을 키우고 교우들을 훈련해서 심지어 가까운 지역으로도 교회를 세워 박수치며 떠나보내셨습니다. 그래서 지금도 아버지의 삶은 얼마나 많은 예배당과 건물들을 건축했느냐가 아니라, 결국 함께했던 사람들에게 남아있습니다. 그리고 가장 많이 또 밀도 있게 함께 지내셨던 부교역자들만큼 속속들이 잘 알 수 있는 분은 없습니다. 저 역시 목사로서 아버지의 목회적 영향 아래 자라났기에 아버지의 유업을 기리기 위해서 아버지가 그려내신 작품을 기록하고 싶었습니다.

거리와 여건 등이 맞지 않아 모시지 못한 분들도 많았지만 서른분의 목회자들을 1년에 걸쳐 인터뷰하는 동안 수도 없이 울었습니다. 현장에서 울었고, 편집하며 또 울었습니다. 그리고 함께 울 수 있는 분들이 계셔서 참 좋았습니다. 그러다가 영상만이 아니라 책으로도 남기게 되었습니다. 인터뷰에 응해 주신 모든 분들이 너무나 정성을 다해 도와주셨기 때문입니다. 물론 故이순목사님이 살아내신 삶에 대한 감사와 감동이 모두를 움직여 주었기에 가능한 일이었습니다. 결국 우리들은 앞선 믿음의 세대들에게 물려받은 거저 받은 세대 아닌가요. 이 기록이 우리를 교만하게 하지 않고, 주님의 나라를 이 땅 위에 겸손하게 세워가게 하는 힘이 되리라 믿으며 이 책을 냅니다.

100세가 다 되신 故이순목사님의 스승 노량진교회
원로 림인식목사님께서 직접 추천사를 써주셨고, 일생의
동역자셨던 실로암안과병원 김선태목사님과 명성교회 원로
김삼환목사님께서도 기쁜 마음으로 함께 해주셔서 특별히
감사드립니다. 또 출판을 흔쾌히 허락해 주신 하이지저스
김용환집사님께도 깊이 감사드립니다.
　그리고 촬영과 편집, 녹취와 교정 등등 모든 과정을 자기 일처럼
함께 감당해 준 키즈워십 팀 박철범, 엄윤림, 장순빈, 양재성
간사들에게 또한 진정한 마음의 감사를 보냅니다.

2023년 5월
이기둥 목사

빈손 들고 앞어가
삽자가를 붙ㄹ너
이순

1장

나의

스승

나의 멘토, 나의 스승

김권수 목사

본인 소개를 부탁드립니다.

1956년 청계천, 판자촌 지역에 세워진 동신교회 위임목사입니다.
저를 온유하다고들 하는데, 하나님의 은혜 없이는 사역할 수 없을
만큼 부족하기에 겸손하려고 노력하다 보니 온유하고 겸손한 것처럼
보였던 것 같습니다.

故이순목사님과는 어떻게 알게 되셨나요?

이순목사님을 천안중앙교회에 전임전도사 사역을 위해 이력서를
제출하면서 처음 뵈었습니다. 1990년 1월 1일 송구영신예배 때
인사드렸던 것을 시작으로 1991년 10월 중순까지 천안중앙교회에서
사역하면서, 목회의 ABC를 사사 받았던 관계입니다. 목회가
무엇인지도 몰랐는데 목사님에게 이것저것 많이 배웠던 그런
관계지요. 2박 3일로 진행되었던 정책당회 때라든지 여러 목회의
현장에서 목회를 어떻게 해야되는지 사사 받았던 저에게는 아주
소중한 우리 목사님이십니다.

목사님의 첫인상과 이후의 목사님에 대한 생각은 어떠셨나요?

처음 목사님을 뵐 때, 완벽주의자는 아니셨으나, 그럼에도
불구하고 동시에 주님을 위해서 교회를 위해서 할 수만 있으면
빈틈없이, 할 수만 있다면 시행착오를 범하지 않으시려고 늘
자신을 돌아보셨던 목사님이라는 인상을 떨쳐버릴 수가 없습니다.
그리고 저야 2년도 채 밑에 있지 않았습니다만 이후 그 배우던
때를 돌아보면, 목사님은 한결같으신 분이라는 이미지를 가질
만큼 소신과 철학이 분명하셨던 분이셨습니다. 이번 장례식 때
뵈러 갔더니 전 총회장이셨던 이성희 목사님도 함께 계셨는데,
총회장님도 우리 목사님을 향해 소신이 분명하신 목사님이셨음을
언급하시더군요. 그런데 이 소신 있는 목회, 또 한결같은 목회,
이런 목회를 해나가려면 이게 그냥 만들어지는 것이 아니잖아요.
장고(長考) 속에 분명한 철학이 있을 때 우러나는 보석과 같은
그런 개념이 소신이죠. 그게 또 한결같게 이어졌던 것이니 역시
그런 면에서도 변함없는 보석과 같은 목회철학을 실천하신
목사님이셨지요.

**목사님을 만나신 것이 계기가 되어서 겪게 되신 변화가
있으실까요?**

저는 있는 모습 그대로의 자연스러움으로, '그저 내가 하나님
앞에서 목회만 잘하면 되지.' 이런 생각을 갖고 신대원까지 그렇게
있다가 첫 목회지가 천안중앙교회였거든요. 제 생각이 투박하고
거칠 수 있다는 것을 알게 되었지요. 우리 목사님 뵈면서 우리
목사님은 머리 한 올조차 흐트러짐이 없이 하시려고 그야말로

스스로를 늘 진단하시는 분이셨기 때문에 우리 이순목사님 뵈면서 '아, 훈련이라고 하는 것이 이렇게 중요하구나. 다듬어지는 것이 이렇게 중요하구나.' 그걸 알게 되었죠. 심지는 견고해야 하지만 정체성은 그리스도의 장성한 분량까지 채워가야 되는 존재, 소위 되어져가는 존재, becoming being을 추구하게 되었습니다. '나도 계속 되어져가는 그런 목회를 해야겠다.' 남들은 저에게 목회 오래 했다고 하지만 지금 역시도 우리 이순목사님에게 배운 대로 '계속 다듬어져 가려고 노력하고 있을 뿐입니다.' 그렇게 말씀드릴 수 있습니다.

목사님과의 기억나는 에피소드가 있으시다면 소개해 주실 수 있나요?

사실 우리 목사님과 저와의 관계는, 저에게는 참 귀한 분이셨기에 선한 영향력이 있었습니다. 성경의 표현을 빌자면 제가 이순목사님의 말씀을 경홀히 여긴다는 건 언감생심 꿈도 못 꾸었죠. 그래서 내 믿음의 분량 안에서는 내가 기꺼이 목사님의 말씀을 수용하려고 했고요, 물론 제 믿음의 분량이 되지 못할 때는 사실 온전히 실천하지 못하기도 했습니다. 제가 수색교회에 있다가 동신교회로 청빙을 받았을 때, 저는 머뭇거렸습니다. 기도도 안 해보고 거절만 하고 있었습니다. 그래도 동신교회 청빙위원회는 포기하지 않으셨는데, 그때 동신교회 청빙위원회가 천안까지 내려가서 목사님을 찾아뵙고 부탁하셨다고 합니다. 그때 목사님께서는 청빙에 응하라, 응하지 말라고 말씀하시기보다 "기도하면서 결정하라."고 하시더군요. 그래 기도하면서 결정하려고 했고 그러다가 동신교회에 부임했는데 결과적으로 후회함이 없습니다.

그리고 목사님께서 몸이 불편하셔서 제주도에 잠시 머무셨을 때, 찾아가 뵈었는데, 저는 무척 나약해지신 모습을 뵐 줄 알았어요. 몸이 불편하신데도 어찌나 당당하시던지~ 멋있었습니다. 그 당당한 믿음을 보시고 하나님께서 쾌차하게 하셔서 얼마 안 있어서 올라오셨지요. 몸이 불편하신데도 보여주셨던 그 보디 랭귀지(body language)는 정말 계속 여운을 남기는 가르침이었지요.

기억에 남는 목사님의 한마디가 있으신가요?

저는 지금도 잊지 못하는 게 저 있을 때는 교회가 상가 쪽에 있는, 시청 쪽에 있는 교회였거든요. 지하주차장에서 차를 직접 운전하시면서 같이 심방 가면서 이런저런 말씀 정말 많이 해주셨죠. 그중에 딱 한마디 말씀하라고 하신다면, 목사는 사람들을 많이 만날 수밖에 없는데, 사람은 믿을 대상이 아니라 사랑할 대상으로 진리로 인도해야 한다고 하셨던 말씀은 저에게 보약 같은 맥심(Maxim 명언)이었습니다. 그 말씀을 처음 주셨을 때는 제가 처음으로 스코틀랜드 글라스고우 한인교회로 떠나기 직전이었거든요. 당시 저는 나이가 어렸지요. 세상 연륜이 적었던 저를 아시고 이민교회가 호락호락하지 않은 상황까지 다 아시고 저를 아끼시는 마음으로 아무에게나 해주시는 말씀은 아닌데, 그 말씀이 기억에 남았죠. 근데 그 맥심은 지금까지도 저에게 마음 깊이 간직되고 있고 이것을 좋은 의미로 제가 잘 아직도 간직하고 있는 그런 교훈입니다.

나에게 故이순목사님은 어떤 분이십니까?

저에게 이순목사님은 멘토셨습니다. 목회가 무엇인지를 모르고
목회현장에 왔지요, 이제 막 신대원 갓 졸업하고 왔으니까요.
그런 저에게 평소 목사님의 삶을 통해서도 가르쳐주셨죠. 제가
떠나고 난 이후는 제가 잘 모르겠습니다만 그 당시, 저 있을 때는
우리 목사님이 주일 저녁예배 후 밤늦게까지 교역자 회의를
하셨습니다. 저도 지금 담임목회를 하고 있습니다만은, 주일날이
가장 피곤하거든요. 빨리 가서 쉬고 싶거든요. 왜 그러냐 하면,
일주일 내내 신경 쓰다가 토요일부터는 완전히 주일모드로 진입하고
주일에 저녁까지 예배드리니 얼마나 목회자가 피곤하겠습니까.
그런데도 이 교육효과는 현장에 있을 때 해야 가장 효과적이라고
하는 우리 이순목사님의 철학이 있으셨습니다. 그래서 모든 것을
가장 잘 알고 잘 느끼고 있을 그때에 교역자회의를 하시면서 목회의
ABC에 대해서 알려주시고 또 부족한 모습이 보이면, 사실, 애송이
목회자 아닙니까? 아무리 풀타임 목회자라고 해도 그런 애송이
목회자를 바라보시는 그 연륜 있으신 목사님께서는 눈에 보이는
그런 부족한 모습을 그냥 넘어가지 않으셨습니다. 이럴 때 남들처럼
이미지 관리할 수 있지요, 그저 뭐 좋은 이미지만 남기기 위해서
대충 넘어갈 수도 있지요. 그러나 그때 대충 넘어갔더라면 해당
목회자는 그 이후로 발전이 없었을 겁니다. 그래서 그 당시 저는
우리 목사님이 말씀하시면 저는 그게 너무 좋아서 메모지에 기록을
해놨습니다. 제가 목회현장을 잘 몰랐었기 때문에 그래서 그런
말씀들을 기억하고 그러면서 자라왔지요. 그래서 우리 목사님을
저는 "정말로 너무나도 소중한 멘토셨다." 이렇게 저는 명쾌하게

목사님의 목사님

말할 수 있습니다.

목사님께 받은 특별한 사랑, 나누어주시면 좋겠습니다.

무엇보다 부족한 저를 천안중앙교회 전임전도사로 받아주신 것이
사랑이었지요. 저도 부교역자들 올 때에 백여 통 넘는 이력서들이
올라오고 그중에 아무나 뽑는 게 아니거든요. 나와 동역할 사람으로
판단이 설 때에 뽑거든요. 그리고 보면 '아, 부족한 나를 목사님이
귀하게 보셨다.' 이것이 특별한 사랑이었죠, 저한테는 분명히
그렇습니다.

그리고 또 하나는 부족한 저를 심방 열심히 하는 것을 좋게
평가하시고, 글라스고우 한인교회 담임목사로 사역하도록
보내주시고, 이민교회의 사역을 하는 데 지장이 없도록 요모조모
챙겨주셨던 그 사랑을 평생 잊을 수가 없습니다. 말 그대로 이역만리
떨어진 곳이 아닙니까? 한국과 영국이. 그런데도 마치 옆에 있는
제자 챙겨주시듯이 챙겨주셨죠. 얼마나 잘 챙겨주셨는지 모릅니다.
사실 글라스고우 한인교회에는 교민들 자체가 거의 없었습니다.
천안중앙교회에서 후원해 주신 경비를 잘 관리해서 제가 교회사역을
마칠 땐 학생 중심의 교회였지만 교회 재정이 수만 파운드일
정도였고, 모기지로 사택도 있었을 정도였으니까요. 한마디로
목사님은 뭔가 하시면 확실하게 하시는 분이셨습니다. 사랑을
베푸실 때도 확실하게 사랑을 베푸셨던 목사님이셨습니다. 한마디로
큰 그릇이셨습니다.

그리고 아까 말씀드린 것처럼 인생살이에 서툰 저에게 있어서는
아주 중요한 순간순간에 이렇게 좋은 조언도 해주셨으니 이런 것

하나하나가 다 사랑이었습니다. 세상적인 것만이 아니라 저에게는 특별한 사랑이 참 많이 기억날 수밖에 없는 우리 목사님이십니다.

지금 앞에 이순목사님이 계시다 생각하시고, 인사 말씀 부탁드려도 될까요?

하늘에 계신 우리 목사님, 고맙습니다. 저에게 정말 자랑스러운 멘토셨습니다. 더 잘 섬기지 못한 것 제가 죄송합니다. 다시금 우리 목사님 감사드립니다.

1991년 부흥회 강사목사님과 함께

글라스고우를 방문하신 목사님과

목사의 긍지 Pride를 알려주시다

함영복 목사

본인 소개를 부탁드립니다

안녕하세요 저는 부산 광안교회에 있는 함영복목사입니다.
이곳에 온 지는 이제 15년 차 되었습니다. 부산에서 즐겁고 행복하게
목회하고 있습니다.

故이순목사님과는 어떤 관계이신가요?

[만남] 제가 장로회 신학대학교 교회음악과를 다니고 있을
때 후배 중에 한 자매가 천안중앙교회를 다니고 있었어요. 그때
중앙교회에서 음악전도사님을 청빙하는데 '제가 잘 맞을 것 같다'고
저를 소개해 주었습니다.

[만남의 자리] 시청 앞에 있었던 천안중앙교회에서 뵈었습니다.
담임목사실에서 뵙게 되었고 1992년 8월 첫 번째 주일에 부임하게
되었습니다.

목사님의 목사님

목사님의 첫인상은 어떠셨나요?

목사님의 첫인상은 검은색 뿔테 안경을 쓰신 강한
인상이었습니다. 시간이 많이 흘러 첫인상을 다 기억하지는
못하지만, 그때 제게 "사귀는 자매는 있느냐?" 물으셔서 "약혼자가
있습니다." 그랬더니 "그럼 같이 오지~" 그러시면서 여기 냉면
맛있는 집이 있는데 거기서 같이 먹었으면 좋을 뻔했다고 따뜻한
말씀을 해주셨어요. 다른 분들이 공통적으로 '이성적이시다' 또는
'차갑다' 그런 말씀들을 하셨는데 저에게 있어서 이순목사님은
굉장히 따뜻했던 분으로 기억됩니다. 그냥 좋게 얘기하려고 하는
것이 아니라 저에게 있어서 이순목사님은 그런 분이셨어요.
따뜻하셨고 친절하셨고 신사적이셨고 그랬던 분이셨습니다.

**목사님을 만나신 것이 계기가 되어서 변화가 되었거나, 결단을
했다거나, 그때 이후로 바뀌게 된 무엇이 있으시다면 나눠주실 수
있을까요?**

목사님은 철저하신 목회자였죠. 늘 하셨던 말씀이 "목회자는 먼저
신사가 되어야 한다."였습니다. 그래서 교역자들의 옷도 검은색
양복에 흰색 와이셔츠가 기본이라고 말씀하셨어요. 그것은 겉모습만
말씀하신 것이 아니라 내적인 면에서도 그렇게 신사답고 철저하게
목회자다워야 한다는 것을 강조하셨어요.

두 번째는 한 스텝 더 가야 한다고 말씀하셨어요. 한 번 더
생각하고 다른 사람보다 한발 더 나아가야 한다고 하셨던 점들이
많이 기억에 남습니다. 그래서 저도 우리 교회 교역자들에게
신사다움을 강조하고 더 깊이 생각하고 말할 것을 강조하고 있어요.

목사님과의 기억나는 에피소드가 있으시다면 소개해 주실 수 있나요?

저는 파트타임으로 5년을 사역했어요. 그때가 92년이었는데 당시 예산에 수양관을 짓고 있었어요. 그때 다른 부목사님들과 예산 수양관에 갈 일이 있었어요. 그런데 아무도 목사님 차에 안 타고 가장 쫄병인 저더러 타고 가라는 거예요. 이순목사님 혼자 운전하시고 가면 심심하실 수 있으시니까 말벗이 되어 같이 가라고 하셨어요. 부목사님들이 저를 그 자리에 밀어 넣은 거죠! 제가 얼마나 당황하고 힘들었겠어요. 지금도 기억나는데 그때 차가 소나타였어요. 수양관까지 가는데 사실 많이 떨렸어요. 무슨 말을 해야 될지, 긴장도 되고 혹시 실수하면 어떻게 하나 걱정도 되었는데 목사님이 여러 가지 말씀들을 해주셔서 재미있게 갔던 일이 기억나요.

한 번은 어느 장로님 권사님 가정으로부터 식사 초대를 받아서 갔어요. 예배를 마치고 식사를 하는데 제 앞에 간장 게장이 있었어요. 게장이 굉장히 맛있더라고요. 게장이 너무 맛있어서 다른 반찬보다는 게장만 먹었어요. 식사를 다 마치시고 난 뒤에 이순목사님이 이렇게 말씀하셨어요. "권사님, 여기 함전도사가 게장을 다 먹어서 나는 게장 한번 두번 밖에 못 먹었어요~" 짓궂게 말씀하셔서 죄송하기도 했죠. 눈치도 없이 목사님이 좋아하시는 것을 내가 다 먹어버린 사건? 그런 즐거운 추억도 떠오르네요.

기억에 남는 목사님의 한마디가 있으신가요?

교역자 회의를 하시면 매번 강조하셨던 말씀이 "한 스텝 더 생각해라. 한 스텝 더 나아가라!" 교역자는 다른 사람들보다 한 스텝 더 나아가야 되고 한 스텝 더 생각해야 된다. 그걸 언제나 강조하셨어요. 그리고 "삼십 분 전 정위치해라." 예배자를 돕고 예배를 돕는 자가 교역자이니까 언제나 삼십 분 전에 정위치 해라. 누구보다 먼저 예배당에서 준비해라. 그 모습을 보여라. 말씀하셨어요. 그것이 기억이 남고요.

예전에 관해서 말씀하셨을 때는 교역자 회의하는 중간에 실제로 본을 보여주시기도 하셨어요. 천주교의 사제들은 성찬식 할 때 떡을 천 번을 들어 올린다, 그렇게 연습을 한다. 우리 개신교 목사들도 그 정도의 연습과 그 정도의 훈련을 해야 하지 않는가? 그것이 옳지 않느냐? 그런 말씀들이 기억에 남습니다.

나에게 이순목사님이란?

이순목사님은 저를 교역자로서의 긍지를 가질 수 있는 사람으로 만들어 주셨죠. 교인들이 교역자를 사랑해 주고 대우를 해주고 그런 차원이 아니라 교역자의 자세, 교역자의 모습, 교역자의 삶을 가르쳐 주셨던 분이시죠.

그때 저는 성남에 살고 있었어요. 당시에는 KTX도 없었고 버스를 타고 다녔어요. 왕복 한 4시간 정도 걸렸어요. 저는 토요일 오후에 중앙교회에 가서 주일 교역자회의를 마치고 집으로 오면 그다음 날인 월요일 새벽 2시쯤 되어요. 그런데 그때가 굉장히 행복했어요. 나중에도 혹시 말씀드릴 기회가 있을지 모르겠지만 저는 사역을 3개를 했어요. 파트였지만 시온 찬양대가 창립이 되어서 시온 찬양대, 그리고 고등부 성가대. 그리고 토요일에는 청년부를 담당했어요. 천안중앙교회는 많은 헌신자들과 자원들이 있었지만 저는 파트사역자로 3부서를 맡았어요(한동안은 1부, 2부, 3부 성가대를 지휘했던 적도 있었어요). 가끔 생각해 봐요. 이순목사님이 저에게 그 많은 일들을 맡겨주셨다는 것은 그만큼 저를 믿어주셨고 신뢰해 주셨다는 것이죠. 그래서 저는 그만큼 더 열심히 정말 열심히 사역했어요. 물론 굉장히 힘들긴 했어요.

주일 교역자 회의를 마칠 때까지 참석할 수가 없어서 회의 중간에라도 마지막 무궁화호 기차를 타고 집에 돌아오기도 했어요. 어떨 때는 그 기차 안에서, 어떨 때는 수원에서 갈아타고 성남으로 가는 버스 안에서 헛구역질을 할 때가 있어요. 굉장히 지쳤다는 증거였죠. 근데 영혼만큼은 굉장히 맑아졌어요. 굉장히 행복했어요. 정말 행복했던 5년의 시간이었죠. 5년이란 시간 동안 남들이 느끼지 못했던 굉장히 큰 사랑을 정말 많이 받았죠. 이순목사님은 저에게 그런 크신 아버지와도 같은 분이셨다고 생각을 해요.

혹시 목사님께 받은 특별한 사랑이 있으시다면 나누어주시면 좋겠습니다.

조금 전에 말씀을 드렸던 것처럼 저는 세 가지 사역을 그렇게 쭉 했어요. 성가반까지도 했지요. 토요일부터 시작해서 주일 밤까지 굉장히 빡빡한 시간을 보냈어요. 그렇게 사역하면서 행복했는데 제가 파트타임이다 보니까 목사님이 제가 일을 좀 많이 한다고 생각을 하셨던 것 같아요. 그게 또 안쓰럽기도 하시면서, 동시에 '일을 이렇게 많이 하니까 거기에 대한 보이지 않는 대우를 해줘야 하지 않을까?' 생각을 하셨던 것 같아요. 어느 날 그 당시 다른 파트타임이 받는 사례비보다 제가 두 배를 받았어요. 처음에 두 배를 받고 제가 깜짝 놀라서 굉장히 당황스러웠어요. 왜냐면 다른 교역자들과의 형평성도 있었기 때문이죠. 그래서 목사님께 찾아가서 "목사님 제가 사례를 너무 많이 받는 것 같습니다. 좀 당황스럽습니다." 그렇게 말씀을 드렸더니 목사님이 픽 웃으시면서 "정말 그래? 그럼 내가 결정하는 대로 해" 그래서 "예, 그렇게 따르겠습니다." 그렇게 말씀을 드리고 나왔어요. 그랬더니 다음 달에 사례비를 적당하게 맞춰주셨어요. 그것은 단순히 사례의 문제가 아니라 목사님의 마음이고 사랑이라고 생각했죠.

그리고 신학대학원을 진학했을 때 제 사정을 아시고 "함전도사, 학비는 걱정하지 마!" 그런 말씀을 하시면서 "등록금 고지서 나오면 가지고 와" 그러시더라고요. 그래서 갖다 드렸더니 "이건 아무도 모르게 장학금으로 하는 거니까 함전도사가 그분을 위해서 계속 기도해. 그게 보답하는 길이야. 열심히 공부하고" 그렇게 말씀하셨어요. 그래서 3년 동안 목사님을 통해 제가 장학금을 받고 신대원을 다녔어요. 그리고 제가 그분을 위해서 늘 기도하고 그리고 이제 졸업할 때쯤 돼서 그분이 누구신지 알려주셨어요. 그리고 후에 가서 인사를 드렸지요. 신대원 3년을 무사히, 감사하게 졸업할 수 있도록 은혜를 베푸신 것에 감사드리죠. 그것은 단순히 금전적인 게 아니라 마음이기에 너무 감사했어요.

제가 부산 광안교회에 부임했다고 했을 때 목사님이 전화를 주셨어요. 왜냐면 우리 광안교회가 전국적으로 교회의 분쟁으로 아주 유명했던 그런 교회였거든요. 근데 제가 부임했다고 하니까 "함목사, 괜찮아?" 물으시면서 기도해 주셨고 몇 년 있다가 또 전화를 또 주셔서 "어때?" 물으셔서 "문제가 나름 잘 해결됐습니다."
그때 그랬더니 "참 수고했다. 애썼다. 내가 그 교회를 잘 안다."
그렇게 격려하시면서 위로하셨던 말씀들이 있습니다. 그러니까
저는 이순목사님께 빚을 진 사람이죠. 사랑을 많이 받았어요. 그래서
그랬는지 열심히 했고 가장 행복했던 그런 교역자 시절이었어요.

　파트타임으로 일했지만 정말 풀타임 못지않은 그런 마음으로
섬겼던 곳이고, 지금도 시청 앞에 있는 그 교회, 붉은 벽돌과 붉은
카펫의 교회가 늘 머릿속에 남아요. 그래서 지금 제 책상 뒤에
있는 저 사진은 제가 중앙교회에서 지휘했을 때 사진이지요.
누가 찍어줬는지 모르겠지만 저 사진을 지금까지 가지고 있어요.
천안중앙교회 이순목사님과의 만남이 제 목회의 길에 있어서 초석을
다질 수 있었던 아주 귀한 시간이었고 그런 만남이었고 은혜의
과정이었다고 저는 생각해요. 아무튼 이렇게 목사님을 기억할 수
있어서 저는 참 감사하고 또 고맙습니다.

1996년 교역자 정책세미나 중에

1996년 현해순목사님 졸업식에서

나의 스승

목회 잘하다왔어요, 목사님

이진만 목사

본인 소개를 부탁드립니다

안녕하세요 파라과이에서 목회하고 있는 이진만목사입니다.
이순목사님께 목회를 배우고 그대로 목회하려고 배운 대로
목회하려고 그렇게 살아가고 있는 이진만목사입니다.

故이순목사님과는 어떤 관계이신가요?

2000년 7월 첫째 주일에 천안중앙교회 부목사로 부임을 했어요.
그리고 2010년 8월 마지막 주일에 제가 파라과이로 가게 되면서
사임을 했습니다. 그러고 보니까 10년 2개월이라는 기간 동안
제가 이순목사님께 많이 배웠더라고요. 그리고 참 감사한 것은
제가 부임했을 때 제 위에 수석부목사님이 계셨는데 2004년 5월에
사임을 하시게 되시면서 제가 수석부목사가 되었지요. 그때부터
제가 사임할 때까지 수석부목사를 했으니까, 부목사 중에 가장
오랫동안 이순목사님께 배웠고, 또 수석부목사로도 많은 목사님들이
계셨는데 그중에서 가장 오랫 동안 수석부목사로 모셨던 그런

목사님의 목사님

사람이 됐습니다. 다들 어떻게 그렇게 했냐고 물어보더라고요.
그런데 참 즐겁고 행복하고 많이 배웠습니다. 때로 힘들고 어려운
시간도 당연히 있었죠. 그런데 매 순간마다 새롭게 저의 삶과
또 생각의 지평이 열리는, 그런 일들을 많이 경험할 수 있었기
때문에 잘 감당할 수 있었습니다. 특별히 천안중앙교회, 특히
이순목사님께서 목회하실 때 천안중앙교회는 수석부목사의 역할이
좀 컸던 것 같아요. 많이 맡겨주셨고 많은 역할을 하도록 하셨는데
그 수석부목사를 6년 넘게 하면서 정말 많은 걸 배울 수 있었습니다.
그때 배웠던 게 지금 제 삶에도 또 교회에도 목회에도 그대로
이어지고 있는 걸 늘 느끼게 됩니다.

목사님의 첫인상은 어떠셨나요?

제가 있을 때도 정말 많이 받았던 질문입니다. 특별히
교인들뿐만이 아니라 많은 제 선배 목사님과 후배 부교역자들도
저한테 이 질문을 했습니다. 저에게 이순목사님의 첫인상,
특별히 눈이 무섭지 않더냐고, 호랑이 눈매 아니더냐고, 무섭지
않더냐고, 많은 분들이 말씀하셨거든요. 그런데 저는 전혀 그렇지
않았어요. 저는 목사님을 뵐 때, 호랑이 눈매라던가 그런 느낌이
전혀 없었어요. 왜 그러냐 하면 저의 아버님이 더 심하셨거든요.
제 아버님이 더 무서웠고요. 그 당시 어른들이 많이 그러셨듯이
굉장히 경직돼 있으셨고 엄하셨어요. 그러다 보니까 이순목사님을
처음 뵀는데 너무 비슷한 거예요. 그래서 그냥 자연스러웠어요.
그리고 그때 물어봤던 게 본관이 어디인지 또 어른들의 관은
어떠셨는지 이런 질문을 하셨는데, 나중에 들은 얘기인데 목사님이

그렇게 질문하셨을 때 대답을 제대로 한 사람이 없었대요.
근데 저는 저희 아버님께 정말 정말 귀에 딱지가 앉도록 들었던
얘기였어요. 그러니까 저는 그냥 자연스럽게 대답을 드렸거든요.
그랬더니 이순목사님이 계속 호기심 어린 눈빛으로 또 물어보시고
또 물어보시고 다른 거 물어보시고 그러시는 거예요. 저는 그때
이순목사님이 나를 굉장히 재밌어하시는구나 그런 생각이 들었어요.
그러니까 다른 사람은 호랑이같이 느껴졌다고 하고 무섭게 느꼈다고
얘기하는데 저는 조금 달랐던 거죠. 저는 이순목사님의 인상이
그냥 우리 옛 어른들처럼, 우리 옛 어른들이 그러셨잖아요, 남들
앞에서는 굉장히 엄하고 당당해 보이시려고 하고, 흔들림 없어
보이고 싶어 하시고, 그러나 그 안에는 참 부드럽고 깊은 사랑과
관심을 가지고 계셨던 게 우리 어른들의 모습이셨던 것처럼,
그런 걸 많이 느꼈었어요. 그리고 제가 이순목사님을 모시면서
많이 확인했던 거죠. 교인들 앞에서는 아주 매섭게 얘기하시지만
뒤돌아서서 안타까워하시고 또 마음 아파하시고, 때로는 어쩔 줄
몰라서 안절부절못하시고, 도와주시고 싶은데 그러기가 여의치
않으시니까 이를 어쩌면 좋을까? 하는 말씀도 참 많이 하셨었어요.
지금 얘기하다 보니까 그런 모습들이 많이 떠오르네요. 그래서
그게 이순목사님의 첫인상이었고요. 그런 인상들이 제가 목사님과
함께하는 시간 동안 계속 더 분명해졌고요. 그리고 나도 모르게
어느 순간 그 모습이 제 안에 있더라고요. 그래서 저한테 '리틀
이순'이라고 하신 분들이 많아요. 저한테 그런 말씀 하신 분들 다
기억날 거예요. 그래서 그 얘기 속에는 부정적인 이미지도 있다는
걸 제가 알죠. 그러나 저는 그게 싫지 않았어요. 왜냐하면 그 매섭고

호되고 때로는 아주 차갑고 얼음장처럼 차갑게 하시는 그 표정과 어투와 행동 속에 무엇이 담겨 있는지 저는 알았으니까요. 그래서 감사했지요.

목사님을 만나신 것이 계기가 되어서 변화되신 부분이 있다면 나눠주실 수 있을까요?

다 기억하실 것 같은데 이순목사님도 그러셨어요. 내가 받은 사명은 목회자를 길러내는 것이라고. 한국교회를 섬기는 여러 방법 중의 하나, 한국교회의 목회자를 바로 세우는 것이라고. 그래서 목회사관학교라고 참 많이 말씀하셨어요. "우리 천안중앙교회는 목회사관학교야. 여기서 잘 배우고 나가서 잘 목회해." 그러셨거든요. 그만큼 저도 이순목사님께 참 많이 배웠죠. '목회자가 된다'라는 것, 하나님께 선택받고 부르심을 받고 또 신학교에서 훈련을 받고 배우고 안수를 받고 여기서만 끝나는 게 아니잖아요. 이순목사님께 배우면서 비로소 목회는 또 교회를 사랑하고 성도를 사랑하고 하나님께서 주신 그 사명을 감당해가는 건 이렇게 해나가는 것이구나 라는 것을 배웠죠. 그 순간순간 다 기억이 나요. 저에게 이순목사님이 남겨주신 열한 권의 노트가 있어요. 이순목사님은 새해 첫 주가 되면 부교역자들한테 노트 한 권씩을 다 주십니다. 다이어리를 주시는 거죠. 그러면 매일 거기에다가 기록을 해요. 아침 조회 시간에 목사님 만나서 나눈 내용도 기록하고, 그날 할 일도 기록하고, 그 열한 권의 노트 속에 이순목사님이 저에게 주셨던 많은 내용들이 그대로 담겨 있지요. 지금도 가끔 그 열한 권의 노트를 펼쳐보면서 그때 이런 말씀 하셨구나, 그때 또 이때는 이렇게 하라고 하셨구나, 이건 안 된다고 하셨고 저건 참 좋은 일이라고 하셨구나. 그런 걸 다시 한번 생각해 보죠. 그렇게 해서 제가 오늘의 제가 된 것 같아요. 재밌는 것 중의 하나는 남들은 "이순목사님은 얼음장처럼 차갑다."라고 많이 하시는데, 그만큼 원칙을 지키려고 애를 쓰셨어요. 어느 장로님께서 그분의 자녀가 미국의 좋은 대학에서 박사 학위를 받았다고 주보에 광고를 내달라는 거예요. 이순목사님은 본인의 자녀가 박사학위를 받아도 광고도 하지 않으셨어요. 제가 그 얘기를 듣고 주보에 실을 수는 없었어요. 그런데 제가 결정할 일이 아닌 듯해서 넌지시 여쭈었죠. "이런 일이, 이런 요구가 있는데 어떻게 하면 좋겠습니까?" 했는데 말씀이 없으시더라고요. 그 말씀이 없으신 이유를 저는 너무 잘 알죠. 그래서 제가 한 번도 천안중앙교회 주보에 그런 내용을 기록한 적이 없습니다. "안 되겠습니다."라고 말씀을 드리고 주보에 내질 않았어요. 이순목사님 아셨을 거예요. 그걸 내주지 않음으로 그다음에 어떤 일이 생길 수 있다라고 하는 걸 아셨지만 그리고 그것이 혹 이순목사님을 힘들고 어렵게 할 수 있다는 것을 충분히 짐작하셨지만 그 원칙을 끝까지 지켜가시는 그런 분이셨어요.

그랬던 분인데 어느 교인이 너무 가슴 아픈 이야기를 하는 거예요. 목사님이 도와주고 싶으셨어요. 그런데 아시잖아요. 원칙을 지켜야 되잖아요. 누구는 도와주고 누구는 안 도와주고 그럴 수 없잖아요. 목회도 교회도 공평해야 되잖아요. 그러니까 목사님이 본인 호주머니를 털어서 그분에게 지갑에 있는 돈을 다 꺼내서 쥐여주시더라고요. 참 사랑이 많으셨어요. 특히 교인들 사랑하는

일에는 아무것도 아끼지 않으셨어요. 혹시 이 글을 보시는 분 중에
이순목사님의 눈물을 보신 분이 계실까 싶어요. 이순목사님 눈물을
참 안 보이시거든요. 그런데 교인들의 안타까운 이야기나 특히
목사님과 함께 던 목사들이 어디 가서 고생한다는 이야기, 그런
이야기를 들으면 너무너무 힘들어하시곤 했어요.

　　제가 파라과이로 떠난 지 7년이 지났을 때 한국에 한 번
들렀었어요. 그때 목사님 반갑게 맞아주시고, 이래저래 또 소개해
주시고, 또 밥도 사주시고 그랬는데, 이순목사님과 저하고만
잠깐 둘이 길을 걷게 됐어요. 목사님 늘 그러셨어요. 저보다 반보
앞서서 제 왼쪽에 반보 앞서서 걸어가시고, 저는 이순목사님
반보 뒤에 오른쪽에 이렇게 따라가고 그랬는데, 반보 앞서가시던
목사님이 잠깐 멈추고 저를 보시더니 눈에 눈물이 가득하신 채로
미안하시다고 그러시는 거예요. 뭐가 미안하시냐고 그렇지 않다고
그랬는데, "이목사가 내 옆에 있었으면.." 이렇게 말씀하시더라고요.
그래서 제가 죄송하다고 너무 멀리 있어서 죄송하다고 그래
말씀드렸던 기억이 납니다. 그 사랑, 교인을 사랑하셨고 교회를
사랑하셨고 후배 목사들을 사랑하셨던 그 사랑, 그 사랑으로
저도 또 그렇게 교회를, 교인을 또 이웃을 사랑하려고 노력하죠.
딱딱한 파인애플이 겉모습과 달리 그 안에 너무나도 달콤한 속살이
있는 것처럼 목사님은 늘 그렇게, "목회는 이렇게 하는 거야"라고
"교회는, 교인은 이렇게 사랑하는 거야"라고 알려주시고 가르쳐
주시고 본을 보여주셨지요.

목사님과의 기억나는 에피소드가 있으시다면 소개해 주실 수 있나요?

참 많아요. 정말 많아요. 이순목사님이 해주신 말씀이나 떠오르는 모습들이 참 많은데 한 번은 안경테를 바꾸셨더라고요 그런데 제가 볼 때는 좀 안 어울렸어요. 양복도 마찬가진데요. 여러분, 이순목사님의 양복 색은 참 독특해요. 그죠? 어느 날은 약간 진한 녹색을 입기도 하셨고요 어떤 때는 진한 포도주색 이런 것도 입으시고요, 그러면서 막 확인하세요. "어때? 괜찮지?" 막 물어보세요. 그런데 어느 날 안경테를 바꾸고 오셔서 저한테, "어때 어울리지? 이거 좋은 거야." 그래서 솔직히 별로 안 어울리는 것 같았어요. 제 눈에는. 그래서 "목사님 그거 어디서 하셨는데요?" 그렇게 물어봤거든요. 그랬더니 "어디어디서 했어" 그러셔요. "제가 보기에는 목사님 좀 이상한데요." 그랬더니 저한테 "이목사가 뭘 몰라서 그래. 이게 더 좋은 거야. 그런데 내가 왜 이걸 바꿨냐면 교인들은 목사한테 새로운 걸 원해. 조금 이런, 신선한 자극도 필요하지 않겠어? 늘 똑같은 정형화된 그런 모습 말고 좀 이런 것도 보여주고 이걸로 교인들하고 얘기하면 얼마나 재밌는지 몰라. 이렇게 해봐. 이목사도 이런 거 하나 써." 그렇게 알려주시더라고요. 이순목사님은 그만큼 교인을 사랑하고 교인들에게 어떻게 하면 조금 더 자연스럽게 다가가실까, 대화하실까 그런 생각을 하셨었죠.

한번은 목사님 생신이셨던가 그랬어요. 저희 부교역자들이 조금 모아서 이태원에 있는 양복점으로 양복을 한 벌 맞춰드리려고 모시고 갔어요. 그때 제가 목사님께서 직접 스타일이며 색상을

고르시게끔 직접 모시고 갔었어요. 그런데 느닷없이 저에게
"이목사도 한번 치수 재봐." 그러시더라고요. 그러더니 갑자기
"색깔은 어떤 게 좋겠어?" 물어보시고 저에게 양복을 한 벌
해주셨어요. 부목사한테 양복을 맞춰준 일이 거의 처음이었고
그다음에도 양복을 맞춰 준 일은 없다고 하더라고요. 제가 그렇게
이순목사님께 사랑을 많이 받은 사람이에요. 목사님 참 베풀기를
좋아하셨어요. 그 주변 사람들에게 기회가 될 때마다 이래저래 참
많이 베푸시고 도와주시고 나눠주셨죠.

기억에 남는 목사님의 한마디가 있으신가요?

목사님이 편찮으시다는 얘기를 들었어요. 오래됐죠. 오랫동안
들었죠. 그런데 어느 날 몇 번 전화를 드렸는데 연결이 안
되더라고요. 그러다가 다른 분한테 이렇게 통해 들으니까 많이
안 좋으시다는 얘기를 들었어요. 근데 사실 그전에도 통화가 될
때 이순목사님 상황이 별로 안 좋으신데도 한번도 전화상으로는
"힘들다." "어렵다." 그렇게 말씀하신 적 없고요. 한번은 나중에
알고 보니까 병원 침대에서 받으셨더라고요. 근데도 병원 침대라는
말씀도 한번도 안 하셨고 그냥 "나는 괜찮아. 이목사 언제 올
거야. 한번 왔다 가야지." 늘 그러셨는데 전화를 몇 번 드렸는데 안
받으셨어요. 근데 돌아가시기 며칠 전쯤에 목사님 소식을 들어서
그랬는지 제 꿈에서 한번 봤어요. 꿈에서 깨고 나서 제가 아내에게
꿈에서 이렇게 이렇게 봤어. 이제 목사님 가시려나봐. 그렇게
얘기했던 적이 있거든요. 근데 그 꿈속에서도 제가 그랬어요.
"목사님은 어떠세요?" 그랬더니 목사님은 "난 괜찮아. 이목사나

걱정해." 그러시더라고요. 그리고 그 꿈이 깨기 전에 제가 2010년에
천안중앙교회를 떠날 때 해주셨던 얘기를 똑같이 하시는 거예요.
그 말씀이 "이목사, 목회 잘해." 그러시더라고요. 목회 잘해. 그
말씀 속에 정말 많은 생각이 나고요. 저에게 주고 싶으셨던 말씀이
다 담겨 있는 것 같아요. 목사님 나중에 나중에 천국에서 뵐 때
"목회 잘하다왔어요." 그렇게 말씀드리면서 목사님 만날 수 있도록
목사님 말씀해 주신 거 잘 기억하면서 그렇게 할게요. "목사님,
수고하셨어요."

나에게 故이순목사님이란?

목사님이 목회하시면서 그런 말씀을 가끔 하셨어요. 본인은
집안 어른 중에 신앙 있는 분이 없으셨거든요. 그러다 보니까
많이 힘드셨어요. 그래서 목사님은 다른 후배 목회자들의
길라잡이가 되어주고 싶어 하셨어요. 저에게도 마찬가지셨고요.
목사님이 목회를 하시면서 '나를 잡아주는 누군가 있었더라면 참
좋았었겠다'라는 생각을 하셨었대요. 누군가에게 가서 목회에
대해서 물어보고 또 누군가 좀 안내해 주고 그랬더라면 참 좋았을
텐데. 그런 사람이 없어서, 안 계셔서, 그게 참 안타까우셨대요.
그래서 많은 후배들에게는 그런 역할을 해주시려고 많이
노력하셨는데 저에게는 그 말씀처럼 목회 얘기를 안내해
주신 안내자셨고요. 저를 목회를 할 수 있도록 가르쳐 주신
선생님이었고요, 그리고 무엇보다도 이렇게 교회 이렇게 교인을
이렇게 또 맡겨주신 많은 사람들을 사랑하는 거야라고 직접
보여주신 그런 모범이셨습니다. 그렇게 저도 하려고 하는데

2007년 페루선교여행중 리마시내에서 선교사님들과 함께

어려워요. 목사님한테도 "그렇게 하려고 하는데 이게 쉽지 않네요, 어려워요." 그렇게 투정하면서 말씀드렸더니 목사님이 지금도 기억이 나는데 "그게 쉽겠어? 나라고 하루아침에 됐겠어? 하다 보면 될 거야! 이 목사도 잘 해봐~" 그러셨는데 저에게는 길잡이셨고 안내자셨고 선생님이셨습니다. 감사합니다.

이 책을 보시는 분들에게 하시고 싶으신 말씀이 있으신지?

이순목사님을 가장 가까운 곳에서 가족이 아닌 사람으로서 가장 가까운 곳에서 또 오랜 시간 동안 그렇게 모셨던 저는 참 복을 받은 사람입니다. 여러분 목사님을 기억하시는 분들 모두가 다 복을 받은 사람이라고 저는 생각합니다. 감사합니다.

목회자들의 목회자

―――――――――――――

한현수 목사

본인 소개를 부탁드립니다.

저는 일산예일교회 한현수 목사입니다.

故이순목사님과는 어떤 관계이신가요?

저는 2004년부터 2012년까지 9년간 이순목사님을 돕는
부교역자로서, 천안중앙교회에서 사역을 했습니다. 천안중앙교회로
오게 된 계기는, 신대원 동기인 김정호 목사님이 저에게
천안중앙교회를 소개하면서 같이 사역하면 좋겠다는 연락을 받은
것입니다. 저도 오래전부터 저의 부친을 통해, 이순목사님이 정말
훌륭하게 목회를 잘하시는 목사님이라는 말씀을 들어왔던 터였기에,
천안중앙교회에 가면 목회를 잘 배울 수 있겠다는 기대를 가지고
오게 되었습니다.

그렇게 해서, 천안중앙교회에 부임한 후, 9년이라는 짧지 않은
시간을 목사님에게 목회를 배우면서 함께 사역할 수 있었습니다.
또한, 새성전을 건축한 후에는, 교회를 탐방하러 오시는 분들에게

교회안내팀을 통해 안내하는 일을 감당했습니다. 그리고 새성전 건축 후에, 목사님께서 저에게 전도부와 새가족부를 맡겨주셔서, 저는 부족하지만 막중한 사명을 열심히 감당했습니다. 그러면서 목사님에게 참 많은 목회를 배웠던 부족한 사람이, 바로 저입니다.

목사님의 첫인상은 어떠셨나요?

목사님을 처음 뵌 것은, 천안중앙교회를 부임하기 전 인터뷰하러 왔을 때였습니다. 목사님께서 인터뷰하는 자리에서 저에게 물으셨습니다. "우리 교회에 대해 소문 들었나? 우리 교회에서 사역하면 쌍코피 많이 난다는 이야기 들어봤나? 쌍코피 날 준비됐나?" 이렇게 물으셨습니다. 그때만 해도, '좀 힘든가 보다' 정도로 생각했습니다. 그런데 와서 보니까 목사님의 첫인상은 사실 굉장히 엄격한 분이셨습니다. 제가 교회에 처음 부임하는 순간부터, 목사님은 하나하나 다 알려주셨습니다. 식사할 때 식탁예절이나 머리를 단정하게 하는 법, 무릎 꿇고 기도하는 자세까지 아주 구체적으로 분명하게 말씀해 주실 정도로 엄격하신 목사님이었습니다.

처음 1~2년 동안은 정말 많이 힘들었던 것 같습니다. 그렇게 엄격하신 목사님 밑에서, 하나라도 더 잘하고 싶은 개인적인 마음도 있었습니다. 그러면서 참 힘들기도 했지만, 하나하나 배워가는 시간이었습니다. 참 감사한 것은, 목사님 밑에서 9년 동안 목회를 배웠는데, 3~4년을 넘어가고, 5~7년을 넘어가니까, 목사님께서 어떤 마음으로 그렇게 엄격하게 가르치셨는지를 알게 되었습니다.

특히 저는 9년의 목회 기간 중 후반부 2년 4개월 정도,

수석목사로서 목사님을 옆에서 모시면서, 목사님을 가장 가까이에서 뵐 수 있는 시간이었습니다. 그런데, 이때, 얼음장처럼 차갑게 느껴졌던 목사님의 첫인상들이 깨지고, 목사님의 속마음과 따뜻함을 느낄 수 있는 시간이었습니다. 만약에, 이 수석목사의 기간이 없었더라면, 목사님의 엄격하고 딱딱한 모습밖에 못 봤을지도 모릅니다. 그런데, 9년 동안, 특히 수석목사로 목사님을 가까이에서 모시면서, 목사님 안에 있는 따뜻함과 부드러움, 속정이 있음을 깊이 느낄 수 있었습니다.

제가 천안중앙교회를 사임하고 나서, 영락교회를 거쳐, 일산예일교회 담임목사가 된 후에, 목사님을 찾아뵐 때마다, 목사님은 한없이 부드러우시고 따뜻함으로 저를 맞아 주셨습니다. 이런 목사님의 모습을 뵈면서, '목사님의 진짜 모습은 이거였구나.' 하는 생각이 들었습니다. 결론적으로 말씀드린다면, 저는 목사님의 그 엄격함과 딱딱함을 넘어서, 따뜻함과 부드러움과 속정 등 이런 모든 것들을 느낄 수 있었던, 정말 사랑받는 목회자였다고 말씀드릴 수 있습니다.

목사님을 만나신 것이 계기가 되어서 변화가 되었거나, 결단을 했다거나, 그때 이후로, 바뀌게 된 무엇이 있으시다면, 나눠주실 수 있을까요?

저의 목회 전반에 있어, 가장 큰 영향을 주신 분이 바로 우리 이순목사님이십니다. 목회 뿐만이 아닌 것 같습니다. 저의 삶의 자세나 생각도 많이 바뀔 수 있었던 것 같습니다. 제가 목사님께 받은 가장 큰 은혜라고 한다면, 목회의 기본을 배울 수 있었다는

목사님의 목사님

것입니다. 목회가 무엇인지, 성도들을 어떻게 대해야 하는지, 어떻게
말씀을 준비해야 되는지, 날마다 삶의 자세를 어떻게 가져가야
되는지, 어떻게 기도해야 되는지 등 우리가 흔히 말하는 목회의 가장
기본적인 부분들을 목사님께 아주 강하게 훈련받았습니다. 그래서
제가 목회자답게 다듬어질 수 있는 귀한 길을 열어주신 분이 바로
이순목사님이십니다.

　또한 목사님은 굉장히 약속을 중요하게 여기시는 분이셨습니다.
약속한 것은, 반드시 지켜야 한다는 말씀을 늘 하셨습니다. 때로는
목사님을 모시고 심방할 때, 혹시 3~5분 정도 늦게 도착할 상황이면,
미리 심방 받는 집에 전화해서, 조금 늦겠다고 양해를 구하도록
하셨습니다. 그리고 그 집에 도착하고 나서도, 늦어서 죄송하다는
말씀을 먼저 하셨습니다. 이 정도로 약속을 중요하게 여기고 철저히
지키려고 노력했던 분이 바로, 이순목사님이십니다. 이런 목사님의
모습들이 저에게 큰 영향을 미쳤고, 저도 약속을 꼭 지키려고
노력하고 있습니다.

　그리고 또 한 가지 목사님께 배운 것은, 정확하고 철저하게
하는 습관을 가지도록 늘 강조하셨습니다. 목사님은 아주 작고
사소한 일도 정확하고 철저하게 하라고 하셨습니다. 재밌는 것은,
부교역자끼리 두 팀을 나눠서 운동을 할 때, 팀 이름을 정하는데,
한 팀은 정확팀, 또 한 팀은 철저팀이라고 정했습니다. 그 정도로
저희에게 늘 강조하셨던 것이 정확과 철저였습니다.

　사실 그 당시에는, 이런 목사님의 말씀이, 굉장히 부담이
되었습니다. 일 하나하나를 체크하실 때마다 힘들고 스트레스도

많이 받았습니다. 그런데, 정확하고 철저하게 하는 훈련을 9년 동안 받으니까, 그것이 저에게 좋은 습관이 되어서, 이제는 자연스럽게 무슨 일을 하더라도 정확하고 철저하게 하려고 노력하는 모습으로 바뀌게 되었습니다.

이순목사님께 배우고 나서 생긴 또 하나의 큰 변화는 설교였습니다. 목사님은 설교에 관해서 굉장히 엄격하게 가르쳐주셨습니다. 제가 천안중앙교회에 부임해서 첫 번째 했던 설교가 새벽기도 설교였습니다. 당시 새벽기도 설교는 약 8~10분 정도로 길게 하지 않았습니다. 그런데 제가 했던 그 첫 번째 8분짜리 설교에 대해서, 목사님은 30개의 코멘트를 해주셨습니다. 아주 작은 것 하나하나까지 아주 세심하게 다 코멘트해 주셨습니다. 그렇게 하기를 화요일부터 금요일까지 4일 동안 내내 해주셨습니다. 그 당시에는 '앞으로 제대로 설교를 할 수 있겠나?' 하는 부담감이 너무나 컸었는데, 그렇게 한 2년 정도 코멘트를 받으니까, 나중에는 정말 많이 다듬어지게 되었습니다.

그때 목사님께서 해주셨던 코멘트의 예를 들어보면, 목사님은 발음을 굉장히 중요하게 여기셨습니다. 보통은 '전기'를 '정기'로 발음하거나, '천국'을 '청국'으로 발음한다. 그런데, 이런 부분을 '전기' '천국' 이렇게 정확히 발음하도록 하셨습니다. 또, 한 문장 안에서 주어와 동사를 정확히 맞추라든가, 문법을 정확히 하라는 말씀도 하셨습니다. 이런 훈련들을 통해, 글쓰기가 굉장히 많이 다듬어졌습니다.

아직도 저의 기억에 남아있는 에피소드가 하나 있습니다.

한번은 제가 아브라함과 이삭에 관한 설교를 했습니다. 하나님께서 아브라함에게 아들 이삭을 바치라고 말씀하셨고, 아브라함이 그 말씀에 순종해서 아들 이삭을 바치는 설교를 하면서, "우리도 아브라함처럼 주님의 말씀에 순종해야 됩니다"라고 설교했는데, 그 설교하고 나서 목사님께 굉장히 많이 혼났습니다. 그 말씀을 너무 쉽고 가볍게 한다는 것입니다. 그러면서, 목사님께서 이렇게 말씀하셨습니다. "만약에 내가 하나님께 그 말씀을 들었다면, 나는 그날 하룻밤 사이에 머리가 하얘졌을 것 같다. 도저히 감당할 수 없는 주님의 말씀이 떨어졌을 때 내 마음속에서 그 말씀을 어떻게 순종할까? 밤새도록 처절하게 씨름했을 거 같다. 그런데, 이렇게 무거운 말씀을 그냥 가볍게 '순종하세요'라고 해서는 안 된다. 그러면 성도들에게는 큰 은혜가 될 수 없다. 그저 뜬구름 잡는 설교가 될 수밖에 없다."

거의 20년 전에 목사님께 들었던 말씀이 아직도 생생히 기억납니다. 저는 지금도 목사님께서 해주셨던 말씀들 하나하나를 기억하면서, '성도들이 이 말씀을 어떻게 받을까? 혹시 뜬구름 잡는 이야기로 듣지는 않을까? 자신의 삶에 적용할 수 있는 말씀으로 들을까?' 이것을 깊이 고민하면서 설교를 준비해서 선포하려고 노력하고 있습니다. 절대로 설교를 가벼이 대하지 않고, 성도들의 입장에서 이 말씀을 어떻게 받아들일 수 있을까를 깊이 고민하게 되는 설교자가 되었습니다.

이것 또한 목사님께 깊이 영향을 받은 부분입니다.

무엇보다 목사님께 가장 감사한 것이 있습니다. 천안중앙교회에 부임하기 전에 사역하던 교회는 어려움이 많은 교회였습니다. 그 교회 담임목사님이 성도들과의 관계가 악화되면서 결국 교회를 떠나시게 되었고, 그 과정에 성도들도 많이 흔들리는 교회였습니다. 그 당시 저는 청년부를 맡고 있었는데, 청년부들도 많이 흔들렸고, 교회를 떠나간 청년들도 있습니다.

이런 힘든 경험들을 하게 되면서, 제 마음속에 목회에 대한 부담감과 두려움이 자리 잡기 시작했습니다. '내가 목회를 잘할 수 있을까? 내가 목회자로서 제대로 설 수 있을까? 이러다가 목회에 실패하는 건 아닐까? 이런 두려움과 불안한 마음을 가지고 있었습니다.

그런데 중에, 천안중앙교회에 와서 이순목사님께 목회를 배우게 된 것입니다. 당시 천안중앙교회는 계속해서 성장해 가는 교회였습니다. 제가 처음에 부임했을 때 약 2,400명 정도 출석하고 있었는데, 제가 사임할 즈음에는 약 3,600명 정도 출석을 했습니다. 그러니까, 출석 성도가 매년 약 100~130명 정도가 늘어난 것입니다. 그렇다고 목사님이 어떤 특별한 이벤트를 하시는 분은 아니었습니다. 그냥 아주 평범하게 묵묵히 목회해 나가시는데 교회가 매년 이렇게 성장해 가는 것입니다.

한번은 제가 목사님께 여쭤봤습니다. "목사님은 성도들의 숫자에 대한 부담이 없으셨어요? '교회가 계속 부흥해 가야 될 텐데.' 하는 부담감은 없으셨어요?" 그랬더니 목사님은 모든 것이 하나님의 은혜라는 가장 원론적인 대답만 하셨습니다.

그런데 제가 천안중앙교회에서 목회하면서 성도들에게 발견한 것이 있습니다. 그것은, 성도들이 천안중앙교회 교인이라는 것에

목사님의 목사님

대해 큰 자부심을 갖고 있다는 것입니다. 그것을 보면서 나도 어쩌면 목회자로서 이제는 이렇게 쓰임 받을 수 있겠다라고 하는 목회의 자신감을 서서히 제 안에 갖게 되었어요. 그러면서 전에 있었던 교회에서 가지고 있었던 아픔과 또 어려움과 목회에 대한 어떤 부담감들이 우리 천안중앙교회에서 목사님 밑에서 이 목회를 배워가면서 그런 부분들이 서서히 자신감으로 바뀌고 나도 쓰임 받을 수 있구나 나도 이렇게 목회자로 섰을 때 성도들에게 힘이 될 수 있고 그분들에게 영적인 도움이 될 수 있는 그런 목회자로 설 수 있구나라고 하는 것을 깨닫게 해주시고 느끼게 해주신 것이 저에게는 가장 큰 은혜입니다. 그래서 저는 이 천안중앙교회가 여러 가지 것들로 참 귀한 교회이고 우리 이순목사님이 너무나도 저에게는 소중한 목사님이신데 그중에 저에게 해주셨던 가장 큰 유산 중의 하나는 목회에 대한 감사와 목회에 대한 자신감과 은혜를 주신 것 그것이 우리 목사님이 저에게 해주신 가장 큰 은혜이고 제가 우리 목사님을 통해서 일어나게 된 가장 큰 변화 중의 하나다라고 하는 그런 마음을 갖습니다.

목사님과의 기억나는 에피소드가 있으시다면 소개해 주실 수 있나요?

사실 굉장히 많습니다. 뭐가 저만의 어떤 경험일까 하는 생각을 많이 해봤습니다. 많은 교역자분들이 이미 말씀하셨을 그런 경험을 넘어서 저만의 고백이 될까? 라고 하는 부분들을 가만히 한 번 생각해 봤습니다.

한번은 새벽기도회를 오시는 성도님 중에 한 분이 테러를

당하셨던 분이 있었습니다. 오룡동에 있을 때 그때 새벽기도를
오시던 60대 초반 정도 되시는 한 여자 성도님이셨는데 뒤에서
한 사람이 쫓아와서 큰 각목 같은 걸로 그 성도님을 때리면서
그러면서 거의 굉장히 힘들게 성전을 이렇게 들어오셨습니다.
사실은 잘 몰랐는데 새벽기도를 끝나고 나서 이렇게 보니까
자모실에 여러분들이 있으면서 웅성웅성하시는 겁니다. 그래서
들여다봤더니 그분이 그렇게 있으신 겁니다. 근데 이미 좀 안정이
되어 있으셨고 크게 이렇게 겉으로 뵙기에 큰 이상이 없으셨고,
"집사님 병원에 가보시면 좋겠습니다."라고 했는데 아, 극구 "난 안
가도 됩니다~"라고 말씀하셔서, "알겠습니다. 그러면 좀 쉬시다가
가시면 좋겠습니다~"라고 말씀 나누고, 아침 경건회 시간이 되어서
그 사실을 보고드렸습니다. 그때 한 시간 동안 목사님께 혼났습니다.
목사님께서 말씀하시기를, "성도를 그런 가운데 그냥 놔두면 안
된다."라는 것이었습니다. 끝까지 돌봐드리고 끝까지 그 성도를
정말 성심으로 보살피고 해내는 것이 목회자의 몫이라는 것입니다.
심지어 월남전 이야기도 하셨는데, 월남전에 가서 전쟁할 때
미군들이 전쟁하는 중에 내 동료가 쓰러지면, 부상당해서 움직일 수
없는 동료나 심지어 이미 사살된 동료일지라도, 그 동료를 끌어안고
뛰어오는 것이 바로 동료이고, 그게 바로 진정한 군인이라는
것입니다. 이렇게까지 예를 드시면서, "목회자는 어려움 가운데 있는
성도를 그냥 놔두면 안 된다!"라고 하는 말씀을 하셨습니다. 지금도
그 기억을 잊을 수가 없습니다. 그래서 저도 우리 성도들에게도
늘 그렇게 대하려고 노력하고 있고, 현재 우리 부교역자들에게도
그때의 에피소드를 이야기하면서, 우리가 정말 성도들을 잘 돌봐야

된다는 걸 강조하면서, 지금도 목회를 해나가고 있었습니다.

그리고 우리 목사님은 특히 작은 교회 목사님들이나 또 교역자분들에 대한 배려가 굉장히 많았습니다. 작은 교회에 가셔야 될 그런 일들이 있을 때, 목사님은 절대로 목사님 차로 가신 적이 없습니다. 꼭 스타렉스로 가셨습니다. 그래서 그 이유를 한번 여쭤본 적이 있었습니다. "목사님, 어떻게 목사님 차로 안 가시고 이렇게 가세요?"라고 했더니, "그러면 그 교회 목사님들에게 위화감을 줄 수 있잖아. 큰 교회라고 말이야." 이렇게 말씀을 하셨습니다. 또한 홀로 되신 사모님들이나 여교역자들에 대해서도, 어려움이 없는지 늘 물어보시면서 참 많이 도와주셨습니다. 그중에 한 분이 임채련 목사님이라는 분입니다. 이순목사님이 정말 많은 배려와 도움으로, 임채련목사님이 10개 교회 정도를 개척하신 그런 목사님이십니다. 사실 여교역자로서 교회를 개척한다는 건 굉장히 어려운 일입니다. 그런데 그때마다 힘이 되어주시면서 교회 개척을 적극적으로 도우셨던 분이 바로 이순목사님이십니다. 제가 기억할 때는, 땅 보러 갈 때도 같이 가시고, 나중에 거기에 교회가 세워지면 또 가서 보시고, 인테리어 들어가면 또 가서 들여다보시고, 그러시면서 교회 하나하나가 세워지는 걸 너무 기뻐하셨습니다. 그러면서 재정적으로 조금 여유가 있는 권사님들이나 집사님, 장로님들이 계시면, 임채련목사님의 개척을 도와주도록 하는 역할을 이순목사님은 정말 큰 기쁨으로 생각하셨습니다. 대형교회 목회자임에도 불구하고, 작은 교회와 어렵게 목회하시는 분들을 향한 배려와 관심이 늘 있으셨습니다. 우리가 잘 알고 있는 천안의

서부교회, 보석교회, 남부교회, 이런 교회들처럼, 천안중앙교회에서 직간접적으로 개척한 교회들이 한 십여 개 교회가 됩니다. 그 모든 교회들을 개척할 때마다, 이순목사님은 직접 찾아가시고, 교회가 세워질 때, 인테리어할 때, 나중에 다 지어진 후에도, 매번 가셔서 관심을 가지고 들여다보시면서 기도해 주시고 힘을 실어주시곤 하셨습니다. 그래서 기독공보에도 보면, "교회 개척을 통한 전도"라고 하는 개념이, 우리 천안중앙교회 때문에 생기게 된 건데, 그게 다 이순목사님께서 하셨던 귀한 사역들이었습니다. 아마 처음부터 그렇게 하려고 생각하셨던 건 아닐 수 있습니다. 그러나 천안 지역 안에 멀리 떨어진 지역이 아니라 천안 지역 안에 그렇게 교회들을 개척하시면서, 그 교회들이 더불어 성장할 수 있도록 하는, 이런 귀한 사역을 하셨던 목사님이 바로 우리 이순목사님이십니다.

또 하나, 제가 개인적으로 저만의 경험일 수 있을 것 같아서, 말씀드리려고 합니다. 제가 우리 천안중앙교회 떠나기 한 2년 전에, 목사님께서 암으로 어려움을 겪으셨습니다. 사실 목사님 개인적으로도 그렇고, 또 가족분들도 굉장히 많이 놀라셨을 겁니다. 그런데 사실은 저에게도 굉장히 큰 부담이었습니다. 그 당시에 제가 수석목사였고, 목사님이 수술을 받으셔야 되는 상황이었습니다. 그래서, 상당히 오랜 기간 동안 목사님께서 자리를 비우셔야 하는 상황에서, 내가 과연 목사님의 그 어마어마한 자리를 큰 무리 없이 잘 지켜갈 수 있을까? 이런 고민들을 참 많이 했습니다. 그런데, 지나고 나서 생각해 보니까, 우리 성도님들이 이미 목사님을 향한 마음들이 뜨겁게 있었던 것 같습니다. 목사님께서 수술하시러 들어가실 때, 우연히 제가 맨 마지막 순간에 목사님과 함께 있었습니다. 그리고 수술실로 들어가실 때, "목사님 잘하고 오십시오, 기도하겠습니다."라고 말씀을 드렸는데, 그때 목사님도 미세하게 떨고 계셨습니다. 그때가 조금 추운 날인 데다 수술복만 입으신 상태에서 차가운 베드에 누워계셨기 때문일 겁니다. 그런데, 그 순간, 내가 뭔데, 이 중요한 순간에, 목사님 옆에 있었고, 또 우리 성도들을 독려하면서 "목사님을 위해서 기도합시다"라고 할 수 있었던 자리에 제가 있었다는 것이 너무 감사했습니다. 참 부족한 사람인데, 목사님을 위해서 기도할 수 있고, 목사님을 미약하게나마 도울 수 있는 자리에, 제가 설 수 있었다는 것이 너무 감사했습니다. 목사님은 수술 후에도 한 10년 정도 어려움을 겪으셨습니다. 그러나, 그런 시간들을 통해서, 천안중앙교회 성도들이나 함께 했던 후배 목회자들이 목사님을 향한 마음을 가지고 목사님을 더 많이 생각하고 기도할 수 있는 시간이 아니었나? 하는 생각이 듭니다. 저는 이 모든 것이 영광이었습니다. 그러면서도, 너무 귀한 것들을 나눠 주신 목사님께 정말 감사하다는 말씀을 꼭 드리고 싶습니다.

기억에 남는 목사님의 한마디가 있으신가요?

사실 뭐 굉장히 많습니다. 저의 기억에 남는 몇 가지 부분들을 한번 말씀드린다면, 여러 가지 말씀들이 있었습니다.

"무슨 일을 하든지 작품을 만들어라" 말씀을 하셨습니다. 그러니까 하나하나 대충하지 말고 정확하게 하라는 말씀이었습니다.

또 하나는, "작은 일이라도 주님의 일이라고 생각하고 해라."는 말씀입니다. 예를 들면, 교회 학교 서기로서 주보를 하나

만들더라도, 그것도 주님의 일이라고 생각하고 열심히 하라는
말씀을 많이 하셨습니다.

　그리고 또 하나는, 저에게 참 많은 영향을 지금도 끼치고
있는 말씀인데요, "사람과 한 약속은 목이 부러지더라도 지켜야
된다."라고 하는 그 말씀은, 아직도 저에게 아주 큰 말씀으로
남아있습니다.

　근데 제가 가만히 생각해 보면서, 저에게 가장 큰 영향을 끼쳤던
말씀은, "목회자는 성도를 위해 그리고 교회를 위해 목숨을
바쳐야 된다."라는 말씀이었습니다. "목회자는 교회가 우선이고,
성도가 우선이고, 그분들을 섬기는 일에 최선을 다해야 된다."라는
말씀이었습니다. 목사님께서 하시고자 하셨던 말씀은, "목회자에게
가장 중요한 것은 교회다. 교회가 어려움이 생기면, 목회자는
그 교회를 위해서 울고 헌신하고, 그 교회가 바로 서는 것에
최우선적으로 해야 된다. 그리고 목회자에게는 성도가 생명만큼
귀한 거다."라는 말씀이었습니다. 지금도 그 말씀을 분명히
기억합니다. 그 말씀이 저에게 가장 큰 영향을 끼친 말씀입니다.
지금도 목사님께서 주셨던 그 말씀을 기억하면서, 교회와 성도들을
위한 것이 무엇인가?를 늘 생각하면서 목회하고 있습니다. 목사님의
말씀이 저의 목회의 좌우명처럼 여기게 된 정말 소중한 말씀이
되었습니다. 목사님께 감사드립니다. 목사님의 말씀처럼, 교회와
성도를 위해서 헌신하고 최선을 다하는 목회자가 되겠습니다.

나에게 故이순목사님이란?

정말 미숙하고 연약한, 목회자답지 못했던 저를 목회자답게
만들어 주신 그런 분이라고 말씀드릴 수 있을 것 같습니다.
그러니까 목회자의 목회자이신 겁니다. 아까 말씀드렸듯이, 전에
있던 교회에서 참 저는 많이 심신이 약해져 있었고, 내가 목회를
할 수 있을까? 하는 마음이 참 많았습니다. 그런데 목사님께
목회자의 처신과 자세와 마음가짐 등 목회의 모든 것들을 하나하나
배워갔습니다. 그렇게 다듬어져가면서, 성도들이 저를 사랑해주시고
성도들이 "한 목사님을 통해서 이런 은혜를 받습니다."라고 말씀해
주실 때마다, 목사님께 이런 부분을 배울 수 있었다는 것이 참
감사했습니다. 목사님께 목회를 배웠던 목회자들끼리도 늘 주고받는
말이, "목사님께 배워서 이렇게 할 수 있었다."라는 이야기들을 많이
합니다.

또 한 가지 기억나는 것은, 제가 이제 우리 천안중앙교회를
떠나오게 되었을 때, 이삿짐을 다 싸고 마지막으로 떠나려는데,
목사님과 교역자들이 다 밖으로 나오셨습니다. 그리고는 저와
저희 가정을 위해 기도해 주시고, 저를 끌어안아 주시는데, 너무
감사했습니다. 마치 아버지의 품을 떠나는 아들처럼, 감사한
마음이 굉장히 컸습니다. 그때 권사님 한 분이 같이 오셨는데,
마지막 인사하는 자리에서, 그 권사님이 저에게 이렇게 말씀하시는
겁니다. "목사님, 목사님은 어디 가서든지 잘하실 거예요." 제가
처음에 천안중앙교회에 왔을 때와는 완전히 달라진 모습으로
천안중앙교회를 떠날 수 있게 되었는데, 그 중심에는 우리

이순목사님이 계십니다. 목회자들의 목회자가 되시는 우리
이순목사님께, 9년 동안의 시간을 통해서 잘 배우고 다듬어지고
세워졌기에 이런 모습이 될 수 있었던 것입니다.

후에 저는 한국에서 가장 대표적인 교회인 영락교회에
부임했습니다. 제가 영락교회에 갔더니, 영락교회 부목사님들이
저를 보고, "천안중앙교회 수석행정목사 출신이래." 그러면서 굉장히
잘할 거라고 인정해 주시는 겁니다. 그만큼 "이순목사님께 목회를
배웠던 사람들은 잘한다"라는 것을 천안중앙교회 성도님들도 다
알고 계시지만, 한국교회의 많은 목회자들도 "거기서 훈련받았으면
됐지."라고 한다는 것입니다. 다 목사님 덕분입니다. 목회자들의
스승이 되시고, 목회자들의 목회자가 되신 목사님이 계셨기에 제가
이런 모습으로 설 수 있었습니다.

목사님께 받은 특별한 사랑, 나누어주시면 좋겠습니다.

이순목사님은 항상 이렇게 주일 밤에 교역자 회의를 하셨습니다.
그리고 회의를 하시면, 어떤 때는 3시간도 넘게 해서, 밤 12시
반이나 1시에 끝난 적도 있었습니다. 그럴 정도로, 회의를 아주 길게
하면서, 일주일 동안 있었던 일들과 성도들의 상황들을 다 목사님께
보고하며 나누는 시간을 가졌습니다. 그런데 제가 약 2년 조금
넘게 수석목사로 있었는데, 교역자 회의가 끝나면 다른 교역자들은
먼저 이제 사무실로 돌아가고 목사님과 둘이 독대를 하는 시간이
있었습니다. 그 시간에 일주일 동안 들어온 서류들도 점검하시고,
부교역자들 전체에게 하지 못했던 말씀도 하시곤 했는데, 이때가
목사님 개인적으로도 마음이 가장 풀어지시는 시간이고 목사님의

속마음을 들을 수 있는 시간이었습니다. 제가 목사님과 함께 했던
9년 동안의 시간 중에 바로 이 시간이 가장 특별한 시간들이었다고
생각합니다. 사실 그 시간이 길지 않았습니다, 10분, 20분
정도밖에 되지 않는 시간이었습니다. 그런데 그때 목사님이
속에 있는 것을 말씀하시면서, 때로는 허탈한 이야기도 하시고,
때로는 서운한 이야기도 허심탄회하게 하셨는데, 이게 목사님의
진짜 속마음이셨고, 그런 속마음을 그냥 가감 없이 말씀하시는
시간이었습니다. 저에게는 그 시간이 진짜 목사님을 뵙는
시간이었습니다. 다른 많은 분들이 볼 수 없는 목사님의 따뜻하고
속정 깊은 마음을 경험하는 시간이었습니다. 그래서 그 시간이
저에게는 목사님의 특별한 사랑과 목사님의 진짜 속마음을 나누었던
시간이었습니다. 아까 말씀드렸던 그 목사님의 따뜻한 마음과
인간미 있는 모습들을 느낄 수 있는 시간이 바로 그 시간이었습니다.

　　마지막으로 한 가지 에피소드가 더 있습니다. 제가
천안중앙교회를 떠날 때가, 목사님의 은퇴 1년 전이었습니다.
저에게는 가장 큰 고민이 있었습니다. '목사님이 이제 1년
남으셨는데, 내가 어떻게 해야 되나? 과연 다른 교회로 옮기는 것이
목사님을 돕는 건가, 아니면 끝까지 내가 목사님을 은퇴시켜 드리는
게 돕는 건가? 내가 과연 어떻게 해야 되나?' 하는 고민이었습니다.
그래서 기도하던 중에 '목사님께 여쭤보자, 목사님께서 말씀하시는
대로 하자.' 이렇게 생각하고는, 목사님께 여쭤봤습니다. "목사님,
사실 이번에 다른 교회에 한번 지원해보면 어떻겠냐는 제안이
들어왔는데 어떻게 할까요?"라고 했을 때, 전에는 목사님께서

"내지 마!" 그러셨습니다. 그런데, 영락교회에 한 번 내보라는
주변에서의 제안이 들어와서, 목사님께 말씀드렸더니, 목사님께서
"내봐" 그러시는 겁니다. 그래서 제가 제대로 들은 건가 싶어서
"진짜 내봐도 되겠습니까?" 그러니까 "내봐." 그러시는 겁니다.
그래서 서류를 제출했고, 나중에 결정되어서, 영락교회로 옮겨가게
되었습니다. 나중에 명절 때 목사님 찾아뵈었을 때, "목사님,
그때 왜 '내봐' 그러셨어요?"라고 여쭈었더니 목사님께서 이렇게
말씀하시는 겁니다. "그래야 시집 잘 가지. 영락교회에 가야
더 좋은 교회 담임목사로 갈 수 있다."라고 말씀하시는 겁니다.
저는 이 에피소드가, 목사님이 저를 바라보시는 마음이고, 모든
부교역자들을 바라보셨던 마음이리라 생각합니다. 목사님은
"어떻게 하면 내가 편할까? 어떻게 하면 안정적으로 마무리하고
은퇴할까?" 이런 생각을 가지고 부교역자들을 대하시는 것이
아니라, 부교역자들 한 사람 한 사람이 어떻게 하면 목회자로서 바로
서가고, 어떻게 하면 주님의 사람으로 더 잘 쓰임 받을 수 있을까? 늘
고민하시고 생각하시는 분이셨던 것입니다. 이 에피소드를 통해서,
저는 정말 많은 것을 느꼈습니다. 나중에 "목사님 그런 마음으로
저희를 대해주셔서 정말 감사합니다."라고 진심으로 감사하는
인사를 드렸습니다. 이런 것이 바로, 제가 섬겼고, 천안중앙교회의
모든 성도님들이 함께 섬기며, 목회적인 인도를 받았던 우리
이순목사님의 진짜 모습이십니다.

　"목사님, 감사합니다. 목사님께 목회를 배운 우리 부교역자분들과,
목사님께 귀한 영적인 안내를 받은 우리 천안중앙교회 성도님들의

귀한 복이라고 생각합니다. 부디, 우리에게 주어진 모든 목회
자리와 삶의 자리에서, 목사님의 가르침과 인도하심을 따라서
끝까지 승리하면서 살아서, 나중에 천국 갔을 때 사랑하는 우리
이순목사님을 만나 뵙고 기쁨으로 인사하면서, "잘했다! 수고했다!"
목사님께도 칭찬받고, 우리 주님께 더 큰 칭찬받는 저와 우리 모두가
되었으면 좋겠습니다. 감사합니다. 목사님. 사랑합니다. 목사님!

2010년 성지순례중 교우들과

2014년 목사님 명예박사수여식을 마치고

감사합니다, 그리고 죄송합니다

최찬호 목사

본인 소개를 부탁드립니다.

네 안녕하세요. 저는 현재 평택의 한일교회를 담임하고 있는
최찬호 목사입니다. 지금까지 저의 짧은 삶을 돌아보면 목사로서
하나님의 은혜 없이는 지금까지 올 수도 없었고, 또 앞으로도
하나님의 은혜 없이는 갈 수 없는, 은혜로 사는 목사입니다.

故이순목사님과는 어떤 관계이신가요?

제가 우리 원로목사님을 처음 뵈었을 때는 신대원 3학년 1학기
여름방학이 시작할 즈음이었습니다. 그리고 저는 은퇴하실 때까지
목사님을 모셨구요. 그렇게 약 7년 정도 목사님을 곁에서 섬길 수
있는 은혜가 있었습니다.

목사님의 첫인상은 어떠셨나요?

원로목사님 첫인상은 굉장히 사려 깊고 따뜻하고 또 신학생인
저희들을 굉장히 세밀하게 살펴주시는 모습이셨습니다. 정말

까마득해서 보이지도 않는 저희 후배들한테 예의를 다 하셔서 맞아주셨고요. 제가 신대원 3학년 1학기 여름방학쯤 천안중앙교회로 면접을 보러 갔을 때, 한참 어른이신 목사님께서 저희를 정중히 맞아주셨던 기억도 있습니다. 제가 감히 이런 말씀 드려도 될지 모르겠습니다마는 정말 반듯하셨고 흐트러짐이 없으셨던 첫인상을 갖고 있습니다.

시간이 지나면서, 목사님을 곁에서 모시면 모실수록, 우리 목사님은 스스로에게는 정말 엄격하시고 흐트러짐 없으셨던, 늘 반듯하셨던 목사님이셨습니다. 목회자로 지녀야 할 바른 모습을 늘 추구하셨던 것이라 생각합니다.

목사님과의 에피소드가 있으시다면 소개해 주실 수 있나요?

원로 목사님과는 에피소드가 참 많이 있습니다. 천안중앙교회 교역자들은 맡은 업무가 각각 하나씩 있습니다. 제가 처음 부임했던 전임전도사 1년 차 때의 일입니다. 당시에 저는 선배 목사님 한 분과 함께 강단을 담당했습니다. 그래서 강대상, 또 말씀상, 그 앞에 있는 화분, 교단깃발과 태극기 등등 강단을 관리하는 역할을 담당했는데요, 추수감사절 때 행사가 있었습니다. 당시 오룡동성전 시대였는데요, 예배당까지 들어가는 본당 안 입구에 전선 피복이 벗겨져 떨어져 있었습니다. 제가 미처 그것을 발견하지 못한 겁니다. 그런데 그날 교역자 회의 때 목사님께서는 회의를 다 마치시고 나서 마지막에 말씀하셨습니다. "강단 담당 누구지?" 저와 제 사수가 저희라고 말씀을 드렸는데 목사님께서 바로 하신

말씀이 "나가!" 그러셨습니다. 나가라는 겁니다. 저희는 정말
어리둥절했습니다. "나가!"라고 하신 말씀은 교역자실을 나가라는
것이 아니라 교회를 나가라는 것이었습니다. 문제의 심각성을
깨닫고 수석목사님께 "어떻게 해야 합니까?"라고 여쭤봤을 때
수석목사님께서 무조건 잘못했다고, 가서 무릎 꿇고 용서를 빌라고
하셨습니다. 그래서 바로 목사님께 찾아가서 무릎을 꿇고 "목사님
잘못했습니다."라고 말씀을 드렸는데 목사님께서는 또 "나가!"라고
말씀하시면서 저희 사죄를 받아주지 않으셨습니다. 그렇게 주일
지나고 월요일 지나고 또 화요일 오전이 되었습니다. 어떻게 해야
하는지 수석목사님께 여쭤봤는데 똑같이 말씀하셨습니다. 가서
또 용서를 빌라 하셨습니다. 그래서 저희는 가서 무릎을 꿇고
"목사님 잘못했습니다."라고 목사님께 말씀을 드렸습니다. 그때
목사님 하시는 말씀이 "으이그~ 따라와!"라고 말씀하셨습니다.
그리고 저희들을 강단에 직접 데려가셔서 "강단은 이렇게 살펴야
되는 거다."라고 하시며, 하나하나 직접 보여주셨습니다. 태극기는
반듯하게, 교단기는 바르게 그리고 옆에 있는 꽃은 가지런하게,
그다음에 성경책도 바르게, 다 하나하나 일일이 보여주셨습니다.
   그 일이 끝나고 나서 깨달았습니다. 목사님께서 우리에게
나가라고 말씀하신 것은 정말 교회를 나가라는 게 아니라 "하나님의
일이자 우리가 맡은 일을 사명으로 알고 최선을 다해서 잘 감당해야
된다!"는 것을 가르쳐 주시려는 깊은 뜻이었습니다. 그 일이 제
마음에 아주 깊이 남아있습니다.

   이런 에피소드도 있습니다. 우리 목사님께서 참 훌륭하신 그

부분이, 목사님 갑자기 이제 그런 말씀 하실 때 있으세요. "최목사! 시간 있어?" 그렇게 말씀하시면 당연히 저는 "시간이 있죠~" 그렇게 말씀드리면, 목사님과 함께 심방을 가는데 저는 어디로 가는지 몰라요. 근데 목사님이 "이렇게 가~ 저렇게 해서 가~" 가보면 거기가 어디냐면은 우리 교회 어려운 성도님 가정이었습니다. 그러면 그 가정에 가셔서 목사님께서 직접 준비한 선물과 가셔서 말씀 전해 주시고 기도해 주시고 위로해 주시고 나오시는 길에는 봉투를 두고 오셔요. 목사님께서 직접 전달하시는 것도 아니고 조용히 두고 오시곤 하셨어요. 그렇게 목사님께서 우리 교회 성도님들 어려운 가정들을 직접 찾아가셔서 살펴 주셨습니다. 제가 그런 급작스러운 심방을 여러 차례 경험하면서 '아, 이렇게 큰 교회 목사님께서 이렇게 살펴 주시는구나~' 가까이에서 보게 되었고, 또 원로목사님께서는 새가족 심방을 직접 하셨습니다. 새가족이 오면 원로목사님께서 아무리 바쁘셔도 가급적 할 수 있는 한 다 가셔서 새가족 심방 가셔서 새가족 살펴 주시고 또 심방이 어떤 것인지 우리에게 알려주셨던 그런 기억들이 남아있습니다.

안 좋은 에피소드도 있습니다. 시말서 에피소드가 하나 있는데요. 저도 시말서를 한 장 썼습니다. 제가 이제 선임목사로 교회를 섬길 때, 부교역자들 하나씩 맡은 것이 있는데 이제 그중에 하나가 다른 부목사님께서 추모예식문을 작성하면 선임목사는 그것을 감수하는 일을 하는 거였습니다. 근데 그 추모예식문 중에 내용이 하나 빠졌었습니다. 어떤 거냐면 바로 '부모공경과 나라사랑'에 대한 부분이 빠져 있었던 겁니다. 제가 미쳐 그 부분을 살피지

못했습니다. 그러면서 목사님께서 부모공경이 얼마나 중요한
부분인지 저를 아주 따끔하게 나무라시면서 시말서를 써오라고
하시는 거였습니다. 근데 그 당시 이제 목사님이 마음이 어떤
마음인지를 조금 헤아릴 수 있는 시기였기에 시말서는 저를
혼내려고 하시는 것이 아니라 저의 잘못을 돌아보고 제가 잘되기를
바라는 마음에 목사님이 그렇게 하신 것을 알았습니다. 그리고
저는 시말서를 감사한 마음으로 썼고 목사님께 가져다드렸습니다.
목사님께서는 그것을 잘 간직하셨다가 나중에 저에게
돌려주셨습니다. 그 시말서는 제가 지금도 가지고 있습니다. 그리고
마음이 어려울 때는 그 시말서를 보면 '아, 목사님 얼마나 교회를
사랑하셨는가!' 그 생각을 하면서 마음을 다잡곤 합니다.

목사님을 만나신 것이 계기가 되어서 변화가 있으신가요?

예, 저는 목사님을 뵙고 나서 목회에 대한 부분도 많이 생각할 수
있었지만 무엇보다 사람이 어떻게 살아가야 할지에 대해서 깊이
생각하고 배우게 되었습니다. 목사님은 어떤 인생을 살아가는
것이 정말 의미 있는 인생인지 그런 것들을 몸소 직접 보여주셨고
또 목사님은 하나님께 기쁨이 되고 하나님의 영광이 되는 삶이
무엇인지 알려 주셨습니다. 그래서 목회 이전에 어떤 사람과
어떤 인생으로 살아가야 할지 삶의 방향에 대해서 제가 진지하게
고민하면서 살아갈 수 있는 계기를 만들어 주셨고요. 지금도
목회자이지만 사람이 되자 이런 생각을 갖고 살아가고 있습니다.

기억에 남는 목사님의 한마디가 있으신가요?

목사님 명언 진짜 많거든요. 진짜 많은데 그중에 제 마음에 있는 1번은 "뜻이 있는 곳에 길이 있고, 마음이 있는 곳에 방법이 있다." 이 말씀입니다. 참 자주 말씀해 주셨습니다. 아무리 힘들고 어려워도 뜻이 있으면 길이 있고, 마음이 있으면 하나님께서 방법을 허락해 주신다는 겁니다. 그래서 "낙심하지 말고 늘 하나님 안에 거하라." 이런 말씀 자주 해주셨고요.

또 한 가지는 우리 목사님 아마 천안중앙교회 모든 부교역자들이 다 알고 있을 목사님의 명언일 텐데요, 원스텝입니다. 한 번 더 내다보라는 겁니다. 내가 이 말을 하고 이 행동을 했을 경우에 그다음이 어떻게 될지를 늘 생각하면서 임하라고 말씀해 주셨습니다.

"종합적으로 입체적으로 세밀하게 목회를 해야 된다."는 말씀, 저희들 사랑하는 마음으로 자주 해주셨고요.

또 하나는 "천 원짜리 한 장에도 기가 막힌 사연이 있다."는 말씀이었습니다. 우리 목사님께서 "천 원짜리 한 장에도 성도님들의 피땀 어린 기가 막힌 사연이 있기 때문에 그 헌금을 허투루 쓰지 말고 귀히 써야 된다."라는 말씀을 자주 해 주셨습니다. 그래서 목사님 책상에 가보면 목사님 책상에는 휴지가 이렇게 휴지 한 장이 작게 접혀 있어요. 왜 접혀 있냐면 목사님 책상에 볼펜을 많이 두지 않으세요. 볼펜을 몇 자루만 두시는데 그 볼펜 똥 다 닦아가시면서 볼펜 다 쓸 때까지 교회 비품도 아끼면서 그렇게 사셨습니다. 이면지 한 장도 버리지 않으시고 목사님은 메모지로 만드셔서 그렇게 저희에게 본을 보여주셨습니다.

부총회장 출마와 불출마 과정을 옆에서 다 지켜보셨지요?

제 기억을 좀 더듬어 보면 목사님께서 아마 가을노회인가요? 그때
부총회장 후보로 노회에서 만장일치 박수로 추대를 받으셨습니다.
그리고 이후에 부총회장 후보로서 해야 할 활동들을 조금씩
하시면서, 뭐 여기저기 이제 다니기도 하시고, 또 정치적인 행보도
조금씩 펼쳐보려고 하셨습니다. 그렇게 조금이나마 활동을
하셨는데, 그다음 봄 노회였을 겁니다. 목사님께서 전체 회의가
마무리될 즈음에 신상 발언을 요청하신 후에 발언권을 받으셔서
마이크 앞쪽으로 나가시는 겁니다. 목사님께서는 제가 모시는
동안 한 번도 노회에서 발언을 안 하셨거든요. 근데 목사님이 바로
나신다고 나가시니 "어? 무슨 일이지?" 하면서 그 당시에 모든
노회원들이 주목하는 상황이었습니다. 그런데 목사님께서 워딩이
정확하지 않지만 이런 흐름의 말씀을 하시는 겁니다. "여러분들이
저를 부총회장 후보로 추대해 주셔서 감사합니다."라는 말씀을
먼저 하셨고, 그리고나서 목사님께서 "제가 이 길을 조금 가보고
좀 이렇게 저렇게 활동을 해 보니 이 길은 제가 가야 할 길이 아닌
거 같습니다."라고 아주 정중하게 말씀하셨습니다. 그리고 노회
회원들에게 "감사하다, 죄송하다." 이렇게 말씀하시고 목사님께서
내려오셨습니다. 저희 교역자들은 그 당시에 다 놀랐고, 또 그 일이
있고 난 후에 목사님께서 얼마나 교회를 사랑하셨는지 후에 조금씩
조금씩 알게 되었습니다. "참 대단하신 분이시다."라는 생각을
지금도 하고 있습니다.

그때 부교역자들이나 교회에 미리 '그런 발언을 하실 거다'라는 내용이 전달된 적은 없었나요?

네 원로목사님께서 목사님 신상에 대해서 다른 저희들뿐만이 아니라 다른 누구와도 아마 말씀을 나누지 않은 걸로 알고 있습니다. 왜냐하면 저도 그때 처음 알았고요, 같이 있었던 부교역자들이 다 몰랐거든요. 당시 그 좀 노회 분위기가 술렁술렁했던 그런 기억이 있습니다. 그 누구한테도 상의하지 않으시고 나가서 부총회장 후보로서의 정치적인 행보가 교회에 덕이 되지 않겠다는 목사님께서 기도하시고 판단하셔서 정중하게 고사하신 걸로 저는 기억하고 있습니다.

일련의 과정을 가장 가까이에서 목사님을 보시면서 어떤 느낌이셨나요?

목사님께서 부총회장 후보직을 고사하시고 나서 종종 함께할 시간이 많았습니다. "최목사~ 어디 가자" 그러시면서 어디 가시면서 조금씩 교회와 목회에 대해서 말씀해 주신 부분이 우리 목사님은 "교회를 참 사랑하신다~"는 거였습니다. 그때만 해도 저는 어려서 잘 몰랐습니다. 그런데 '성도들의 헌금이 어떻게 쓰여져야 하느냐' 이런 부분에 대해서 목사님 말씀해 주신 기억이 있습니다. "헌금이 잘못 쓰이면 안 된다." 그 말씀 하시면서 부총회장 후보직을 고사하신 것으로 저는 지금에서야 그렇게 생각하고 있고요, 시간이 지나면서 목사님께서 이렇게 부총회장 후보직을 고사하신 것이 결국 교회와 성도를 위한 결정이셨구나! 라고 생각하게 되었습니다.

목사님의 목사님

나에게 故이순목사님이란?

故이순목사님은 저는 물론이고, 천안중앙교회 모든 부교역자 출신 목회자들에게 아버지와 같은 분이십니다. 마음의 아버지! 목회의 아버지! 또 인생의 아버지! 이십니다. 인생을 어떻게 살아야 할지 알려주셨고요. 지금은 목사님을 직접 뵐 수는 없지만 그래도 목사님이 남겨 주신 말씀들이 저뿐만이 아니라 함께 했던 모든 교역자들 마음에 다 남아있을 겁니다. 그리고 그 말씀대로 살려고 각자의 자리에서 열심히 다 노력하고 있을 거라고 저는 생각합니다. 저에게는 아버지이십니다. 정말 그런 분이십니다.

목사님께 받은 특별한 사랑, 나누어주시면 좋겠습니다.

뭐 굉장히 많이 있죠. 저희 가족들 하나하나 살펴 주시고 또 안부도 물어 주시고 여러모로 챙겨 주시고 생각해 주셨던 거 많은데, 목사님이 은퇴하시는 해에 저를 한번 부르셨습니다. 그러면서 하시는 말씀이 "최목사! 개척해라." 그러시는 거예요. 저는 그 자리에서 그냥 "네." 했습니다. 왜냐하면 목사님 말씀이시니까요. 그래서 "네!"하고 나서야, '어떡하지? 아무것도 모르는데?' 막 이렇게 좀 불안한 마음이었는데, 목사님께서 청사진도 보여주셨고 "이렇게 하면 될 거야!" 또 "이렇게 하면 가능해!" 말씀하시면서 목사님께서 목사님의 큰 부분을 개척을 위해서 쓰시겠다고 말씀해 주셨습니다. 저는 그 말씀만으로도 받을 수 없는 큰 사랑을 이미 받은 거고요. 그렇게 생각해 주셨다는 것만으로도 저뿐만이 아니라 저희 가족들은 늘 감사해하고 또 그런 시간에 목사님을 모셨던 것이 얼마나 큰 기쁨이고 행복인지 모릅니다. 뭐 그 외에 소소한 거는 참 더 말할 수 없습니다. 살아가면서도 늘 감사한 마음입니다.

혹시 이순목사님을 만나게 된다면 하시고 싶은 말씀 있으면 마지막으로 부탁드립니다.

큰절을 올려드리고 싶고요. 그리고 제가 천안을 떠나서 지방에 있을 때에도 목사님 찾아와 주셨습니다. 찾아와 주셔서 위로해 주셨고 또 격려해 주셨습니다. 여수 애양원을 같이 갔는데 그곳에서도 손양원목사님 말씀해 주시면서 큰 격려를 참 많이 해 주셨습니다. 제가 또 평촌에 왔을 때도 살펴 주시고 틈틈이 전화해 주셔서 '목회 잘하고 있냐고~ 마음 강하게 하라고!' 격려해 주셨습니다. 그래서 목사님께 큰절 올리면서 "감사합니다." 어떻게 저 같은 사람이 목사님 만나서 이만큼 지낼 올 수 있었는지 감사의 인사 드리고 싶고 또 "죄송합니다." 말씀 좀 드리고 싶어요. 곁에서 잘 모시지 못해서 죄송하고, 목사님 목회를 잘 배워서 해야 하는데, 가르쳐 주신 것만큼 하지 못해서 죄송한 마음입니다. "목사님! 감사합니다. 죄송합니다."라는 말씀드리고 싶습니다.

2013년 은퇴하시기 전에 목사님과

2014년 애양원(여수)에서 목사님과

기회를 주시며 동역해 주신

워런 홀랜드 목사 & 이성민 사모

본인 소개를 부탁드립니다

워런 목사 : Hi, I'm 워런. I'm from South Africa. and I'm married to 성민.

안녕하세요 저는 워런입니다. 남아프리카 공화국에서 왔고요, 이성민 사모와 결혼했습니다.

이성민 사모 : 안녕하세요 제 이름은 이성민입니다. 저희는 남아프리카공화국에서 만났고 남아프리카공화국에서 2005년부터 지내다가 2021년, 작년에 하나님께서 조지아로 인도하여 주셔서 지금 현재는 조지아에서 지내고 있습니다.

미국 조지아입니까, 유럽 조지아입니까?

이성민 사모 : 아, 좋은 질문입니다. 미국에 있는 조지아가 아니고 중부아시아 아니면 동부유럽이라고도 불리는 조지아에 있습니다. 그리고 저희는 아들 세 명이 있는데요 노아 제이든 제시 그렇게 아들 세 명이 있습니다.

故이순목사님과는 어떤 관계이신가요?

이성민 사모 : 저희가 이제 2005년에 남아프리카공화국에 있었을 때 고아원 사역을 부부로서 같이 했었거든요. 남편은 7년 저는 이제 한 3~4년 정도 해오다가 남편이 완전히 번 아웃(Burn-Out)이 온 적이 있어요. 그때 이순목사님의 아드님 되시는 이기둥목사님과 연락을 하던 중에 이순목사님께서 그 당시에 총회 산하에 있는 해양의료선교부를 맡고 계셨는데, 거기서 전라남도 신안군에 센터를 운영하고 있다. 거기 센터로 와서 워런 목사가 영어를 가르치면서 있으면 어떻겠냐 그리고 목포에 또 양동제일교회라고 그 교회까지 연결을 시켜주셔서 저희 부부가 2011년에 1년 동안 사역할 수 있는 그런 귀한 시간들을 가졌죠.

워런 목사 : Yeah, it was very important. I'm very grateful because at that time I had burn out when I was in South Africa. We were, I just had a burn out. We had an opportunity to come and spend sabbatical year in Korea in Mokpo, on the island of Palgumdo. It was that we got to teach English but also time for us to refresh, rethink and refocus and having just grateful because we believe that God opened the door for us to be able to come to Korea for that year. So it was very important for us as a family but also not just a refreshing time and time to teach English, for me personally it was a great year because I got to see more of Korean culture. Being married to a Korean, I didn't know a lot of Korean culture so I think our good Lord allowed me to come to Korea for a year to also learn more about the culture. So it was really special time and I am grateful for that opportunity that was given to us and be able to come and be here.

네 정말 소중했어요. 정말 감사했어요. 그 당시 남아공에서 완전히 번아웃 되었거든요. 그런데 한국의 팔금도로 올 수 있었고, 안식년을 보낼 수 있는 기회가 주어졌던 거죠. 하나님께서 우리에게 한국에 와서 한 해를 보낼 수 있는 기회의 문을 열어주셨기 때문에 그냥 감사할 뿐이에요. 문을 여시고 우리는 영어를 가르치기도 했지만, 우리가 재충전하고, 생각을 가다듬고, 다시금 초점을 맞추었던 시간이기도 했거든요. 게다가 개인적으로는 가족으로서 우리가 하나가 되는 정말 귀한 시간이었어요. 제가 더 많은 한국의 문화를 경험할 수 있었으니까요. 한국 여성과 결혼했지만 한국의 문화를 많이 알지는 못했었는데, 우리 선하신 주님께서 저에게 한국에 와서 1년 동안 더 많이 배우라고 허락하신 것 같아요. 그래서 정말 특별한 한 해였고요, 저에게 그렇게 허락된 한 해를 생각하면 감사 감사합니다.

목사님의 첫인상은 어떠셨나요?

이성민 사모 : 저희가 이제 한국 와서 해양선교부 산하에서 이제 1년 동안 함께 하기로 했으니까 천안에 계신 이순목사님을 뵈러 갔는데 목사님이 감사하게도 이제 남편 워런이 목사니까 강단에 설 수 있는 기회를 주셔서, 말씀을 전해야 하는데 이제 영어로 해야 하고 저는 이제 한국어로 통역을 해야되는 상황이어서 주일 예배를 섬기라고 하셨는데 제가 한국말도 잘 못하고 영어도 잘 못해 가지고 제가 통역을 완전 망쳤거든요. 완전 망쳐가지고 너무너무 막 걱정하면서 너무 심장이 터질 것 같고 눈물도 막 찔끔찔끔 나고 그런 상태에 이제 목사님 계시는 사무실에 들어갔던 기억이

나요. 근데 그게 처음 목사님을 뵙는 거였는데 진짜 온몸이 너무 떨리는 거예요. 제가 너무 통역을 못해가지고. 목사님이 굉장히 국어를 사랑하신다고 들었는데 제가 국어를 너무 못해 가지고 너무너무 걱정되는 마음으로 내려갔는데 목사님이 정말 너무 자비하시고 은혜로우시게도 저에게 뭐라 하시지 않고 저를 오히려 격려해 주셨던 그런 기억이 남아요. 그게 저한테 굉장히 크게 남아있거든요. 그래서 영어로 말씀드리자면, "목사님께서 굉장히 gracious(자애로운)하셨다." 그게 저의 첫 번째 목사님에 대한 강한 인상이었습니다.

워런 목사 : Mine was more 5 years ago when I got to see pastor again. I just always remember thinking, this man who is meticulous, particular in things he does so I was always I was very impressed in way he carried himself. So I thought he was very serious and very disciplined. I am not like that so I thought that was great because I love to be more like that. That's how I remember him more, 5 years ago.

제가 목사님을 다시 만난 것은 5년 전쯤이었습니다. 목사님~ 하면 아주 세심한 분, 특별히 자신이 하는 일에 세심하신 분으로 기억됩니다. 그래서 목사님께서 일을 해나가시는 방법이 굉장히 인상 깊었습니다. 그래서 '목사님은 매우 신중하시고 진지하시고 또 매우 엄격하시구나.' 생각했습니다. 나는 그렇지 못하지만 정말 목사님처럼 되고 싶었기 때문에 그런 목사님이 정말 좋았습니다. 그것이 5년 전 목사님과 마지막 만났던 날의 기억입니다.

목사님을 만나신 것이 계기가 되어서 변화가 되었거나, 결단을 했다거나, 그때 이후로 바뀌게 된 무엇이 있으시다면 나눠주실 수 있을까요?

워런 목사 : I think when I came here I was burned out and I was dry, my relationship with God wasn't great so when I look back just think, how God through 목사님 made possible for me to come. I just felt that it was time for God gave us just to stop and slow down. I think over that year it was God was teaching us that not to rush around so much doing a lot of stuff but just to spend time with him. That was his goal for us. But I think also for Sungmin and I…I wasn't really interested in mission field as much as Sungmin at that time. I think that year just help us to think more. We were wanting to go to a mission field after that year but thank God he didn't allow us. He sent us back to South Africa to be trained more but I think that year helped. I think just for me it was just time of refreshment. Because I was finished and I was so tired. I still remember going out on to the island on the ferry with you. And I am so thankful I needed to be out. If it hadn't so I just think I love the fact that God planned at that time. He used yourself and pastor Yi to open that door for us to be able to go. Because if it hadn't I don't know what would have happened after that. If that door hadn't opened I don't' know where and what would be happen. Because I was just so tired. And also for even our relationship was battling at that time. When you not walking close with the Lord, you battle. So it was good time for us.

제가 한국에 오기 전에 하나님과의 관계도 썩 좋지 않았고,
번아웃되어 메마른 상태였는데, 그때를 돌아보니, 하나님께서
이순목사님을 통해 제가 한국에 올 수 있게 하셨습니다. 이건 말 그대로
하나님께서 저에게 잠깐 멈추고 천천히 가도록 허락하신 시간이라고
느껴집니다. 다시 생각해 봐도, 하나님께서는 우리가 수많은 일들을
정신없이 해내느라 우리 자신을 너무 소모하지 않고, 하나님과 충분히
시간을 갖도록 하신 귀한 한 해였습니다. 그것이 우리를 향한 주님의
목표시니까요. 그러나 저는 아내와는 달리 선교현장 만큼은 좀
멀리하고 싶었습니다. 그런데 주어진 그 시간에 더 깊이 생각할 수가
있었습니다. 안식년을 마치면서 우리는 다시 선교 현장으로 너무도
가고 싶었습니다, 그런데 하나님께서는 허락하지 않으셨습니다.
저희를 더 준비되도록 다시 남아공으로 부르셨습니다. 그럼에도
그 안식년이 저희에게 큰 도움이 되었습니다. 저에겐 정말이지
재충전의 기회였어요. 정말 아무것도 하지 못하겠다 싶었고 너무너무
지쳤었거든요. 제가 아직도 기억이 나는 것은, 섬으로 가는 배를
이기둥목사와 같이 타고 갔을 때예요. 정말 고마웠어요, 저는 어디론가
떠났어야 했거든요. 그때 그렇게 하지 않았더라면 하나님께서 그때
계획하셨던 일들을 생각할 수 없었을 거예요. 주님께서 이기둥목사와
이순목사님을 사용하셔서 우리가 떠날 수 있는 문을 열어주시지
않으셨더라면, 그다음에 어떤 일이 벌어질지 전혀 몰랐을 거예요.
왜냐하면 저는 그냥 너무 지쳐버린 상태였거든요. 게다가 당시엔
관계적으로 갈등이 심했어요. 우리가 하나님 곁에서 딱 붙어서 걷지
않는다면 우리는 갈등하게 되잖아요. 그러니 우리에겐 너무 좋은
시간이었던 거죠.

He brought us more closer together and focus us more. Still had a lot to learn. That is why he sent us back to South Africa but I think that was one of the turning points of moving us towards the mission field per say. Before I had gone to one or two missions but it wasn't big on my radior, wasn't big part of my plans because I was involved with children.

주님께서 우리 곁으로 더 가까이 인도하셨고 우리에게 초점을 맞추고 계셨어요. 여전히 배워야 했어요. 그것이 우리를 다시 남아공으로 보내신 이유예요. 그런데 그 시간이 우리에겐 선교 현장을 향해서 우리를 인도해 나가시는 터닝포인트 가운데 하나였어요. 그전에 몇 번 단기선교를 다녀온 적은 있었어도 선교가 제 삶의 큰 부분을 차지하지는 않았었죠.

Sungmin was always interested but I think after that year God made my heart more soft towards to going to the mission fields. Yes, we wanted to go and we didn't go straight away. But I think that was part of journey that God had planed for us to awaken us to the mission fields.

성민 사모는 언제나 선교에 관심이 있었지만, 저는 그 해가 지나면서 하나님께서 제 마음을 부드럽게 선교의 현장으로 향하게 하셨다고 생각해요. 맞아요, 우리는 선교하러 가고 싶었지만 곧바로 가지는 않았던 거죠. 하지만 그건 하나님께서 우리를 향해서 계획하신 대로 우리를 일깨우셔서 선교지로 인도하시는 여정 가운데 일부였던 거예요.

**목사님과의 기억나는 에피소드가 있으시다면 소개해 주실 수
있나요?**

이성민 사모 : 5년 전에 저희가 또 한국에 왔었을 때, 2017년 그때
목사님을 뵈었는데 그때가 대략 4~5년 뒤에 뵌 거죠. 근데 목사님이
굉장히 야위어계셨던 모습이 기억이 나는데 워런이 앞에서도
말씀드린 것처럼 굉장히 중심은 살아계신 모습, 아직도 생각나는데
말끔하게 입고 나오셨어요. 재킷도 걸치셨던 것 같은데 그렇게
해서 저희가 이제 건강검진도 받도록 해주셔서 천안에서 잘 마치고
이기둥목사님과 저희 어머니까지 해서 같이 식사를 했던 기억이
나요. 근데 제가 말씀으로 아프시다는 얘기를 들었고 근데 굉장히
야위셨던 모습이었지만 또 목소리는 아직도 굉장히 강하셨던 기억이
나는데, 그때 당시만 해도 저희가 이제 바로 선교지로 나갈 생각이
아니었고 남아공 내에서 저희는 항상 고아에 관한 마음이 있었기
때문에 '다시금 고아사역을 하고 싶습니다.' 그런 말씀을 드렸을 때
목사님이 마음에 두셨던 한 여성사역자의 이야기를 해주셨어요.
자기 아이들까지 함께 보육원에서 키우며 고아들을 돌보셨던 그분
이야기를 굉장히 길고 상세하게, 말씀해 주시면서 고아 사역에
관한 남다른 애정을 보여주셨어요. 그 얘기를 하시면서 눈물도
보이셨고요. 그래서 그때 제가 되게 감동을 받아가지고 제가 "나중에
한 번 그 고아원 찾아가 볼게요." 목사님한테 그랬는데 저희가
찾아가 보지는 못했습니다. 바로 또 남아공으로 나왔어가지고요.
그래서 그때 같이 점심 먹고 차 마시고 그랬던 게 제가 마지막으로
목사님을 뵈었던 그런 시간이었네요.

이순목사님께 감사했던 일이 있으시면 나눠주세요.

워런 목사 : Gave us an opportunity to come to Korea for
sabbatical. That was huge, not to be underestimated. I mean we really
were…Look back..I was such a bad way and your father opened the
way for us to be able to come and spend the time here. And that was
so good for us.

So for me that was massive, it was massive time in my life. Because
I could walked away from the Lord or but God was gracious. He was
holidng us, carrying us and used your family for that to help us. as
we…we were in dire straits. I was in dire straits. I really was, really low
point in my life. And God used your family to carry me to the next
stage where he wanted to use us. So I will always be thankful for that.
And to you.

우리에게 한국에서의 안식년을 보낼 수 있는 기회를 주셔서
감사해요. 이건 정말 엄청난 일이었어요. 절대 과소평가 되어서는
안 되죠. 제 인생에 있어서 엄청난 시간이었으니까요. 저는 정말
주님으로부터 벗어날 수도 있었거든요. 하지만 하나님은 은혜와
자비의 하나님이세요. 목사님을 통해서 어려운 처지에 있던 저희들을
붙잡아주시고 일으켜 세워주셨어요. 그래서 하나님께서 우리를
사용하실 수 있는 우리 인생의 다음 단계로 올라갈 수 있었지요. 정말
정말 감사합니다.

이성민 사모 : 저희도 결혼을 한 상태였기 때문에 제가 그 당시에
워런이 어떤 상태였는지(번아웃) 또렷이 기억나고, 그때 제가
이기둥목사님한테 전화를 해서 이제 여기를 관두게 됐다고 했을

때 "그럼 한국 와~" 이러면서 되게 빨리빨리 일을 진행해 주셨던 기억이 나요. "한국 와, 괜찮아~" 그러더니 며칠 이따가 다시 연락하셔서 "이순목사님이 해양선교부 담당이신데 너 팔금도에 와서 살래?" 되게 빨리빨리 그렇게 진행이 됐던 기억이 나요. 남편한테 "우리 여기 고아원 사임하고 한국 가서 지낼 수 있어 1년." 그래서 그때 되게 빨리빨리 일이 진행되면서 굉장히 놀라웠던 기억이 나요. 왜냐하면 그때 우리가 갈 곳이 없었거든요. 남아공에 있을 수도 없었고 그렇다고 한국에서 뭐를 할 수 있지도 않았거든요. 저희한테는 안식년이었지만 저희는 그래도 안식년을 FULL로 가기에는 그런 여건이 안 되는 저희들이었는데 사역비까지 주시면서 1년 또 섬기고 쉴 수 있는 기회를 주셔서 그때 정말, 워런이 말하는 걸 다시 반복하는 것 같지만 저희한테는 워런 개인적으로 가정에 있어서 굉장히 중요한 시기에 한국에 와서 그런 해양선교부의 팔금도센터에서 그 지역 섬 아이들을 돌보고 가르치는 쪽으로 사역이 변환되고 있는 시점에서 저희를 영어 교사로 불러주셔서 인근 4개 섬에 있는 학원도 못 가고 그런 아이들을 섬길 수 있는 그런 기회를 주셔서, 저희가 차 타고 자금도로도 갔다가 팔금도로도 갔다가 이러면서 그렇게, 저희 인생에 있어서 그렇게 섬에 있는 아이들을 섬길 수 있는 그런 기회를 주셨던 게 저희한테는 정말 잊지 못할 그런 기회였고 지금은 또 추억이 되었지만 그런 기회를 주신 것 정말 너무너무 감사드리죠. 네, 목사님께 감사드립니다. 너무 감사합니다.

워런 목사: I still remember sitting in South Africa looking all over the places where am I gonna work and serve...I was gonna look for a

2017년 한국방문중 목사님께 식사를 대접받고

school and you came and said 기둥 said! Even though my relationship with God was bad still God took care of us through your family.

아직도 기억에 남는 것이…이제 고아원을 떠나면 어디서 섬길 수 있을까 고민하며 남아공 내에 있는 학교에서 일을 해야하나 고민 하던중 성민사모가 나에게 와서 한국에 있는 이기둥 목사님이 한국으로 올 수 있다고 한 때를 기억합니다. 주님을 가까이 따르지 못했던 저에게 주님을 늘 그러하듯이 저희들을 인도하시고 돌보아 주셨습니다. 바로, 이순목사님의 가정을 통해서요.

목사님의 목사님

목회 잘하겠습니다

김치성 목사

본인 소개를 부탁드립니다.

저는 지금 세종시에 위치한 햇무리교회에서 담임목회를 하고 있는 김치성입니다. 개인적으로 좀 소개를 하면 전에는 하루하루 버티며 살아왔던 목사인데 지금은 하나님께서 이루실 일들을 기대하고 소망하며 매일 매일 하나님의 꿈을 꾸며 살아가는 목사입니다.

故이순목사님과는 어떤 관계이신가요?

저는 천안중앙교회 부목사로 목사님을 뵀고요, 특별히 제가 부목사로 사역할 때는 오룡동 시대를 정리하고 부대동 시대를 준비하고 또 정착하고 새롭게 시작하는 어떻게 보면 천안중앙교회 역사에서 대단히 중요한 기간에 부목사로 사역했던 그 상황 속에서 목사님을 만날 수 있었습니다. 그런 면에서 그 중요한 시간에 목사님을 뵙고 목사님으로부터 여러 가지 목회를 배울 수 있었다는 것은 개인적으로 큰 영광으로 기쁨으로 생각하고 있습니다.

목사님의 첫인상은 어떠셨나요?

저는 사역지로 천안중앙교회를 소개받고 미리 설교영상을 통해서 목사님을 좀 먼저 뵐 수 있었습니다. 천안중앙교회 이순목사님이 어떤 분이신가 영상을 통해서 봤는데 그 주간이 추석 명절 바로 지난 주일이었습니다. 그때 설교를 하시는데 단상에 서셔서 목사님께서 교우들에게 이런 인사를 하시는 거예요. "명절 잘 보내셨어요~?" 그렇게 인사를 하시면서 말씀을 전하시는데 제 개인적으로 영상으로 봤지만 '참 따뜻한 분이시구나.' 그런 인상을 받았고 또 면접 날짜가 정해져서 제 안사람과 함께 면접을 봤을 때 목사님실에 들어가자마자 목사님께서 저를 기다리시면서 제게 손을 내미시면서 인사를 하시더라고요. "이순입니다." 인사를 하시고 또 자리에 앉게 하시고 이렇게 말씀하셨어요. "오느라고 수고 많았습니다." 차 드시라고 그러면서 목회에 대해서 말씀하시고 따뜻하게 여러 면에서 영접해 주셔서 저는 개인적으로 목사님의 첫인상이 따뜻해서 감사하게 생각하고 있습니다.

물론 목회를 배우면서 목사님은 반듯하셨고 분명하셨고 때로는 굉장히 단호하셨지만 제 개인적으로 목사님은 따뜻하시고 모든 면에서 예의를 잘 가르쳐 주셨던 목사님이셨습니다.

목사님을 만나신 것이 계기가 되어서 변화가 되었거나, 결단을 했다거나, 그때 이후로 바뀌게 된 무엇이 있으시다면 나눠주실 수 있을까요?

저는 천안중앙교회 오기 전에 이미 경기도에 있는 모 교회에서 전임 사역을 3년 동안 하고 왔습니다. 3년의 전임기간이었지만 사실 제가 전임기간에 할 수 있었던 것은 차량 운전 그리고 교회 여러 가지 잡일들 그런 일들이 전부였어요. 3년의 시간들을 돌이켜 보니까 공식적으로 가정 심방을 한 기억이 없더라고요. 그런 상태에서 천안중앙교회 부임을 했는데 어찌 보면 '백지와 같은 상황에서 목회를 배웠다.' 그런 면에서 저에게는 굉장한 기회였습니다. 백지와 같았는데 천안중앙교회 와서 목회를 새롭게 배울 수 있었고 그래서 이제는 스스로 자부할 수 있고, 또 어디에서 누구에게 이야기할 수 있습니다. "나는 목회의 정석과 같은 이순목사님으로부터 목회를 배웠다. 그 마음과 그 정신을 내가 계속 이어만 간다면 계속 유지만 한다면 그 어디에서 목회하든 나는 목회에 있어서 자신감이 있다." 그 모든 것들을 천안중앙교회 이순목사님을 통해서 배울 수 있었음에 참으로 감사를 드리고요, 지금도 목회를 하거나 설교를 할때 죽을 쑬 때가 있고 목회에 있어서 어려운 일들이 있을 때가 있는데 그때마다 저는 유튜브에 올려진 설교 영상을 보고 있습니다. 그러면서 목사님께서 말씀하셨던 설교의 태도라든지 강약이라든지 높낮이라든지 속도라든지 이런 모든 부분들을 다시 한번 점검하고 다시 한번 마음을 다잡을 때가 있습니다. 그런 면에서 저는 지금도 목사님을 통해서 계속해서 배우고 있다, 진행형에 있다, 그리고 계속해서 목사님을 통해서 변화된 그런 목회의 자세로 살아가고 있다, 그런 면에서 감사를 드리고 있습니다.

목사님과의 기억나는 에피소드가 있으시다면 소개해 주실 수 있나요?

제가 천안중앙교회에서 4년 정도 되었을 때 개척을 좀 준비하고
있었습니다. 그때 제가 목사님께 개척에 대해서 여쭌 적이 있어요.
"제가 천안중앙교회 사임하면 개척을 좀 하고 싶습니다." 그때
목사님께서 제게 그런 말씀을 하셨어요. "김목사, 내가 생각하기에
김목사는 개척보다도 임지에 부임해서 목회를 하는 게 좋겠어."
그러면서 지금 제가 목회하고 있는 햇무리교회 임지를 소개해
주셨고 "개척이 아니라 거기 가면 건축도 할 수 있을 것 같은데
열심히 준비해서 건축을 하면 어떨까?" 그런 말씀을 하셔서 제가
지금 여기에서 목회를 하게 되었던 겁니다.

목사님과 에피소드들이 많이 있지만 가장 기억에 남는 한 가지가
있습니다. 오룡동 교회를 정리하고 이제 부대동으로 막 예배처소를
옮겼던 그 첫 주였습니다. 그 첫 주에 참 공교롭게도 그 주간이
교회력에 따라 강단 장식의 색깔을 바꿔야 되는 그런 주간이었어요.
초록색에서 흰색으로 바꿔야 하는 주간이었는데 오룡동에서 다른
색의 장식들을 다 가져오지 못한 상황이었어요. 그래서 주일 아침에
그것을 발견하고 이제 강단 담당인 목사와 함께 어떻게 해야 하나
그러다가 결국에는 바꾸지 못한 일이 있었어요. 이후에 목사님이
다 알게 되셨고 목사님이 강단 담당들을 부르시더라고요. 한마디
하시는 거예요. "임지를 옮겨라. 여기까지 하고 임지를 옮겨라."
그렇게 말씀하시는데 강단을 담당했던 목사와 제가 동시에 무릎을
꿇은 적이 있어요. 무릎을 꿇고 "죄송합니다. 한 번만 더 기회를
주시면 이런 일 없도록 하겠습니다." 무릎을 꿇으면서 그렇게
말씀드렸을 때 목사님 심경에 변화가 좀 있으셨어요. 근데 그럼에도

불구하고 목사님이 뜻을 바꾸지 않으시더라고요. "말미를 좀 줄
테니 임지를 옮겨라." 지나고 나니까 그게 다 훈련이었던 것 같아요.
시간이 몇 날 지난 다음에 목사님께서 못 이기는 척하시면서 "앞으로
잘해." 그러면서 두 목사를 잘 받아주셨던 기억이 있어요. 그게
다 훈련이었죠. 참 감사한 것은 부목사로 5년 하면서 개인적으로
어려운 일이었지만 아주 좋은 간증들 또 좋은 기회들이 있었다는
것은 개인적으로 감사하게 생각을 합니다.

한 가지 더 말씀드리면 제가 2021년 12월에 담임목사 위임을
받는 때가 있었는데 목사님께 한 달 전에 미리 말씀을 드려서
"위임식 있으니 목사님이 오셔서 축도를 좀 해주세요." 그런데
그때 몸이 좋지 않으셔서 한 주 전에 미리 오셨어요. 위임식 한
주 전에 사모님하고 같이 오셔서 앞으로 위임목사가 되면 어떻게
해야 되는지 다시 한번 여러 가지 것들을 말씀해 주시면서 "잘해~
정말 잘해야 한다~" 그렇게 말씀하시면서 "내가 위임식 때 왔어야
되는데 그러지 못해서 미안하다." 그렇게 말씀하시고 돌아가셨죠.
근데 지나고 나니까 그때가 마지막이었어요. 사실 11월부터 그
이후에 몇 개월의 시간들이 더 있었는데 좀 더 잘 찾아뵙고 안부도
여쭙고 그랬었어야 되는데 그러지 못했던 것이 지금도 마음에 많이
아쉬움으로 남습니다.

기억에 남는 목사님의 한마디가 있으신가요?

천안중앙교회에 있을 때 제 기억에 꼭 남았던 두 가지 말씀이
있습니다. "신뢰를 잃는 일은 어떤 일도 하지 마라. 하지만 신뢰를

쌓아가는 일에 있어서는 최선을 다해라." 그 말씀이 늘 가슴에
남아요.

이후에 담임으로 나가서 한번은 그런 일이 있었어요. 개인적으로
참 어렵고 부담스러운 분이 교회에 찾아와서 "교회 등록을 하고
신앙생활을 하고 싶다."는 겁니다. 아 그런 말씀을 하시는데 제
개인적으로 참 부담스럽고 어려우신 분이셨어요. 그래서 목사님께
제가 전화를 드렸죠. "목사님, 이런이런 분이 찾아오셔서 등록하고
함께 신앙생활을 하고자 하는데 목사님 어떻게 하면 좋겠습니까?"
그때 목사님이 딱 한마디 하시더라고요. "김목사의 크기만큼 교회가
크는 거야. 그러니 마음을 넓게 먹고 더 기도하고 더 준비해서
받아들이면 어떨까?" 그런 말씀을 하셨고요. 그 말씀 받고 그분을
영접해서 지금도 잘 세워 가고 있고 그 이후부터 내 마음이든
영성이든 생각이든 꿈이든 모든 면에 있어서 더 크게 세워가기
위해서 힘쓰고 있습니다.

나에게 故이순목사님이란?

목사님은 목회 선생님이시고 특별히 큰 나무셨고 제게는
모델이셨습니다. 한 번은 대전서노회 모 교회에 설교를 하루
간 적이 있는데 설교를 다 마친 다음에 제가 천안중앙교회에서
부목사로 사역을 했던 것을 그 담임목사님이 아셨어요. 설교를
다 마치고 이제 이야기를 나누는데 그 목사님께서 한마디 하시는
거예요. "천안중앙교회에서 배웠다고 하더니 이순목사님과 설교
스타일이 많이 닮았다." 아 그 말씀을 하시는데 어떤 면에서 그렇게
보셨는지 모르겠지만 저 개인적으로는 큰 영광이었고 지금도 그

2019년 1월 세종햇무리교회(당시 세종중앙교회) 건축부지에서

말이 자랑스럽게 생각이 들고 있습니다. 그런 면에서 목사님은
설교든 목회든 기도든 모든 면에 있어서 모델이셨어요. 특별히
목사님은 저를 아들처럼 여겨 주셨어요. 그래서 이순목사님은 저의
아버지이십니다.

목사님께 받은 특별한 사랑, 나누어주시면 좋겠습니다.

저는 5년간 부목사로 있을 때도 많은 사랑을 받았지만 특별히
담임을 나간 이후에 더 많은 사랑과 또 목사님의 기도가 있었습니다.
이유는 담임목사로 나갔던 그 환경이 참으로 어려웠기 때문에
그래서 목사님의 사랑이 더 많이 필요했고 그것을 목사님이

정확히 아시고, 목회를 할 때 정말 어려울 때마다 목사님이 어떻게
아셨는지 그때마다 전화도 주시고 찾아오시고 큰 힘이 됐던 기억이
있고요. 건축을 준비하고 또 건축을 진행하고 건축을 마무리하고
그런 과정마다 목사님 늘 말씀하셨어요. "김목사, 내가 새벽마다
기도하는 거 알지?" 그 말씀을 꼭 하셨어요. "내가 기도하는 거
알지? 잘해! 잘할 수 있어! 잘해~" 그 말씀을 참 많이 해 주셨어요.
근데 목사님의 그런 말씀들은 그냥 입에 발린 말씀이 아니라 정말
그 안에 간절함이 있었고, 진심이 있었고, 그리고 그런 말씀을 하실
때마다 정말 새벽마다 나를 위해서 기도하시는 목사님의 모습이
그려졌고, 응원하는 그런 모습들이 그려졌기 때문에 제게 있어서는
참 사랑을 많이 받았던 기간이었지요. 특별히 건축을 다 마무리 지을
때는 목사님이 한번 제게 그러시는 거예요. "김목사, 내가 다른 것은
몰라도 강대상은 좀 꼭 하고 싶어. 햇무리교회 강대상은 내가 좀
하고 싶어." 그렇게 말씀하시고 목사님께서 강대상 그리고 성찬상
다 해주셨고요. 그래서 지금도 저는 강대상에 설교하면서 성찬을
집례하면서 강단 위에서 기도하면서 목사님의 따뜻한 사랑 온기
그리고 목사님의 응원을 다 경험하면서 목회하고 있는 것이 지금도
얼마나 감사한지 모릅니다.

**혹시 이순목사님을 만나게 된다면 하시고 싶은 말씀 있으면
마지막으로 부탁드립니다.**

목사님 저 치성입니다. 목사님 늘 사랑해 주셨는데 목사님
감사하고 저도 목사님 사랑합니다. 존경합니다. 목사님 감사합니다.

2019년 11월 입당식에 오셔서

2장

아버지와 같은

모습으로

맡겨진 일에 최선을 다했느냐?

김명서 목사

본인 소개를 부탁드립니다.

안녕하세요. 목사님이 아니셨으면 가좌제일교회를 제대로
섬기지 못했을, 그렇고 그런 목사가 됐을 사람이었는데 목사님의
가르침으로 이렇게 목회를 열심히 하고 있는 가좌제일교회
김명서목사입니다.

故이순목사님과는 어떤 관계이신가요?

이순목사님과의 첫 만남은 신대원을 졸업을 하는 1999년
천안중앙교회 전임전도사로 오게 되면서부터입니다. 전임
사역자로서의 출발은 백지상태였다고 보면 됩니다. 다른 곳에서
훈련받은 것이 아니라 졸업하면서부터 천안중앙교회 와서 부목사가
되고 그러며 훈련받은 케이스입니다. 목사님을 그때 만나게 됐죠.
목사님을 처음 뵀을 때는 굉장히 무서웠습니다. 이런 표현을 하면
좀 실례가 될지 모르겠습니다마는 그 사자, 호랑이 앞에 제가 서
있는 듯한, 눈에서 막 불이 나오시는 거예요. 그런데 한편으로는

'저런 모습이 오늘 목자의 모습이지'라고 하는 마음에 굉장히 기쁨이 있었어요. '내가 살아오면서 진짜 선생님을 만났구나! 진짜 스승을 만났구나!' 라고 하는 그런 생각이 저에게 있었죠. 아무것도 모르는 백지상태에서 천안중앙교회를 만나고 8년의 시간을 보내면서 목사님이 가르쳐주시는 대로 목회적인 훈련을 받았습니다.

목사님의 첫인상은 어떠셨나요?

무서웠습니다. 제가 느낀 무서움은 그동안 살아오면서 일반적으로 느끼는 그런 종류의 무서움이 아니라 진짜 스승을 만난 것에 대한 반응이라고 봅니다. 8년이 넘게 목사님을 가까이에서 모시고 있으면서 그분의 교회를 향한 진한 사랑. 사람을 향한 속 깊은 사랑은 마치 어느 때는 어머니처럼 어느 때는 아버지의 마음으로 다가왔습니다. 어느 날 갑자기 심방을 가자하더니 어느 개척교회로 들어갔습니다. 갑작스러운 방문에 놀라신 목사님과 사모님에게 당신의 지갑을 꺼내시더니 가진 것 다 건네주시며 이렇게 말씀하셨습니다. "어렵고 힘들지만 우리는 목사입니다. 이 사실 하나는 잊지 맙시다." 아주 짧은 문장이지만 그 말속에 담겨 있는 무게는 천근만근으로 저에게 다가왔습니다. 간혹가다가 성도들이 목사님에게 건의를 할라치면 반드시 성도들의 건의 사항에는 답을 해주십니다. 그러면서 저에게 이런 말씀을 늘 하셨습니다. "목사는 한 번 약속한 것은 반드시 지켜야 한다. 기도한다고 했으면 하고, 간다고 했으면 가야 한다. 성도들이 담임목사에게 건의를 할 때는 심사숙고하면서 하는 것이다. 그러므로 거기에 대한 답을 반드시 해 주어야 한다." 마치 성도들을 하늘과 같이 여기셨던 그 마음이 아닐까 생각이 듭니다. 목회 현장에서는 늘 냉철함을 간직하셨지만 성도들의 삶의 현장에서는 늘 마음 아파하시며 긴 한숨 지으시며 눈물을 속으로 삼키시던 분이셨습니다. 그래서 저에게 故이순목사님은 마치 무명손수건 같은 분이십니다. 필자는 항상 강대상에 부드럽고 하얀 무명손수건을 준비해 둘 것을 요청합니다. 강의나 혹은 세미나 또는 부흥회에 갈 때도 같은 손수건을 요청하곤 하죠. 언제부터인지 그런 종류의 손수건이 없으면 불안해집니다. 하얀 천으로 투박하게 만든 무명손수건을 손에 쥐고는 설교를 하든지 강의를 하는 버릇이 생겼습니다. 화려하고 좀 값진 손수건도 많은데 나는 왜 이런 재질로 만든 손수건에 집착하는가? 할머니와 어머니의 손수건이기 때문입니다. 그 손수건 안에 온갖 서러움이 묻어 있죠. 자녀들 넘어져서 어디라도 다치면 얼른 손수건 꺼내서 싸매 주기도 하고, 코 닦아주고, 더러운 것 닦아주고, 그것만이 아니라 가정 건사하면서 남모르게 흘린 당신의 눈물이 담겨 있는 손수건이죠. 그래서인가 빨고 빨아도 때가 없어지지 않아 이제는 누렇게 변해 버린 손수건입니다. 더욱이 좋은 재질로 만든 것도 아니라 그냥 이름이 없어서 무명손수건이라고 부르는 볼품없는 손수건입니다. 故이순목사님은 마치 이런 분이십니다. 교회 눈물 닦아주시던 무명손수건, 성도들 눈물 닦아 주던 무명손수건, 당신 흘린 땀 닦아내던 무명손수건. 혹시 남몰래 흘리시던 당신의 눈물도 그 손수건 안에 묻어 있을 것 같습니다.

어느 날 하루는 비가 추적추적 오는데 "김 목사 어디 좀 가자" 어디라고 말씀도 안 하시고는 가라는 대로 차를 몰고 갔습니다.

도착하고 봤더니 천안공원묘지였습니다. 비 오는데 내리셔서
어느 무덤으로 걸어가셨습니다. 저는 옆에서 아무 말 없이 우산
하나 받쳐 들고는 따라갔습니다. 초라한 무덤 앞에 서시더니
한참을 기도하셨습니다. 몇 해 전에 먼저 하늘나라 보내신 어머니
묘소였습니다. 목사님 눈에 빗물보다 더 굵은 눈물이 흐르더군요.
갑자기 어머니가 보고 싶은 것인지 아니면 속 내 다 꺼내 놓지 못할
아픔이 있으신 것인지 이내 아무 말씀 하지 않으시던 분이셨습니다.
그때는 아마 성도들 땀, 눈물 닦아주시던 그 손수건으로 당신 눈물
닦으셨던 것 같아요. 제가 인천에서 담임목사로 가좌제일교회를
섬기면서 너무 힘들어서 전화를 했어요. "목사님 힘들어서 못
살겠어요. 저 목회 못하겠어요." 저의 넋두리를 받아주시면서 조금만
참으라 하시며 당신의 가장 힘들었던 시절을 담담하게 이야기
해주시던 그때는 제 눈물을 닦아주시던 무명손수건이셨습니다.
한 번은 부목사님들이 이런 건의를 했습니다. "목사님, 이제는 좀
매스컴도 타시고 홍보도 하시고 이름도 알리셔야 합니다." 그러나
일체 스스로를 드러내지 않던 분이시죠. 그래서 무명손수건 같은
분이십니다.

**목사님을 만나신 것이 계기가 되어서 변화가 되었거나, 결단을
했다거나, 그때 이후로 바뀌게 된 무엇이 있으시다면 나눠주실 수
있을까요?**

저만이 아니라 목사님의 목회를 거쳐 갔던 많은 후배 목사들은
동일한 비슷한 생각을 가지고 공감대 형성이 된 부분이 있습니다.
오늘 현시대에 목회를 하는데 내가 천안중앙교회에서 이순목사님의

지도를 받지 않았다면 저는 상상이 안돼요. 오늘 교회 현장에서 견딜 수도 없었고 목회를 할 수도 없었고 목회가 무엇인지도 몰랐을 것 같다라는 이 생각을 정말 많이 합니다. 이건 우리 동료 목사 후배 목사, 천안중앙교회를 거쳐 갔던 목사들과 만나면 늘 하는 얘기예요. "목회자는 이렇게 해야 된다 목회자는 성도들과 관계는 이렇게 해야 한다. 그리고 장로님들과 관계는 이래야 된다. 목회를 하면서 미운 사람 있을 거다 그러나 가슴으로 안아야 한다. 성도들을 대할 때는 공평하게 해야 된다 성도들과의 약속은 하늘과 같이 여기면서 지켜야 된다." 하나하나가 주옥같은 말씀이셨습니다. 아마 그 시절이 없었으면 저는 오늘 가좌제일교회를 제대로 섬기지도 못했고, 아마 목사라는 이름은 가졌으되 사기꾼 됐을 것 같아요. 목사님이 남겨주신 자산이 참 많습니다. 저에게는 이순목사님이 해마다 목회자들에게 주시는 목회 수첩이 있어요. 목회하면서 초심을 잃을 때면 혹 성도들로 인해 지칠 때면 당회를 하다가 속상할 때면 늘 펴 보는 보물과 같은 수첩이죠.

2003년 6월 15일 목회 노트
목사는 설교 문장 똑바로 사용해야 한다.
설교 시 키워드 발음연습 제대로 해라.
당신들의 설교 들어 주는 성도들 고마운 줄 알아라.
그 정도 발음과 문장 가지고 어떻게 하나님 말씀을 전하느냐 급할수록 당황하지 마라.

6월 22일 목회 노트
주일에 특송, 축가 사전에 체크를 해라.

목회는 예배는 물 흐르듯이 흘러야지 만이 된다. 그래야 성도가
은혜받고 한 주간 승리하며 나간다.
성도들에게 오해받을 여지는 없애야 된다.

7월 6일 주일 목회노트
인사받으려고 하지 말고 먼저 인사해라.
유치원생과 약속을 해도 그것은 약속이니 담임목사가 말을 해도 먼저
지켜라.
강사를 초청할 때는 예절을 예의를 올바로 갖춰라.
설교할 때 자랑으로 들리지 않도록 목회자는 정제된 언어와 행동이
있어야 된다.

목사님을 만나지 않았으면 목사님에게 호된 훈련 받지 않았다면
저는 성도들 등이나 처먹는 사기꾼 됐을 것 같아요. 그러나 목사님을
만남으로 가르침을 받음으로 한 사람에게 목숨 거는 목사. 나에게
잘해 주고 돈깨나 주는 그런 사람에게 굽히지 않고 정당하게 진리
선포하는 목사가 된 것이죠.

**목사님과의 기억나는 에피소드가 있으시다면 소개해 주실 수
있나요?**

설교자들에게 사형 선고가 무엇일까요? 아마 설교금지 아닌가
생각합니다. 당시 이순목사님 밑에서 훈련받은 목사님들 치고 설교
정지 한 번 안 받은 사람 없을 것입니다. 저도 설교금지, 설교 정지
먹었거든요. 세상 말로 쪽팔려서 아내에게도 말하지 못했습니다.
그러나 이런 훈련이 없었으면 오늘 저의 설교를 과연 성도들이

들을까요? 이런 이야기 제가 섬기는 교회에서 종종 합니다.
정말 성도들이 좋아하십니다. 저렇게 훈련받으셨구나! 그러니까
이순목사님이시지! "올바로 목회해라. 올바로 설교해라. 딴소리하지
마라. 강대상에서 이상한 소리 하지 마라." 지금도 울림으로
남아있습니다.

　　저의 심방용 가방 속에는 25년이 넘은 종이쪽지 하나가 지금도
있습니다. 이제는 낡고 헤어져 글씨조차도 제대로 남아있지 않은
문서이지만 그것을 버릴 수가 없습니다. 다음과 같이 기록이 되어
있습니다. "사망진단서 김한길." 그때가 결혼하고 몇 년 지난 즈음,
부목사로 천안중앙교회를 섬길 때 두 번째 자녀 한길이가 태어나서
첫돌을 맞이하며 이상한 점을 발견했습니다. 기어 다녀야 할 때인데
기어다니지도 못하고 일어서지도 못하고 먹지도 못했습니다. 몸은
등으로부터 점점 휘어져 가기 시작했죠. 나중에 밝혀진 변명은
"무뇌증" 이라는 희귀한 병을 가지고 태어났습니다. 병원에서
진단을 받던 날, 필자를 잘 아는 의사분은 본인이 무슨 죄를 지은
것인 양 그 아이를 이리저리 안아보다가 "목사님 한길이는 앞으로 잘
견뎌야 5-6년 정도입니다." 부정하는 저에게 휘어진 등을 보이면서
"목사님 제가 오진이기를 바랍니다." 가슴이 저며 온다. 가슴이
무너져 내린다는 표현이 그때야 생생하게 다가오더군요. 그 아이가
아프다는 것과 길어야 5년 정도 살 수 있다는 것을 인정하기까지는
무척이나 많은 시간을 방황했습니다. 목사로서 감당하기가 사실은
너무 힘들었습니다. 성도들이 수군거리는 것만 같아서 이중, 삼중
장애를(신체장애와 지능장애) 가지고 있는 자녀를 품에 안고 환한

대낮에 밖을 나갈 수가 없어 캄캄한 밤에 그 아이를 안고 서성였던 수많은 날들, 열심히 교회 섬겼는데, 특별히 잘못한 것도 없는데, 왜 하필 나일까? 그렇게 한길이는 몇 년을 더 살다가 하늘나라에 갔습니다. 제가 태어난 시골 선산 한쪽에 유골을 뿌리고 교회로 돌아왔습니다. 그리고 이순목사님에게 사표를 써서 찾아갔습니다. "목회자가 자녀가 이렇게 되면 참 한국적 상황에서는 굉장히 구설수에 오르는데 목사님 목회에 누가 되실까봐 제가 사표를 내는 게 어떻겠습니까?" 그러자 지금도 잊지 못할 말씀을 하셨습니다. "너는 하나님의 종이다. 그리고 지금은 하나님이 나에게 맡겨준 내 사람이다." 저를 붙잡고 뜨겁게 울면서 기도 해주시더라고요. 그렇게 저는 목사님의 우는 모습을 두 번을 보았습니다.

목사님은 화를 자주 내시는 편은 아니십니다. 그러나 목회 현장에서 대충하는 것은 그냥 넘기지 않는 분이시죠. 어느 날 심방을 하고 왔는데 모든 교역자들을 모이라 하셨어요. 그러고는 불같이 화를 내셨습니다. 화를 내신 이유가 어느 독거노인이 계셨는데 그만 혼자 계시다가 돌아가셨습니다. 그것을 미리 알지 못했고 제대로 돌보지 않았다는 이유였죠. 너희들 부모 같으면 그렇게 할 수 있느냐? 어떻게 너희들이 그러고도 목사냐? 그것을 보면서 저는 '이분은 진짜 목사다!' 생각했습니다.

기억에 남는 목사님의 한마디가 있으신가요?
그분의 한마디 한마디가 저에게는 제2의 성경처럼 다가왔습니다. 단독목회를 하면서 목회를 하면서 목사님이 말씀해 주셨던 것들이 확인이 되는 놀라운 경험을 하고 있습니다. 그래서 딱히 어느 것 하나가 잊을 수 없는 한마디 말씀이라고 단정 지을 수가 없을 것 같습니다. 목회 현장은 말 그대로 피 말리는 곳입니다. 때로는 외롭고 때로는 비난의 화살을 온몸으로 맞기도 합니다. 때로는 오해의 한복판에서 끙끙 앓을 때가 있습니다. 그럴 때마다 꺼내 보는 목사님의 가르침들은 저를 견디게 하는 힘이기도 하죠. 늘 교회 중심을 가르쳐 주셨습니다. 늘 성도 중심을 가르쳐 주셨습니다. 늘 정직한 목사가 되어야 한다고 가르쳐 주셨습니다. 저에게는 목사님 기침 소리도 명언이었습니다.

나에게 故이순목사님이란?

이정표와 같은 분이셨습니다. 교회가 타락해서 더 이상 희망이 없다. 라고 이야기할 때마다 다시 걸어가야 할 이정표가 되어 주었던 분입니다. 목회를 어떻게 해야 할지 모르고, 성도들을 어떻게 섬겨야 할지 몰라 방황할 때마다 그 길을 가르쳐 주신 이정표와 같으신 분입니다. 사명 잃을 때마다 '그리하면 안 된다'라고 목회자의 갈 길을 비바람 불어도 자세 하나 흐트러트리지 않고 그 방향성을 가르쳐 주었던 이정표 같은 분이죠. 이 시대가 악해지고 다 부정축재하고 다 속이면서 사는 세상이라고 하지만 그래도 우리 그리스도인들 중에 누군가는 그렇게 살면 안 된다고 나를 보라고 말해주는 그런 이정표와 같은 분이 있어야 하잖아요. 그래야 쪽팔리지 않는 것 아닌가요? 저도 목사이지만 어느 때는 목사인 제가 너무 쪽팔려요. 교회를 자기 사리사욕을 채우려는 수단으로 삼아 버린 슬픈 시대를 살아가고 있습니다. 아주 낮은 의식 수준으로 거지근성을 가지고 밥이나 얻어먹으려고 하는 삯군목자들이 판을 치는 세상입니다. 명품 가방 드는 것보다 그 안에 들어 있는 내용물이 더 중요하잖아요. 성도들을 말씀으로 속이면서 자기 배만 채우려고 하는 일부 목사. 하나님이나 팔아먹는 장사꾼이 돼버렸단 말입니다. 이럴 때 큰기침해 주어야 하고 이럴 때 회초리 들어줘야 하며 '그 길이 아니다'라고 거침없이 말씀해 주시던 이정표와 같은 분입니다.

이순목사님은 사람을 소중하게 여기시며 기르셨던 분이십니다. 많은 사람들은 우리 목사님을 건축 많이 하신 분으로, 새로운 본당을 두 번씩이나 지으신 분으로 기억합니다. 건축하신 것은 사실입니다. 그 하나만으로도 한국교회의 큰 족적을 남기신 분이십니다. 그러나 정확하게 말한다면, 목사님은 사람을 중요하게 여기셨고 사람을 키우시고 세우신 분이십니다. 수많은 인물들이 그분의 가르침과 그분의 열정과 그분의 꿈을 나눠 먹으며 자랐습니다. 마치 조각 그림 하나씩 손에 들려주시면서 지금 광야에서는 이 그림의 의미와 뜻이 무엇인지 잘 모르지만 광야가 끝날 때 각자의 손에 들려 있는 조각 그림 서로 맞춰 본다면 '아! 바로 이것이구나.' 그런 비전을 세워 주셨던 분입니다.

언제나 사람에게 초점을 맞추신 분이셨습니다. 성도 한명 한명의 이름을 외우시고 그분들의 사정을 물으시고 함께 좋아하시고 함께 눈물 흘리셨던 분입니다. 혹시 시험 든 성도가 있어서 교회를 멀리할라치면 불같이 화를 내시면서 그 성도 아파트 문 앞에 가서 돗자리 깔고 앉아 있어라. 저는 실제 그 지시를 받고는 문 앞에

아버지와 같은 모습으로

가서 앉아서 그분이 나올 때 까지 기다린 기억이 납니다. 그 시간은 저에게 성도에 대한 소중함을 알게 한 사건으로 남아있습니다. 지금 그분은 천안중앙교회 안수집사님으로 섬기고 있습니다.

목사님께 받은 좀 특별한 사랑이 있으시다면 하나만 나눠주실 수 있으실까요?

제가 인천 가좌제일교회를 섬기면서 많이 힘들고 어려운 적이 있었습니다. 그럴 때마다 제가 전화를 드렸죠. 그때 들려주셨던 이야기는 제 가슴을 울렸고 제가 어려움을 이겨나간 동력으로 작동을 했습니다. 경주중앙교회에서 모진 일을 당하셨던 입에 담기도 힘든 이야기를 해주시면서 '김 목사 조금만 참아 조금만 참아. 그러면 돼. 그럼 이길 수 있어 할 수 있어.' 특별히 제가 목회 어려울 때 한 달에 한두 번 꼭 전화하셔서 '어떠냐? 어떠냐?' 그러시면서 '내가 기도하고 있다. 기도하고 있다.' 그러셨습니다.

목사님 장례식 다 마치고 집으로 돌아온 그날 저녁 정말 많이 울었어요. 버팀목이 사라지셨구나. 회초리 드실 분이 이제는 없구나. '김 목사 그렇게 하면 안 돼.'라고 호통 치실 분이 없구나.

목사님 돌아가시고 한 주 정도 지난 어느 날 저녁 성연순 목사님이 막 울면서 전화하셨습니다. "목사님이 살아 계실 때는 몰랐는데 돌아가시고 나니까 그 자리가 너무 커요. 진짜 나를 위해 기도해 주셨다는 게 기도하고 있었다는 게 빈말이 아니었어요. 저 어떡해요."

'아버지를 잃어버렸다. 그것도 영적인 아버지를 먼저 보냈다는

2019년 본당건축후 찾아와주신 목사님

그 아픔이 너무 크게 다가온다.'라는 그 고백을 하는데 저도 같이 많이 울었어요. 이제 한 가지 해야 할 숙제가 우리들에게 있는 것 같습니다. '우리들이 받은 것으로 머물게 하면은 목사님이 정신에 어긋난다.'라고 생각해요.

2015년 요양중이신 목사님을 찾아뵙고

목사님의 목사님

내 목회의 교과서

권철 목사

본인 소개를 부탁드립니다.

저는 지금 남산에 숭의여대 안에 있는 숭의마펫기념교회를
담임하고 있는 권철 목사입니다.

故이순목사님과는 어떤 관계이신가요?

우리 존경하는 이순목사님과는 신대원을 막 졸업하고 이제
전임전도사를 시작하는 그때 만나 뵙게 되었지요. 저는 직장 생활을
한참 하다가 늦게 신학교에 입학을 했는데요, 목회에 대해서는
아무것도 모르는 백지 같은 그런 상황이었는데, 천안중앙교회에서
우리 목사님을 만나면서 목회를 초보부터 정말 하나하나 차근차근
그렇게 배웠던 그런 기억 속의 목사님이십니다. 저에게 많은
분들이 목사님에 대해 그런 얘기를 해요. 굉장히 엄하시고 딱딱하신
분이라고요. 그런데 엄하신 것 같지만 차를 타고 모시고 갈 때나
또 이런저런 대화를 할 때나 제가 느끼는 목사님은 꼭 저희 아버님
같은 그런 목사님이셨어요. 늘 생각이 목회에 있으셨고, 성도들을

109

아버지와 같은 모습으로

정말 사랑하셨고, 그리고 그 중심이 너무나 하나님을 사랑하는 그런 목사님이셨죠. 제가 지금 시간이 꽤나 지난 뒤인데도 느껴지는 것은 그분은 정말 '천상 목회자셨다.'라는 생각이에요. 말씀하실 때나 또 어떤 교훈을 주실 때도 생각하시는 관점이 항상 교회 중심이셨고 하나님 중심이셨고 성도들을 사랑하시는 목회 중심이셨죠. 제가 지금도 기억에 남는 것이 이제 제가 천안중앙교회에서 연동교회로 새롭게 부임하기 위해 떠날 때 목사님께서 주신 말씀이 있어요. 목사님께서 "가거든 잘해!" 그러시면서 이 말씀도 하셨습니다. "성도들 알기를 하늘같이 알아야 돼. 성도들 말을 우습게 알면 안 돼. 성도들한테 빈말하지 말고 성도들한테 정말 잘해야 돼. 성도들한테 하는 것이 하나님한테 하는 거야." 그런 말씀 하셨어요. 제가 그 말씀을 지금도 기억하고 있습니다.

목사님의 첫인상은 어떠셨나요?

저는 목사님을 면접에서 처음 뵈었죠. 워낙 이전에 들었던 얘기가 있었어요. 우리 목사님께서 시간에 굉장히 엄격하신 분이다. 시간에 절대 늦으면 안 된다. 그런 얘기 들었거든요. 그래서 면접을 보는 날에 1시간 여유를 가지고 출발했는데도 교통이 막히고, 초행길이라 위치를 잘 몰라서 10분 전에야 도착한 거예요. 10분 전에 간신히 도착해서 허둥지둥하다가 아내와 함께 목사님 앞에 딱 섰는데 어휴 엄하신 그 모습이죠. 그런데 이야기를 나누면서 그리고 저한테 조목조목 일러 주셨어요. 제 기억엔 굉장히 많은 것들을 물어보실 줄 알았는데, 잠깐이셨어요. 그런데 그 잠깐 동안 비치는 그 모습은 제가 처음 인상 받았던 '엄하다'는 모습보다는 '참 인자하신

목사님의 목사님

분이다'라는 생각이 들더라고요. 그 생각이 우리 목사님 함께 계시는 동안에 제 머릿속에 항상 박혀있던 것 같습니다. 옆에 모시고 갈 때도 보면, 항상 공적인 자리에서 함께 있으실 때는 정말 엄하셔요, 혼내기도 하시고, 큰소리도 하시고. 그런데 같이 차를 타고 갈 때면 "아이들은 어떻게 지내?", "공부 잘하지?", "그래, 잘 키워야지." 정말 걱정도 해주시고 또 제가 근간에 찾아뵈었을 때까지도 목사님은 저희 아이들 이름을 정확하게 기억하고 계셨어요. 또 제가 무엇보다도 목사님께 감사드리고 믿는 것 중의 한 가지는 "우리 목사님은 우리 아이들 이름 기억하시고 늘 기도해 주시는 분이야." 그런 믿음이 저한테는 늘 있었어요. 너무나도 감사하죠.

목사님을 만나신 것이 계기가 되어서 겪으신 변화가 있을까요?

예, 저는 정말 우리 목사님께 목회를 처음부터 끝까지, A부터 Z까지 다 배웠다고 생각이 들어요. 2년 밖에 있지 않았지만 그 2년 있는 동안에 작은 것 하나부터 기본적인 것부터 세세한 부분까지 너무 깊이 솔선수범으로 보여주셨어요. 저는 지금도 기억이 납니다.

제가 처음 가서 목사님께 불려 갔어요. 근데 작은 책자 하나를 주시더라고요. 아마 다른 목사님들도 다 기억하실 거예요. 다른 분들도 똑같이 그러셨다고 그랬어요. 무슨 책이냐면 일본 분이 쓴 전화응대법이란 책이었어요. 그 책을 주시면서 "잘 읽어봐." 그러시더라고요. 뭐 목회책도 아니고 전화응대법 책을 주시나 했는데 아 그게 다 이유가 있으시더라고요. 목회자가 전화 받을 일들이 참 많은데 의외로 전화 응대를 잘 못하고 그래서 또 성도들과 불편하게 되는 경우도 적지 않았던 거지요.

그리고 심방을 하는데도 몸소 심방 이렇게 하는 거라고 직접
보여주셨어요. 장례 때도 하나하나 보고 배우면서 "아, 목회자란
이런 것이구나", "목회라는 게 이런 거구나"라는 것을 마음에
깊이 새기는 계기가 되었습니다. 제가 20년 이상 목회를 하고
있지만, 제 목회 자세며 마음가짐은 그때 우리 목사님께 배운
게 정말 근간이었고 또 그것이 변하지 않는 지금까지의 저의
마음이 아닌가 생각이 들어요. "아, 정말 나도 우리 목사님처럼
목회 잘해야 되겠구나." 성도들의 마음을 살필 줄 알고, 성도들의
불편한 부분들을 긁어줄 줄 알고, 무엇보다 사랑할 줄 알고, 정말
제 생각은 그래요. 우리 목사님은 얼굴만 엄하셨지 정말 사랑이
많으신 분이었어요. 제가 기억합니다. 성도들이 슬퍼하면 정말
마음이 슬프신 분이었고, 무엇보다 같이 있는 부교역자들을 정말
아끼셨어요. 저는요 우리 목사님께서 다른 어떤 사람한테 고개를
숙이거나 하는 모습을 뵌 적이 없어요. 그런데요, 목사님 고개
숙이시는 경우가 있으시더라고요. 그게 언제냐 하면 부교역자를
부탁할 때, 부교역자들을 부탁할 때만큼은 고개를 숙이시더라고요.
참 진짜 아버지 같은 분이셨습니다.

**목사님과의 기억나는 에피소드가 있으시다면 소개해 주실 수
있나요?**

우리 목사님 어떻게 보면 참 선비 같은 분이세요. 그래서 굉장히
예절도 깍듯하시고 반듯하십니다. 한 번은 목사님 은퇴하신 이후에
부교역자들이 함께 인사를 드리러 간 적이 있어요. 저희들 생각에는
이제 우리 목사님 원로도 되셨고 편안하게 계시니 저희들이

찾아뵈면 편한 모습으로 편한 복장으로 저희를 맞아 주실 거라고 생각을 했어요. 근데 모든 교역자들이 함께 모여 가지고 되게 편한 마음으로 올라갔습니다. 그런데 목사님 정장 딱 차려입으시고 저희를 맞으시더라고요. 제 생각엔 한 편으로는 '목사님 이제는 편안하게 하셔도 되는데, 함께 부교역자로 있던 사람들이고 정말 밑에 있던 사람들인데 편안하게 하셔도 되는데' 마음이 들면서도 다른 한편에는 '그래. 바로 저게 변함없으신 우리 목사님 모습이야.'라는 생각이 들더라고요.

기억에 남는 목사님의 한마디가 있으신가요?

예, 저는 지금도 잊지 않고 있습니다. 어쩌면 목회에 있어서 평생의 좌우명 같은 그런 말씀인데 "성도들을 하늘같이 알아라. 그리고 성도들의 말 한마디를 빈말로 여기지 말아라." 제가 연동교회로 떠날 때 하신 말씀입니다. "성도들한테 '기도할게요' 하면 목회자는 기도해야 되고, 성도들한테 '전화 드릴게요'하면 전화 드려야 되고, 성도들한테 '심방 갈게요' 하면 심방하는 게 목회자다. 목회자는 빈말하지 말아야 돼. 말하면 행동해야 되고, 무엇보다도 성도들이 소중한 줄 알아야 된다. 그게 목회자다." 하셨던 말씀이 제게는 목회 평생에 기억되는 좌우명이자 마음속에 남는 그런 말씀입니다.

나에게 故이순목사님은 어떤 분이십니까?

목사님은 아버지 같은 분이시기도 하고 또 다른 부분은 교과서 같은 분이시기도 해요. 제가 지금도 천안중앙교회 있을 당시에

아버지와 같은 모습으로

교역자회의를 하면서 적었던 수첩을 가지고 있어요. 몇 권이 됩니다. 지금도 그 수첩을 열어 보면, 그 당시 교역자회의를 하면서 목사님이 하셨던 말씀, 당부하셨던 이야기들이 다 적혀 있어요. 한 장 한 장을 넘겨보면서 그런 생각을 합니다. '그래 이래야지. 맞아, 이랬었는데.' 조금 더 마음이 어려워지고 더 힘들어지고 할 때면 또 열어서 한 장 한 장 넘겨보게 되는데 그 말씀들, 그때 말씀하셨던 그 이야기들이 저한테 또다시 힘이 되고 마음을 다시 다잡게 하는 계기가 되는 거예요. 그렇죠. 마치 목회교과서를 보는 것 같은 그런 느낌. 하지만 그것이 억지로 강요하셨던 것이 아니라 보여주셨고 또 직접 그렇게 하셨던 그 말씀. 저에게는 그래서 우리 목사님이 아버님 같고 또 교과서 같은 그런 분이십니다.

목사님께 받은 특별한 사랑, 나누어주시면 좋겠습니다.

예, 누구나 마찬가질 겁니다. 저희 목사님 아마 함께했던 우리 부목사님들 자녀들 이름 다 외우실 거예요. 저는 분명할 거라고 생각합니다. 언제나 사적으로 이야기 나눌 때면, 하나하나 물으셨고 제가 잠깐 어려운 일이 있어서 전화를 드렸을 때도 정말 공감해 주시고, 또 말씀해 주시고 기도해 주셨지요. 저는요, 아까도 말씀을 드렸지만 우리 목사님 빈말이 없으신 분이기 때문에 어려운 일이 있을 때 그러셨어요. "조금만 참아, 기도할게." 그 말씀이 저한테 얼마나 큰 힘이 되었는지 모릅니다. 왜냐하면 기도할게 그 말씀은요, 빈말이 아니거든요 정말 기도 하시거든요. 저한테 목사님은 정말 그런 분이셨어요. 늘 멀리 계셔도 힘이 되어 주시고, 그리고 멀리 계신 거 같지만 늘 마음속에 있는 그런 분이셨습니다.

2013년 연동교회 방문하셨을때

혹시 이순목사님을 만나게 된다면 하시고 싶은 말씀 있으면 마지막으로 부탁드립니다.

목사님 사랑합니다. 자주 못 찾아뵙지 못해서 참 죄송하고 또 뵙고 싶은데 이제는 천국에 가면 뵙겠죠. 하지만 목사님, 목사님이 말씀하신 대로 이 땅에 있는 동안에 정말 하나님께 충성하고 열심히 목회하면서 성도들 사랑하는 그런 목사 되도록 하겠습니다. 목사님 잘 훈련시켜 주시고 또 많이 사랑해 주셔서 너무 감사합니다. 감사합니다, 목사님.

아버지와 같은 모습으로

2015년 목사님댁 찾아뵙고서

목사님의 목사님

끝까지 성실하셨던

임종희 목사

본인 소개를 부탁드립니다.

안녕하세요 저는 새문안교회에서 부목사로 섬기고 있는
임종희라고 합니다. 천안중앙교회는 2005년 12월에 부임해서
2010년까지 사역했었고요. 거기서 안수도 받고 아이 둘도 낳고
그렇게 살았습니다. 성실하게 목회하고 싶어 하는 그런 목사입니다.

**故이순목사님과는 어떤 관계이신가요? 목사님의 첫인상은
어떠셨나요?**

목사님 처음에 뵀던 건 면접 갔을 때였어요. 천안중앙교회에서
부목사를 찾는다고 하셔서 면접을 갔는데, 처음 뵌 자리에서
이것저것 물어보시다가

"부인은 어떤 일을 하냐?" 물으시길래

"임용고시 준비합니다." 대답했더니,

"임용고시 보면 어떡할 거냐?" 재차 물으시길래

"붙으면 교사로 일을 하면 좋겠습니다."

그랬더니 처음 만난 날인데 벌컥 화를 내시면서 그게 말이 되는 소리냐고 남편은 교회 가고 부인은 직장엘 간다면, 이래 가지고 목회가 되겠냐고 말씀하시면서 그때 표현이 "부부가 목회에 달라붙어서 박박 기어도 될까 말까 한 것이 목회인데 되겠어? 어떻게 할 거야?" 그러시더라고요. "목회에 전념하겠습니다." 그러고선 저는 곧바로 천안중앙교회에 부임을 했습니다. 그렇게 말씀하신 이유도 모시다 보니까 알겠고, 또 그렇게 말씀하신 대로 그런 생각으로 교회를 섬겨야 된다는 것도 뼈저리게 느끼고, 또 지금도 그렇게 마음 갖고 살고 있습니다.

목사님을 만나신 것이 계기가 되어서 변화가 되었거나, 결단을 했다거나, 그때 이후로 바뀌게 된 무엇이 있으시다면 나눠주실 수 있을까요?

제일 큰 것은 목회에 대한 기본기를 배웠다는 겁니다. 거기 있을 때는 계속 미숙해서 야단도 맞고 또 여쭤보면서 또 배워가고 했는데 교회 옮기고 나니까 그런 걸 가르쳐 주거나 조언해 주는 분이 안 계시더라고요. 실수한다 해도 또 잘한다 해도 또 앞으로 어떻게 될지도 조언해 주실 분이 안 계시는 거죠.

개인적으로 제일 변화된 거라면 설교를 할 때 원고를 반드시 쓴다는 겁니다. 그전에는 그렇게 철저하게 쓰진 않았었는데 천안중앙교회에 4년 있으면서 원고를 정말 꼼꼼하게 써서 최대한 숙지를 하려고 그러거든요. 왜냐하면 목사님께서 단어 하나 문장 하나 다 알려주셨기 때문에 원고를 꼼꼼히 쓰는 게 좋은 습관으로 자리 잡혔습니다. 물론 목회 전반적으로도 다 알려주셨지요.

목사님과의 기억나는 에피소드가 있으시다면 소개해 주실 수 있나요?

아까 말씀드린 것처럼 첫인상이 좀 차가우셨거든요. 냉정하시고 시간을 엄수하는 것에 대해서 매우 강조하시고. 그래서 처음 부임해서는 그런 목사님으로만, '원칙적이다, 혹은 원칙 중심적이다.'라고만 생각을 했었어요. 그랬는데 교인 중에 꽤 오랫동안 아드님이 집을 떠나 있으셔서 힘들어하는 어른이 한 분 계셨는데 그분이 그 목사님을 한번 같이 예배를 드리고 싶어 하셨어요. 계속 그러셔서 모시고 가려고 그러니까 그때는 또 부담이 되고 너무 어려워하시면서 계속 본인이 미루셨어요. 그러고 있다가 어느 날 아드님이 들어오셨다는 거예요. 같이 있다고. 그래서 제가 그때 또 얘기했죠. "저도 좋지만 목사님께서 한번 뵈면 어떨까요?" 했더니 좋겠다 하셔서 모시고 갔는데, 거기서 그 어른을 대하시는 것, 그리고 또 그 아드님에게 하시는 말씀은 하나도 안 차갑더라고요. 정말 뜨끈뜨끈할 정도로 마음 다 헤아려 주시고 한참 동안 얘기를 다 들어 주시고 그 아드님 얘기도 다 들어주시면서 그 얘기를 다 해주시는 거예요. 그래서 그분들이 감동하고 그 아드님이 또 교회 자리를 잡으면서 또 새롭게 생활을 펼쳐가는 그런 기회도 된 적이 있었거든요. 그날 목사님의 더 따뜻한 모습, 아버지와 같은 모습을 더 많이 뵙게 되었던 것 같아요. 교인들은 이미 다 많이 느끼고 있을 겁니다.

아버지와 같은 모습으로

기억에 남는 목사님의 한마디가 있으신가요?

교회를 사임하기로 결정이 나고 목사님 모시고 심방을 다녀오는
길이었는데 그때 이제 차 안에서 그 말씀을 드렸어요. 목사님께.
"목사님, 이제 제가 교회를 떠나는데 그 앞으로 누구한테 이런
걸 여쭤봐야 될지, 또 목회할 때 이런 거에 대해서 저한테 조언해
줄 분이 과연 계실까요. 좀 두렵기도 하고 어렵기도 해요."
이렇게 말씀드렸더니 목사님께서 그러시는 거예요. 특유의 그
어투 있으시잖아요. "왜 못해! 나보다 세 배만 더 해! 세 배만 딱!"
그러시는 거예요. 교회 규모나 열정이나 뭐 어떤 거든 간에 다
나(이순목사님)보다 세 배 더 한다! 그 각오로 하라고, 할 수 있다고, 왜
못하냐고, 그렇게 말씀하시는데 그냥 그게 하나님 말씀처럼 들리고
뭔가 정말 제가 이미 막 그렇게 하고 있는 것처럼 느껴질 정도로
이렇게 격려해 주셨는데 그때 참 그 마음이 좋았습니다. 그리고
지금도 교회를 옮기고 나서 이제 다른 사역을 하다가 좀 힘들 때가
있고 뭔가 나름대로 어렵다 느껴질 때마다 그 생각이 들고 그리고 또
어떤 일 하다가 피곤하고 하니까 '이 정도로 그냥 끝내고 말자.'라고
하는 생각이 들 때도 그 말씀 생각하면서 다시 한번 더 살펴보게
되고, 한 번 더 체크하게 되고, 그렇게 되는 일이 참 많습니다.

나에게 故이순목사님이란?

아까도 아내하고 이런저런 얘기 하면서 어떻게 말씀드릴까 했더니
주저하지 않고 아내가 그러더라고요. "아버지지 뭐 아버지."
아버지죠 저한테는. 절 낳아 주신 아버지만큼 목회적으로는 정말
새로 태어났다고 해도 과언이 아니거든요. 천안중앙교회 가서

목사님의 목사님

배웠던 그때 제가 기대하고 바란 어떤 상이 되어가려고 지금도 애를 쓰는 그런 모습들이 있거든요. 아직 완성되지 않았지만. 근데 그때 새로 태어난 셈이죠. "목회의 아버지다."라고 했을 때 그저 저에게는 목회를 가르쳐 주시고 인도하셨던 것뿐만 아니라 아예 다시 생각하게 되는 그런, 그런 분이시죠. 아버지 같고.

그리고 실제로 제 아버지가 돌아가신 날, 제가 그 신촌 세브란스병원에서 아버지를 영안실에 안치하고 아내하고 딱 돌아서는데 그 생각이 드는 거예요. '아, 이순목사님 좀 뵀으면 좋겠다.' 그러고 있는데 그날 거기서 만난 거예요. 다른 데에 조문을 오셨던 거예요, 목사님께서. 뵙자마자 끌어안고 막 울었거든요. 바로 그 자리에서 목사님을요. 하나님께서 마치 약속이나 한 듯이 목사님을 그날 딱 만나게 해 주시고 목사님을 끌어안았는데 부목사로 있는 동안에 한 번도 끌어안아 본 적이 없잖아요. 옆에 근접하는 것도 어려웠으니까. 그때 "왜 그러냐?" 그러시길래 이제 이렇게 됐습니다. 그랬더니 툭툭 쳐 주시면서 "사람으로 어떻게 할 수 있는, 극복할 수 있는 게 아니야. 믿음으로 이겨내는 거야." 딱 그렇게 한마디 하셨어요. 그렇게 극적으로 뵀었지요. 정말 아버지죠, 아버지.

목사님께 받은 특별한 사랑, 나누어주시면 좋겠습니다.

저희 둘째 아이가 태어나고 한 40일 됐을 때 심장 수술을 했어요. 그때 천안중앙교회 교인들 한 분 한 분이 참 많이 기도해 주시고 많은 사랑을 주셨어요. 목사님도 그때 이제 한번 보러 간다 그러셔서 서울에 삼성의료원까지 오셔서 면회시간이 안 맞아서 애는 못

봤지만 제 안사람 불러 가지고 기도도 해주시고 그러셨지요. 그리고 그 뒤로 제가 사임하는 그날도 교역자회의를 하는데 보통 자기 보고를 마치면 이제 사임하는 사람은 사무실에 가 있다가 짐을 챙기는데요. 가라는 말씀을 안 하시더라구요, 회의가 끝날 때까지. 회의 다 끝나고 마무리하는데 그때 또 물어보시는 거예요. "애는 건강하고? 괜찮고?" 그러시는 거예요. 그 한마디 말씀에 평소 그토록 엄격하신 어른이시지만 그 마음에는 아버지와 같은 깊은 사랑과 관심이 있으시다는 것을 절감할 수 있었습니다.

또 그 사임하고 나서 목사님께서 단국대병원에 한 번 더 입원하신 적이 있으셨어요. 몇 년 전에 거기 이제 병문안을 갔거든요. 안사람하고 같이 갔더니 그날도 애를 물어보시는 거예요. 이렇게 고생했는데 그러시면서 근데 고생도 고생이지만 저희는 사랑받은 게 더 많이 기억이 나거든요. 그러시더니 누워서 일어나지도 못하실 때였는데 저보고 "임목사가 기도 한번 해." 그러시는 거예요. 기도하고 오는데 누워 계시면서 손을 탁 드시더니 "잘하고~ 기죽지 말고~" 그게 목사님 독대하면서 마지막으로 들었던 말씀인 것 같아요. 그다음에는 이제 목사님들하고 같이 목사님 뵈러 가고 전화로 문안드리고 이 정도만 하셨던 거 같으니까요. 근데 그 아이 하나 항상 살펴주시는 그런 마음, 그 병석에 누워 계시면서도 저희 아이를 먼저 근황을 물어봐 주시면서 그 마음을 가져주시는 그 하나하나가 아버지죠, 아버지. 목사님들이 훌륭한 목사님들이 많이 계시지만 흔치 않을 거라 생각해요. 그 사랑을 저희가 받았죠. 그런 모습들 그런 특별한 사랑, 그런 게 기억이 나네요.

혹시 이순목사님을 만나게 된다면 하시고 싶은 말씀 있으면 마지막으로 부탁드립니다.

목사님께서 언제 그러셨잖아요.

저한테 "내가 하나님 앞에 선다면 딱 그 말 하나 들었으면 좋겠다. '수고했다, 그리고 참 성실했다.'" 그 얘기 하나 듣고 싶다고 그러셨잖아요. 저도 그렇게 살고 싶습니다. 가끔 저도 제가 맡은 부서나 교구나 하는 일이 좀 잘 되어 가지고 성장하고 좋은 얘기 들을 때가 가끔 있거든요. 그러면 그거 좀 자랑하고 싶은 거죠, 제 자랑. 근데 그때마다 그 말씀 많이 이렇게 귀에 울립니다. 또 가끔 그냥 한 번 더 좀 더 자고 싶고 기도 시간에 나태하게 딴짓하고 싶고 그런 게으른 마음이 들 때 가끔 있는데 그때 그 생각이 자꾸 듭니다.

저도 목사님처럼 하나님 앞에 섰을 때 하나님께서 "다른 건 몰라도 넌 참 그래도 성실했어. 딴생각 안 하고 집중했어, 성실했어!" 이 말씀 듣고 싶고 또 그런 말씀 들을 수 있도록 그렇게 살다가 뵈러 가겠습니다.

아버지와 같은 모습으로

2013년 모임차 서울에 오신 목사님을 찾아뵙고

2015년 목사님 찾아뵙고 즐거운 담소

목사님의 목사님

아버지의 모습을 보다

이남수 목사

본인 소개를 부탁드립니다.

안녕하세요 저는 하남의 믿음교회를 섬기고 있는 이남수목사라고
합니다.

故이순목사님과는 어떤 관계이신가요?

2009년부터 2012년까지 목사님 은퇴하실 때까지 전임전도사와
부목사로 목사님과 함께 사역했고요, 그렇게 부교역자로 목사님
밑에서 배웠습니다.

목사님의 첫인상은 어떠셨나요?

저도 목사님을 만난 것은 면접을 보면서 목사님을 만났고요.
목사님을 처음 만났을 때 옆에 있던 저를 소개해 주신
목사님께서 말씀하시기를 "시간을 철저히 지키셔야 된다."라고
말씀하시더라고요. 그러면서 목사님을 뵀는데 처음에는 제가
생각했던 목사님은 아니었고요, 상당히 절도 있으시고 처음에는

무서웠습니다. 그래서 첫인상이 무서워서 좀 주저주저했는데 목사님을 만나고 나서부터 그 인상들이 하나하나씩 변화된 거 같습니다. 성도님들은 목사님 별명을 영하 20도라는 별명이 있다고 말씀하시는데 제가 겪어본 목사님은 겉으로는 차가워 보이시지만 내적으로는 너무나 유하시고 사랑이 많으시고 정말 이루 말할 수 없이 베푸시고 섬겨주시는 모습이 아름다웠습니다. 사실 저는 처음에 목사님 뵙고 '이 교회를 와야 되나 말아야 되나'라고 큰 고민을 했지만 사역 5년을 마치면서 '정말 잘 왔다. 정말 내가 오지 않았으면은 어떻게 됐을까'라는 그런 생각을 하게 되었습니다.

목사님을 만나신 것이 계기가 되어서 변화가 되었거나, 결단을 했다거나, 그때 이후로 바뀌게 된 무엇이 있으시다면 나눠주실 수 있을까요?

'목사님을 만나지 않았다면 제가 이 자리에 있었을까?' 의구심마저 듭니다. 사실 목사님을 통해서 목회의 처음부터 기초가 무엇이고 또 목사가 어떻게 살아가야 되고 또 교회를 어떻게 사랑하며 성도들을 어떻게 사랑하고 등등 목회 전반적인 모든 부분들을 거의 천안중앙교회에서 배웠다고 해도 틀림이 없을 것 같습니다. 특별히 저는 발음이 정확하지 않았습니다. 천안중앙교회 가서 목사님이 발음을 늘 지적해 주시고 하나하나 고쳐 나가면서 그것을 통해서 지금은 많은 사람들에게 설교자가 될 수 있었고, 또 목사님의 가르침을 통해서 지금까지 성장하고 또 주변에서 들었을 때 "못 하지 않는다."라는 천안중앙교회 출신이라고 했을 때 "잘 배웠다."라는 말을 듣고 있는 거 같습니다. 그래서 목회자의 자세나 철학 또한

목사님의 목사님

신념들까지 제 목회의 모든 영향은 이순목사님을 통해서 배웠다라고 해도 틀리지 않고요, 그렇게 목회 전체를 배울 수 있는 귀한 시간이었습니다.

목사님과의 기억나는 에피소드가 있으시다면 소개해 주실 수 있나요?

목사님을 기억하면 목사님은 교회를 사랑하시고 성도들을 누구보다 사랑하셨습니다. 그리고 목회자들을, 또 부교역자들을 누구보다 사랑하시는 목사님이셨습니다. 목사님하고 때로는 운전을 해서 이곳저곳 심방을 다니거나, 또 어디 가게 되면은 목사님이 늘 목회에 이런저런 말씀 나눠주셨습니다. 예를 들어 주시면서까지 목회는 이렇게 된다, 라고 말씀해 주셨지요. 특별히 목사님의 그 교회 사랑하시는 섬김의 모습은 '내가 어떻게 따라갈 수 있을까?'라는 생각까지 하게 했습니다.

목사님은 늘 교회를 다니시면서 교회에 고칠 것은 없는지, 흐트러진 것은 없는지, 떨어진 휴지 같은 건 없는지, 누구보다도 먼저 늘 살피셨던 분입니다. 저희들도 반듯하게 하려고 하고, 휴지 떨어진 것은 없는지 살핀다고 살펴보지만 목사님은 저희보다 어떻게 더 정확하신지, 구석구석까지 다 보시는지 '아 목사님은 정말 교회를 누구보다 사랑하시고 늘 교회와 함께하시는 분이다'라고 배웠습니다. 그래서 교회에서 사랑하는 모습이 '아, 이런 거구나~'라는 것을 참 배우게 되었고요.

특별히 성도를 사랑하시는 마음은 그 어떤 것도 비교할 수 없는

아버지와 같은 모습으로

그런 모습이셨습니다. 특별히 성도들의 심방을 하게 되면은 목사님 자신의 모든 것을 힘을 다 하셔서 최선을 다하셔서 심방 하시는 그러면서도 하나의 흐트러짐도 없으신 그런 모습을 보게 되었습니다.

목사님은 참 교역자들에게 먼저 본이 되어 주셨고요. 말로만 하는 목사님이 아니라 정말 "해라"라고만 하시는 목사님이 아니라 먼저 행동해 주셨고 보여주셨고 먼저 그렇게 하시면서 "너희들 따라와라" 말씀해 주시는 분이셨습니다. 그래서 늘 목사님을 생각할 때마다 '나는 저렇게 할 수 있을까?', '저런 목회자가 될 수 있을까?'라는 생각을 많이 했습니다.

사실 목사님은 천안에서 그래도 가장 큰 교회를 목회하시고 또 교단에서도 큰일들을 감당하시는데 늘 겸손하셨고 특별히 부교역자들이 부탁하는 한마디 한마디를 그냥 놓지 않으시고 꼭 기억하시고 그 약속을 지켜 주셨던 분이었습니다. 목사님이 하셨던 말씀 가운데 하나가 "기도하는 성도들의 말을 우습게 여기지 말라"라고 하셨던 적이 있습니다. 기도, 자기 자신은 누구보다도 기도하는 사람의 말은 약속은 더 철저히 지킨다고 말씀하셨습니다. 그래서 늘 목사님이 그 자리에서 기도하시고 또 기도하시고 또 성도들과 또 교역자들에게 하신 약속들을 또한 철저하게 지키시는 또 본이 되어주셨던 목사님이셨습니다.

기억에 남는 목사님의 한마디가 있으신가요?
제가 담임목사로 이제 부임하면서 "청빙이 되었다."라고 첫 번째로

연락을 받았을 때 목사님한테 먼저 전화를 드렸습니다. 그럴 때
누구보다도 반갑게 또 칭찬해 주시면서 "내가 매일 매일 아침마다
기도했단다", "너를 위해서 기도했고 우리 교역자들이 잘 되기를
늘 기도하고 있다."라는 말씀해 주시면서 '담임목회 가서 어떻게
어떻게 해야된다.'라는 것을 상세하게 또 자세하게 말씀해 주시면서
그 이후에도 계속 여러 번 전화하시면서 잘하고 있는지 어려운
건 없는지 또 힘든 거 있을 때 또 물어봤을 때 전화 드렸을 때 또
자세하게 가르쳐 주셨던 그 모습이 이제 기억이 나는데요.

목회하면서 참 힘든 일도 있고 어려운 일이 있을 때 '이제는
전화할 수 있는 분이 없다.'라는 그 상실감이 너무 크더라고요.
그래서 먼저 살아 계실 때 더 물어볼 걸, 더 연락드릴 걸, 안타까움이
지금 너무 많이 있고요. '목사님이 더 오래 계셨으면 좋았을 텐데.' 그
마음을 지금도 가지고 있습니다. 그래서 목사님은 늘 전화할 때마다
자녀들은 잘 있는지 또 아내는 잘 있는지 늘 걱정해 주셨고요.
늘 사랑으로 베풀어 주셨고 또 늘 섬겨주셨던 목사님이셨던 것을
지금도 기억하고 있습니다.

나에게 故이순목사님이란?

저에게 아버지와 같은 분이십니다. 저의 육신의 아버지도
엄하면서도 사랑이 많으셨던 그런 분이셨습니다. 우리 목사님도
저에게 영적 아버지로서 엄하셨지만 그 뒤에는 잘 키우시기 위해서
잘 성장시키기 위해서 이렇게 가르쳐 주시고 하시는 것들을
기억하게 되고요. 목사님의 그 사랑, 언제나 찾아가도 언제나 또
봬도 늘 반갑게 맞아 주시고 늘 안아 주시고 늘 아버지처럼 사랑해

아버지와 같은 모습으로

주시는 분이셨음을 기억하게 됩니다. 그래서 목사님 생각할 때마다
아버지, 아버지라는 생각이 들고요. 지금도 사무실에 앉아서 가끔
여러 가지 준비하다가도 제 컴퓨터 앞에 새겨놓은 "늘 주께 하듯
모든 일에 최선을 다하고 주께하듯 하라"는 말씀을 계속 보면서 늘
목사님을 생각하고 목사님을 기억하고 있습니다.

특별히 연말에 12월 31일 송구영신예배를 드리고 나면
목사님께서 저희들에게 늘 두 가지를 주셨습니다. 예배 핸드북을
주셨고요. 또 하나는 또 수첩을 주셨습니다. 그 수첩은 늘 회의
때마다 지참하면서 목사님이 말씀하신 것을 적으면서 기록했던
겁니다. 근데 5년간의 사역을 하면서 그것을 늘 간직하면서 지금도
매일매일 또 생각날 때마다 다시 들춰보면서 '아 목사님이 이렇게
말씀하셨지.' 또 '이렇게 하라고 하셨지.'라고 지금도 되새기면서
'나의 아버지시다. 아버지 같은 분이셨다.'라고 말해 볼 수 있을 것
같습니다.

목사님께 받은 특별한 사랑, 나누어주시면 좋겠습니다.

목사님의 사랑에 대해서는 순간순간이 사랑인 거 같습니다.
늘 한마디 한마디 저희들 잘되라고 늘 말씀해 주시는 그게
사랑이었고요. 늘 어느 곳에 있든지 잘하라고 또 어려운 것은 없는지
사역지를 옮길 때마다 늘 전화 주시고 또 전화 드리면 어떻게 하라고
늘 말씀해 주시는 그 한마디 한마디가 늘 사랑이어서 늘 마음속에
기억에 남고 간직되는 거 같습니다. 그래서 목사님을 생각할 때마다
그냥 겉으로는 강해 보이시고 많은 사람들이 무섭다고 하지만 또

주변에서도 무섭지 않았냐?라고 말하지만 제게는 '사랑이 많으신 분', '늘 안아 주시고 또 잘되도록 올바른 길을 갈 수 있도록 인도해 주셨던 분'으로 기억이 됩니다.

혹시 이순목사님을 만나게 된다면 하시고 싶은 말씀 있으면 마지막으로 부탁드립니다.

목사님! 목사님, 꼭 하고 싶은 말이 있었는데 목사님 사랑합니다. 목사님이 없었다면 제가 없었을 것 같고요. 목사님, 목사님께 너무나 잘 배웠습니다. 목사님 지금까지 잘 가르쳐 주셔서 너무나 감사합니다. 목사님! 지금부터라도 앞으로도 목사님의 제자에 누가 되지 않도록 열심히 하겠습니다. 최선을 다하겠습니다. 목사님께서 말씀하신 것처럼 "모든 일을 주께하듯 하라"고 말씀하신 것처럼 주께 하듯 최선을 다하고 열심히 하겠습니다.

목사님이 기억나는 한 가지 일이 있는데요, 사실은 앞에 가방을 가지고 왔습니다. 이 가방은 사실은 목사님이 예전에 사용하시던 가방이신데요, 교역자들이 목사님 생신이셨을 때 저희들이 조금씩 모아서 새 가방을 사드렸습니다. 그러면서 목사님 쓰시던 가방을 저희에게 주셨는데요. 저희 부교역자들이 서로 가지고 싶어서 '누가 가질 것인가'라고 했을 때 제비를 뽑았습니다. '그런데 영광스럽게도 제가 제비를 뽑게 돼서 지금도 간직하면서 심방 다닐 때마다 이 가방을 보면서 목사님 생각하고 또 목사님이 또 가르쳐 주신 대로 또 심방 했던 것을 기억하면서 지금도 잘 지키고 있습니다. 저도 목회 끝날 때까지 이 가방 잘 지켜서 또 목사님께 누가 되지 않도록 또 목사님한테 배운 것들을 또 다른 교역자들에게 후배 교역자들에게 잘 전달하도록 하겠습니다. 목사님 보고 싶습니다. 목사님 사랑합니다, 목사님.

132

목사님의 목사님

2012년 목사님 노회 공로목사 추대식을 마치고

2013년 목사님 은퇴 예식을 마치고

내 목회의 나침반

김정희 목사

본인 소개를 부탁드립니다.

안녕하세요, 저는 영락교회에서 교구와 목회 행정 사역을
감당하고 있는 김정희 목사라고 합니다. 정말 많이 부족하고 연약한
부분이 있지만 늘 기도하면서 하나님 도와주실 것이라는 확신
가운데서 또 목회 사역 감당하고 있는 중에 있습니다.

故이순목사님과는 어떤 관계이신가요?

저는 2011년 9월 1일부터 2018년 2월 18일까지 천안중앙교회에서
부목사로 사역을 하였고요. 이순목사님 은퇴하시던 2013년 11월
24일까지 27개월간은 이순목사님 목회사역을 보필하기 위해서
참 많이 노력하고 애썼습니다. 가장 가까이에서 목사님 뵙고
목회 기본기를 배울 수 있어서 저에게는 참으로 의미 있는 그런
시간이었습니다.

목사님의 목사님

목사님의 첫인상은 어떠셨나요?

2011년 5월에 천안중앙교회로 면접을 가게 되었습니다. 면접날 개인 차량을 가지고 갈 수도 있었음에도 불구하고 주변에 있는 목사님들이 '그래도 면접 갈 때는 어떤 상황이 일어날지 모르니깐 대중교통을 이용하는 게 좋겠다.'라고 하셔서 그날 제가 동대문역에서 천안에 있는 그 두정역까지 아내와 함께 지하철로 이동하게 되었습니다. 천안중앙교회 도착했을 때 참 그 교회의 크기를 보고 너무 크고 또 본당 규모도 커서 거기에 이렇게 위축 되었고 게다가 무려 지하3층에 위치하고 있는 담임목사실까지 내려가서 목사님 앞에 면접을 하게 되었습니다.

물론 이순목사님에 대해서는 과거에 또 여러 목사님을 통해서 '어떠어떠한 분이다.'라고 이야기를 들었었는데 막상 청빙 면접이라는 그런 일로 목사님 앞에 서니까 이전에 이야기로만 듣던 것보다 훨씬 더 엄하신 모습이셔서 원래도 긴장했었겠지만 더 많이 긴장했었던 기억이 납니다. 정말 한 치의 흐트러짐도 없이 그렇게 바른 자세로 앉아 계시면서 눈동자는 마치 호랑이 눈처럼 보이셔서 그날 저와 아내가 얼마나 많은 긴장을 했는지 모르겠습니다.

한 말씀 한 말씀 또 여러 질문도 주셨는데 어떤 대답을 했는지 하나도 기억이 안 날 정도로 긴장을 많이 했었습니다. 그때 첫인상은 정말 말로만 듣던 시베리아 영하 20도 같은 목사님의 아주 엄격한 모습, 정말 정확한 모습, 그런 모습이 목사님 말씀의 발음이며 또 말씀 하나하나에 다 묻어있던 기억이 있습니다.

그리고 제가 제정신으로 한 건 아니고 갑자기 궁금한 부분이 하나 있어서 목사님께 여쭈었습니다. "목사님, 천안중앙교회 목회에 가장 중점적인 부분이 무엇입니까?" 제정신이 아니었는지 제가 그 물음을 던졌는데요 그때 목사님께서 "천안중앙교회는 특별히 하는 거 없어. 그냥 예배 잘 드리고 기도 많이 하고 말씀 많이 읽는 그런 기본기에 충실하면 충분히 목회 잘할 수 있을 거다."라는 말씀을 해 주셨습니다. 그만큼 목사님은 정말 무엇보다 기본기에 대한 부분들의 많은 강조점을 두셨고, 부교역자들에도 그 부분을 많이 강조해 주셨습니다.

처음에 그렇게 엄격하고 무서운 목사님으로 첫인상이 남았지만 실제로 천안중앙교회에서 부교역자로 목회하면서도 엄하셨습니다. 많은 목사님들이 혼났지만 정말 더 많이 혼났던 목사 중의 하나가 저였는데요. 그만큼 목사님 애정이 있으셨고 또 그만큼 목사님이 부교역자에 대한 사랑의 마음과 정성이 있으셔서 하나라도 더 가르쳐 주시려고 그렇게 엄하게 알려주시고 또 고칠 수 있도록 도와주셨던 것 같습니다. 근데 놀라운 것은 그렇게 엄하시고 참 불같이 무서운 분이셨음에도 불구하고 개인적으로 심방 때 모시고 또 개인적으로 식사자리에서 대화를 할 때면 목사님이 그 어느 목사님보다 따뜻한 분이셨습니다.

목사님을 모시고 환우 심방을 가는 자리에서 목사님이 저에게 이런 말씀 하셨습니다. "요즘 많이 힘들지?" 그 순간 뭐 힘들다는 말은 못하고 "아닙니다, 목사님, 괜찮습니다!"라고 했더니 목사님께서 "힘들지 뭐가 안 힘들어? 정말 내 밑에서 여러 가지 일을 한다는 것이 쉬운 일이 아닌데 고맙다!"는 말씀을 하셨을 때 그동안 긴장하고 또 목사님 어려워했던 그런 마음들이 눈 녹듯 그렇게 녹아내리면서 '목사님 마음은 안 그러신데 공적인 자리에서 늘 가장 바른 모습으로 목회자를 서게 하시기 위해서 그렇게 많이 혼내시고 바른길 가라고 그렇게 타이르시는 거구나!' 깨달으면서 그때 참 많이 '목사님께 사랑받고 있구나!'라고 느꼈습니다.

정말로 매해 '올 연말에는 그만둬야지. 사임해야지.'라는 생각을 한두 번 한 것이 아니었습니다. 그런데 그럼에도 불구하고 목사님께서 목회에 대해 또 목회자의 마음가짐에 대해 하나하나 엄하게 가르쳐 주시면서도 또 개인적으로는 마치 아버지처럼 따뜻하게 부교역자들을 품어주시고 또 이끌어 주시는 그 과정을 통해서 힘들지만 열심히 해야겠다는 결단을 아마 매해 연말에 했었던 것 같습니다.

목사님을 만나신 것이 계기가 되어서 변화가 되었거나, 결단을 했다거나, 그때 이후로 바뀌게 된 무엇이 있으시다면 나눠주실 수 있을까요?

예, 저는 이순목사님 만나기 전까지는 참 소심하고 소극적이고 우유부단했습니다. 그런데 아시다시피 이순목사님께서는 그런 모습을 그냥 두고 보시지 않는 분이십니다. 주어진 시간을 계획성 있게 적극적으로 활용할 수 있도록 참 많이 강조해 주셨습니다.

저는 2012년도부터 이 다이어리를 받게 되었는데요, 이 다이어리에 늘 목사님께서 말씀해 주시는 목회적인 가르침을 하나도 빠짐없이 다 기록했고 "성도와 한 약속은 절대적으로 지켜야 된다." 강조를 하셨기 때문에 스치듯 지나가는 성도의 어떤 이야기나 혹은 약속이라고 할지라도 이 다이어리를 늘 들고 다니면서 메모하고 기록해서 정말 철저하게 성도와의 약속을 지킬 수 있게 되었고,

아버지와 같은 모습으로

1년 365일 저에게 주어진 시간을 더 잘 활용할 수 있는 지혜를
다이어리를 사용하면서 그렇게 얻게 되었습니다. 시간에 대한
계획성 있는 생활을 하다 보니까 우유부단했던 성격도 차츰 더
적극적이고 결단력 있고 시간을 지혜롭게 사용할 수 있는 사람으로
자연스럽게 변해가고 있다는 것을 알게 되었고요, 그래서 원로
목사님 추대되시고 은퇴하신 이후 지금 영락교회에서 5년째 사역을
하고 있으면서도 똑같은 다이어리를 동일하게 사용하고 있습니다.
이순목사님을 통해서 배웠던 그 목회적인 그 지침과 가르침들이 이
책에 기록되어 있는데요, 마치 목회바이블처럼 어려울 때 힘들어서
포기하고 싶을 때마다 이 다이어리 펼쳐보면서 그렇게 목회적인
가르침을 주셨던 하나하나가 '아 이렇게 귀한 것이구나' 다시금
생각하게 되고요, 정말 기본기에 대해 말씀해 주신 부분들, 아
이것이 가장 큰 목회적 자산이고 힘이라는 사실을 깨닫게 됩니다.

　　목사님은 설교에 대한 코멘트를 구체적으로 해주셨습니다. 제가
말주변이 없어서 설교에 대한 자신감이 참 없었는데 천안중앙교회
처음 부임해서 그 첫 부임설교를 했던 때가 참 기억이 납니다. 그때
자신감이 없고 또 목사님 표현에 따르면 문장이 안 되는 설교문을
작성해서 설교를 했을 때 목사님께서는 그 문장 하나하나까지
코멘트를 해주셨고 그리고 여러 가지 자신 없게 선포했던 말씀에
대해서 "목회자는 하나님께서 불러주신 하나님의 사역자이기
때문에 사도권이 다 있다! 그러니 그 하나님의 부르심 믿고 자신감
있게 하면 하나님께서 역사해 주신다!"라는 말씀을 해주셨습니다.
그렇게 우유부단하고 자신감 없었던 저를 인도해 주셔서 '아

하나님께서 부르셨으면 그렇게 감당할 수 있도록 은혜도 주시고
또 힘도 주시고 능력도 주시는구나!'라는 확신 가운데서 그렇게
달려갈 수 있었습니다. 처음엔 어색하고 자신감 없는 설교자의
모습으로 섰지만 이순목사님의 가르침 하나하나를 통해서, 물론
그 당시에는 참 뼈아픈 상처가 되는 말씀이기도 했지만 다 살이 되고
피가 돼서 '정말로 목회자로서의 권위와 자존감과 자의식을 가지고
설교자로 설 수 있는 그런 힘을 얻게 하셨다'라고 깨닫게 됩니다.

  목사님은 또 "목회자는 해결사가 돼야 한다!"라고 말씀하셨는데
저는 목회를 하면서 늘 문제가 생길 때마다 문제를 피하려고
했습니다. 그런데 목사님은 문제가 있을 때마다 절대 문제를 피해
가지 말고 그 문제에 앞서서 돌파하라고 말씀해 주셨는데요. 그럴
때마다 참 용기가 생겼고 그렇게 문제 하나하나에 기도하면서 그
문제에 맞섰을 때 그 문제를 해결해 주시는 하나님의 역사도 또
새롭게 새롭게 체험하게 되었습니다.
  목사님은 또 늘 "일이 되게 하라!" 말씀하셨는데요 저는 개인적인
성향으로는 이상적으로 생각할 때가 참 많았습니다. 그런데
"이상적이고 아무리 좋은 아이디어가 있다고 할지라도 그 일이
꼭 될 수 있고 될 수 있는 가능성이 있는 부분들까지도 살펴야
된다!"라고 말씀하셨습니다.
  천안중앙교회에서는 교회의 여러 큰일들을 목회자가 순서대로
순차적으로 맡아서 감당할 수 있게 하셔서 많은 기회를 주셨습니다.
은퇴식을 담당하게 되면 그 은퇴식의 처음부터 끝까지 그 교역자가
담당을 하게 되고, 사순절에 대한 교회 전체적인 행사를 하게

아버지와 같은 모습으로

되면 어떤 한 교역자가 전체를 기획하고 추진할 수 있도록 일을
맡겨주셨습니다. 연말에 교회 생활이라고 하는 그런 책자를 또
만들게 될 때는 전교인에 대한 내용을 포괄해서 만들어야 되는
방대한 작업이기 때문에 참 힘들고 어려운데 그럴 때마다 늘
목사님께서는 "될 수 있는 방법을 간구하면 하나님께서 지혜를
주시고 능력 주시고 은혜도 주셔서 될 수 있도록 길을 열어 주시고
돕는 손길도 붙여주신다." 말씀하셨는데요, 아니나 다를까 처음
시작할 땐 이게 될까 싶었는데 목사님이 말씀하신 대로 그렇게
정말 될 수 있는 쪽으로 생각을 하고 상식적으로 생각을 하고 또
순리에 입각해서 계속 또 판단을 하다 보면 나도 모르는 사이에 일이
하나하나 차근차근 되어가는 것을 깨닫게 되었습니다.

어찌 보면 가나다 순서 없이 일을 했던 저였지만 이순목사님께서
참 체계적이고 계획성 있게 일을 할 수 있도록 잘 인도해 주셔서
제가 참으로 약했던 행정력을 갖추도록 많은 가르침을 주셨습니다.
결론적으로 천안중앙교회 있을 때 사임하기 전까지 선임행정목사로
일을 할 수 있는 기회가 생겼고요, 지금 영락교회에서 5년째 사역을
하고 있는데 지금 그때 배운 그 역량으로 또 목회 행정 사역을
감당하고 있는 것 같습니다.

**목사님과의 기억나는 에피소드가 있으시다면 소개해 주실 수
있나요?**

참 많은데요. 목사님과 함께 환우 심방을 하게 되면 늘
목사님께서는 병원이든 가정이든 그렇게 그 환우 앞에 서셨을 때
가장 겸손한 그런 모습으로 그 환우에게 말씀을 건네주셨고 말씀

나누실 때 상투적인 그런 말씀들이 아니라 정말로 그 성도 한 분 한 분의 가정사를 다 파악하시고 자녀 손들이 또 지금 어떻게 지내고 있는지도 정말 교구를 담당하고 있는 저보다 더 자세히 알고 계신다는 사실을 볼 때, 참 많이 도전도 됐고 '아 목회자는 저렇게 성도를 사랑해야 하는구나'라는 마음을 참 많이 품게 되었습니다. 그러면서 말씀 나누시고 설교하신 후에 그 환우 머리 위에 두 손을 얹으시고 늘 그렇게 안수기도를 해주셨는데요 그때 눈물을 흘리면서 그 성도의 온전한 치료와 쾌유를 위해서 기도해 주실 때 참 목사님도 많이 우시고 또 성도도 많이 울면서 그렇게 기도를 했던 시간들이 참 기억이 납니다.

　그리고 목사님께서는 참 그 후배 목사들에 대해서도 참 남다른 애정이 있으셨습니다. 천안 지역에서 특별히 개척을 했다고 하는 목사님이 계시면 그렇게 늘 찾아가셨습니다. 어느 날 목사님께서 어디 좀 가자고 말씀하셔서 제가 차를 준비해서 목사님 가자고 하시는 곳으로 갔더니 그곳은 얼마 전 개척을 하신 어느 목사님 교회였습니다. 가서서 그 교회 구석구석 살펴 가시면서 목회에 대한 코멘트도 해주시고 그리고 '지금 힘들지만 힘내서 사역 잘 감당하면 하나님께서 도와주실 것이다.'라고 위로의 말씀 격려의 말씀 해주실 때 그 목사님이 얼마나 많은 위로를 또 받으셨는지 옆에서 보았습니다. 목사님은 후배 목회자들 한명 한명이 어떻게 사역하고 있는지 또 어떤 어려움이 있는지를 늘 보고 계시는 거 같았어요. 그래서 힘들어서 넘어질 만한 시점에는 늘 목사님께서 찾아가셔서 그 목사님 많이 위로해 주시고 기도해 주시고 격려해 주시는 모습을 볼 때마다 '아 목사님은 참 후배 사랑이 남다르시다.'라고 깨달았지요.

그리고 목사님 책임감이 강하셔서 천안시의 연합사역에도 큰 관심을 가지고 계셨습니다. 연합사역으로 어떤 건물을 짓게 된다고 하면요, 목사님은 정말 내 일처럼 그렇게 자주 가셔서 그 건물이 그 기초부터 어떻게 차근차근 지어져 가는지까지 살펴보시면서 그렇게 정말 천안 지역의 연합 사역에 늘 관심을 가지고 그렇게 애쓰시는 모습을 보면서 '참 그릇이 남다르시다.'라고 깨닫기도 했습니다.

저 개인적으로는 교회수첩 제작을 맡게 되어서 정말 밤낮 가리지 않고 작업을 하고서 교회 각 가정으로 배부된 바로 다음 주에 제가 맹장이 터졌습니다. 저는 그렇게까지 힘들다는 생각을 안 했는데요, 제 몸은 그렇게 힘들었나 봅니다. 그래서 급작스럽게 터지게 돼서 급작스럽게 수술을 받고 입원을 하게 됐습니다. 그때 목사님께서 정말 다른 어떤 사람보다도 가장 먼저 저에게 찾아오셔서 위로를 참 많이 해주셨습니다. 고생이 많았다고 그리고 지금까지 참 잘해 왔다고 힘내서 열심히 하면 하나님께서 도와주실 것이라고 그렇게 위로해 주시면서 제 머리 위에 그 성도님들 환우분들 기도해 주셨던 모습 하고 똑같이 그렇게 두 손을 얹으셔서 그게 안수기도 해주셨을 때 그때 얼마나 펑펑 울었는지 모릅니다. 정말 목사님께서 참 많은 부분, 그렇게 "목회자다운 목회자 돼라! 목사다운 목사 돼라!" 하시면서 다그치셨지만 그 마음에는 참사랑이 많이 담겨 있으셨구나~ 참 깊이 있는 그런 중심으로 바라보시고 또 그렇게 사랑으로 품어 주셨구나, 라고 마음이 느껴져서 그날 참 많이

목사님의 목사님

울었습니다. 그렇게 목사님이 다녀가신 후에 잘 회복되어서 그 이후로 사역들도 힘 있게 잘 감당했었던 그런 생각도 납니다.

기억에 남는 목사님의 한마디가 있으신가요?

이순목사님 말씀하신 문장이 수백 문장이 될 겁니다. 그리고 제가 가지고 있는 그 수첩을 그냥 한 페이지만 펼쳐보아도 아마 몇 문장씩은 정말 목사님께서 목회자에게 꼭 필요한 그런 말씀을 정말 시간 시간마다 해 주셨기 때문에 정말 밤새도록 이야기할 수도 있겠지만 목회적으로 참 힘이 되고 위로가 되는 말씀은 "목회자는 늘 용광로와 같은 마음을 품어야 한다."라는 말씀입니다. 목회사역을 감당하다 보면 어떤 성도는 참 마음에 품기 어렵고 또 목회하기가 참 어려운 그런 가시 같은 그런 성도들도 있습니다. 정말 귀하게 섬겨주시고 충성 다하는 성도님도 계시지만 또 어느 성도님은 그렇지 못하고 또 사사건건 반대하기도 하고 또 불합리하게 이야기하고 참 힘들게 하기도 합니다. 그런데 "그런 성도라고 할지라도 목회자는 늘 마음을 넓게 펴고 마치 용광로가 다 녹여내듯이 가슴에 품고 다 녹여내야 한다."라고 말씀하셨어요. 그 말씀을 처음 들었을 때 '나는 어떤 불편한 성도가 가까이하면 피하려고 하지 않았었나' 그런 마음이 들어서 목사님이 말씀하신 것처럼 '정말 용광로 같은 마음을 주세요, 저에게도. 그래서 어떤 성도도 풀어낼 수 있는 그런 마음 넓은 그리고 마음 따뜻한 그런 목사가 되게 해주세요'라고 결단을 했었습니다.

또 목사님은 "목회자는 반 발자국 정도 성도들 앞에 서야

아버지와 같은 모습으로

한다."라고 말씀하셨습니다. "성도보다 너무 빨리 앞서서 가면 성도들이 따라갈 수 없고, 또 성도보다 뒤에 뒤처져서 걸어가게 되면 성도를 이끌 수 없다."고 말씀하셨습니다. 그래서 늘 "순리에 입각해서 또 상식에 근거한 생각을 해서 목회해!"라고 말씀하셨는데요. 목회사역을 감당하다 보면 순리가 아닌 역리에 따라 하려고 할 때가 있고, 또 상식에서 벗어난 목회를 하려고 할 때가 있는데 늘 목사님이 말씀하신 "순리에 입각해서 상식적으로 생각하며 목회하라!"고 하신 말씀 떠올리면서 그렇게 정말 차근차근 목회사역 감당하려고 노력하고 있습니다.

나에게 故이순목사님이란?

저에게 아버지와 같은 분이십니다. 정말 걸음마를 떼는 것처럼 목회 초년병으로 정말 사리 분간을 못하고 목회의 목자도 모르는 저였었는데, 정말 아버지가 그의 자녀에게 가르쳐 주듯이 목회의 기본기 하나하나 차근차근 가르쳐 주셨고 가장 뜨거운 사랑과 또 정성과 뜨거운 마음으로 품어주셨고 위로해 주셨고 격려해 주셨습니다. 포기하려고 할 때 넘어져서 엎드려 있을 때마다 늘 일으켜 세워주셨고 그리고 늘 교회다운 교회, 목회자다운 목회자, 목사다운 목사 되라고 말씀하셨는데, 그 길 올곧게 걸어가지 못할 때 바른 모습으로 살아가지 못할 때 늘 그렇게 크게 호통치시면서 하나하나 바르게 가르쳐 주셨습니다. 정말 아버지와 같은 마음 없으시면 아마 그렇게 못하셨을 것 같습니다. 마치 자녀를 기르듯이 그렇게 목회 하나하나를 사랑의 마음으로 정성의 마음으로 가르쳐 주신 목사님은 그래서 저에게는 아버지와 같은 분이십니다.

그리고 이순목사님은 나침반과 같은 분이십니다. 목회사역을 감당하고 개인적인 신앙생활을 하다 보면 좌로 우로 치우칠 때가 참 많이 있습니다. 그리고 결정을 해야될 때 이 결정 저 결정을 하지 못할 때 참 많이 있는데 그럴 때마다 목사님은 늘 바른 방향으로 목표를 향해 나아갈 수 있도록 그렇게 방향을 제시해 주셨습니다.

이 시대에는 여러 가지 정보들이 참 많은 시대이지만 그중에 분별해서 꼭 따라야 될 정보가 있고 따라야 될 방향이 있는데 이순목사님께서는 가장 바른 방향 목사다운 방향으로 늘 그 방향을 인도해 주셨던 나침반과 같은 그런 분이셨습니다.

목사님께 받은 특별한 사랑, 나누어주시면 좋겠습니다.

목사님께 받은 사랑은 뭐 손으로 셀 수 없을 정도로 참 많습니다. 처음 천안중앙교회 목회사역을 할 수 있는 길도 이순목사님께서 열어 주셨고 2011년 4월 19일에 제가 목사 안수를 받았는데요. 목사 안수를 받아서 어느 교회 가서 사역을 하느냐가 참 중요한데 그 목회사역을 감당하는 목사로서의 첫 사역 발걸음의 현장으로 이순목사님께서 불러주시고 그렇게 목사다운 목사로 잘 훈련시켜 주시고 그렇게 가르쳐 주시고 또 사랑을 베풀어 주신 그 모든 부분들이 얼마나 남다른, 또 저의 삶과 신앙과 사역에 있어서 가장 인상 깊은 그런 영향력이었다고 생각합니다.

현재 영락교회 사역하고 있는데요. 이순목사님께서 "내가 추천서 써줄 테니까 한번 이력서를 넣어 봐라!" 말씀하셔서 그렇게 영락교회 부목사 청빙 준비를 하게 되었고요. 목사님께서 추천서 써 주시고 기도해 주셔서 2018년 2월 18일에 그렇게 영락교회에서 사역할 수

있는 새로운 길이 열리게 되었습니다. 제가 목사안수를 받아 목회의
첫 발걸음 나갔을 때 불러 주신 것도 목사님이셨고 천안중앙교회
사임 후에 목회지를 옮겨 가는데 있어서도 그 길을 열어 주시고
지도해 주신 분이 또 목사님이십니다. 그만큼 남다른 사랑과 기도와
관심으로 목회에 대한 부분들을 목사님께서 잘 열어 주셨고 지도해
주셔서 지금도 목사님의 가르침 가운데서 잘 사역하고 있습니다.

앞에 이순목사님이 계신다면 어떻게 인사 말씀 올리시겠습니까?

목사님 감사합니다. 목사님이 계셔서 그렇게 목사다운 목사로
살고 있습니다. 지금도 참 부끄러운 모습이 하나님 앞에 많이 있지만
그래도 목사님 가르쳐 주신 그 가르침이 제게 생생합니다. 끝까지
잊지 않고 목사 은퇴할 그날까지 그렇게 가르침 따라서 목회사역
충성되이 잘하는 목사 되겠습니다. 감사합니다, 목사님.

2012년 교역자정책세미나 중에 목사님과

2013년 목사님 은퇴예식후

아버지와 같은 모습으로

3장

마지막까지

개척자

"같이 일합시다"

윤마태 목사

본인 소개를 부탁드립니다.

1989년에 천안서부교회를 개척해서 지금까지 섬기고 있는
윤마태목사입니다.

故이순목사님과는 어떤 관계이신가요?

1984년 성탄절 다음 날 이력서를 들고 이순목사님을 뵈러
갔습니다. 이력서를 보시더니 자세히 보지도 않고 "새해부터
같이 일합시다." 그래서 1985년부터 경주중앙교회 중등부 그다음
86년도에는 고등부 그리고 87년도에 고등부로 사역하고 있을 때,
이순목사님 또 천안으로 오시고 저는 88년 1월부로 또 따라와서
그렇게 목사님께 목회를 배웠습니다.

목사님의 첫인상은 어떠셨나요?

군에서 장교 생활을 하고 제대를 하고 신대원 준비를 하고 있을 때
목사님이 저를 부르셨어요. 그래서 이순목사님 처음 봤을 때 '상당히

저하고 코드가 좀 맞다.' 그런 생각을 했습니다. 원리원칙주의자고 또 무슨 일을 하시더라도 아주 철저하게 분명하게 하고 그래서 아마 장교 출신인 저를 특별히 천안으로 데리고 온 이유 가운데 하나도 그런 게 아니었나 생각이 들고요. 물론 늘 참 엄격하셨기 때문에 조심스러웠고 혹시 야단맞지 않을까 그런 마음이 늘 있었어요. 야단 많이 맞았거든요. 그런데 시간이 지나면서 목사님의 말씀이 야단치려고 하는 것이 아니라 가르치려고 하는 것이고, 더 발전시키려고 하는 목적이 있다, 그것을 알았기 때문에 야단맞은 것은 빨리 잊어버렸고요. 지금은 좋은 추억이 훨씬 더 많습니다. 지금 생각해 보면 다 감사한 일이고 야단맞은 것도 감사합니다. 뭐 칭찬하고 격려해 주신 것도 감사하고 저는 지금 와서는 모두가 감사한 일입니다.

목사님을 만나신 것이 계기가 되어서 변화가 되었거나, 결단을 했다거나, 그때 이후로 바뀌게 된 무엇이 있으시다면 나눠주실 수 있을까요?

저는 사실은 시골에서 목회를 하는 아버지 밑에서 자랐습니다. 그런데 목사님 만나면서 규모 있고 체계적인 그런 목회를 배웠습니다. 사실은 저도 시골 목회를 생각을 했습니다. 그런데 저희 아버지께서 "이순목사님 밑에서 목회를 배우고 너는 도시에서 목회해라!" 그런 말씀을 하셔서 제가 도시에 남게 되었고 목사님께서 특별히 천안중앙교회에서 교회 차원에서 처음으로 개척하는데 전도사인 저를 파송해 주셨어요. 그래서 어느 날 궁금해서 제가 여쭤봤습니다. "부목사님도 계시고 우리 동기 3명 가운데 저보다

나이 많은 동기가 2명이나 있었는데 왜 저를 보내셨어요?" 그랬더니
목사님이 기도하시는 가운데 "대를 이어서 목회하는 사람에게
우선권을 주라!"는 감동을 받으셨대요. 그래서 저를 보내셨다고
그런 배려가 있었고요 그래서 일찍 전도사 때 개척을 해서 지금까지
목회하게 되었습니다.

**목사님과의 기억나는 에피소드가 있으시다면 소개해 주실 수
있나요?**

목사님이 천안으로 부임하신다는 이야기를 제가 신대원
3학년 9월에 들었습니다. 그리고 10월 초에 우리 교역자들에게
말씀하시면서 "공식적으로 광고할 때까지는 함구해라!" 그렇게
말씀하셨어요. 그리고 11월 셋째 주일 지나고 천안으로 부임을
하셨습니다. 그때 제가 목사님의 서재를 박싱하고, 이삿짐
차를 따라가서 다시 천안의 광하빌라에 목사님 서재에 책들을
꽂아두었습니다. 그리고 아침에 식사를 하는데 목사님께서
"윤전도사, 새해 천안 와서 나를 좀 도와라." 그러시더라고요. 그래서
천안에 와서 지금까지 참 많은 은혜를 받았습니다.

참 가슴 아픈 일은 목사님께서 교회를 건축을 하시고 건강이 안
좋으셔서 수술을 받으러 가시는데 그때 마침 제가 장로님 한 분
하고 저하고 또 사모님하고 셋이서 수술실 밖에서 같이 수술 시간
동안 대기를 했었습니다. 그리고 또 제주도 가서 요양하시고 그리고
오셨는데 좀 더 악화되신 그런 일이 있었습니다. 그러면서 좀 더
옆에서 외로움을 조금이라도 함께 해드렸으면 참 좋았을 뻔했다,

목사님 많이 외로우셨구나, 근데 그런 생각을 하게 되었습니다. 만약에 목사님 지금 생존해 계시다 그러면 자주 "목사님, 식사하십시다~" 뭐 짧지만 "1박2일이나 2박3일 여행가십시다~" 저는 지금 그런 얘기를 하고 싶어요. 사실 지금 저희 아버지가 금년에 87세신데 그동안 제가 그런 걸 잘 못했다가 최근에는 그런 시간을 가집니다. 왜냐 하니까 너무 그동안 목회한다고 그걸 잘 못했어요. 그래서 그런 시간을 좀 가졌으면 좋겠다. 그런 생각을 많이 합니다.

기억에 남는 목사님의 한마디가 있으신가요?

참 많습니다. 그중에 우리 전도사 시절에 주일예배를 끝내고 회의가 일찍 끝나면 11시, 늦으면 12시가 넘기도 하고 그랬습니다. 그때 한 번 이런 얘기를 하셨어요. 목사님께서 노량진교회에 계실 때 한창 월요일에 휴무하는 교회들이 늘어나는데 부교역자들이 의견을 모아 가지고 림인식목사님께 건의를 하셨대요. "우리도 월요일 휴무하면 안 됩니까?" 그러니까 림인식목사님 대답이 "마귀도 월요일날 휴무하는가?" 그래서 더 이상 말씀을 못하셨다 그래요. 림인식목사님 말씀이셨지만 이목사님은 그렇게 목회를 하시더라고요. 그러셨었지만 "그럼에도 불구하고 쉼도 필요하지." 그러면서 차후에 천안중앙교회에서는 월요일 휴무를 도입을 하셨습니다. 본인은 그렇게 배우셨지만 또 시대의 흐름을 또 수용하시는 그런 모습을 보면서 많이 배웠습니다. 저는 "마귀도 월요일날 휴무하는가?" 그게 참 오래 남습니다. 그래서 지금도 우리 부교역자들에게 그런 얘기를 종종 합니다. 물론 월요일 휴무로

지키지만 그런 정신으로 목회해야 된다! 저는 그게 참 기억에
남습니다.

나에게 故이순목사님이란?

저는 제 인생의 멘토가 세 분 계십니다. 저에게 신앙을 물려주시고
가르쳐 주신 저희 아버지가 첫 번째 멘토시고 이제 학생회 때 저를
지도해 주신 장로님이 계세요. 그분은 그리스도의 삶이 어떤가를
보여주신 것입니다.

그다음에 세 번째는 목회를 제게 가르쳐 주신 분 이순목사님이
어떻게 보면 유일합니다. 저는 그분에게만 교육전도사 3년, 전임 1년
8개월 배우고 개척을 나왔습니다. 개척을 나와서도 목사님 소천하실
때까지 천안에 있으면서 늘 목사님의 지도를 받았고, 목사님
현역에 계실 때는 목사님 외부활동할 때마다 제가 열심히 목사님
따라다니면서 많이 배우고 목사님 하시는 일을 보면서 많이 성장을
하고 그랬습니다. 그래서 목사님은 저의 멘토이십니다.

목사님께 받은 특별한 사랑, 나누어주시면 좋겠습니다.

목사님께서 우리 집사람을 참 칭찬 많이 해주셨어요. 그래서
저 보고도 "지혜 엄마 만난 걸 행복하게 생각해라!" 저도 그렇게
생각합니다. 그런 얘기를 여러 번 나눴고요. 또 우리 딸, 하나밖에
없는 딸 결혼식 주례도 해주셨고, 저희 부모님이 가끔 오시면 맛있는
거 대접해 주시고 늘 저를 동역자로 또 제자로 때로는 자식처럼
그렇게 대해주셨습니다.

1987년 경주중앙교회 미얀마 전도사 방문때 교역자들과

2016년 요양중이신 목사님을 찾아뵙고 기념으로

은혜를 이어가는 목사로 살겠습니다

김상규 목사

본인 소개를 부탁드립니다.

저는 새롭게 하는 교회의 김상규 목사입니다. 천안중앙교회에서 7년간 이순목사님 밑에서 목회를 배우고 개척해 나왔습니다.

故이순목사님과는 어떤 관계이신가요?

신대원 졸업하고 이제 임지를 찾고 있는데 지금 온양제일교회에 있는 동기 목사님이 "천안중앙교회에 부목사 자리가 났으니까 한번 가보면 어떻겠나?" 이렇게 얘기를 해서 천안으로 내려가 목사님 찾아 만나 뵙고, 그렇게 해서 천안중앙교회에서 부목사로 섬기게 되었고, 그때부터 목사님을 알게 됐습니다.

목사님의 첫인상은 어떠셨나요?

저도 처음 봤을 때 되게 놀랐어요. 목사님이 워낙 표정이 없으셔 가지고, '저런 목사님도 계시나.' 이런 생각을 했는데, 와서 이렇게 쭉 지금까지 계속 지나고 그러다 보니까 이제 그런 생각들이 많이

목사님의 목사님

변하게 되었죠. 나중에는 많이 따뜻해지셨고, 저희들과 대화도 많이 나누시고 그러셨죠.

목사님을 만나신 것이 계기가 되어서 경험하신 변화가 있으실까요?

저는 제가 목사님한테 늘 감사하게 생각하는 것이 뭐냐면, 제가 경상도 출신이어서 발음이 정확하지 않았어요. 그래서 목사님이 늘 그러셨어요. "발음을 고쳐라! 그래야 앞으로 좋은 목회자가 될 수 있고, 설교할 때 전달이 잘 될 수가 있다." 이렇게 말씀하셨거든요. 그게 제가 뭐 30년 이상을 경상도에서 살았기 때문에 이걸 바꾸기가 참 힘들었어요. 그런데도 목사님께서 포기하지 않으시고 끝까지 말씀해 주셔서 제가 정말 이 정도라도 할 수 있지 않았나싶습니다. 저는 그래서 이목사님께 제일 감사하게 생각하는 게 언어를 교정할 수 있는 은혜를 베풀어 주셔서 저는 지금도 목사님께 늘 감사하게 생각하고요.

그다음에 또 한 가지는 목사님이 설교에 대해서 많은 말씀을 하셨는데, 이 말씀을 하셨어요. "좁고 깊게 파라." 그래서 제가 그 말씀을 마음에 담았어요. 그래서 설교할 때 정말 목사님 말씀대로, 막 넓게 이렇게 하는 게 아니라, 좁고 깊게 파는 그런 훈련을 목사님 말씀을 듣고 하게 되었죠. 지금도 그렇게 설교를 하려고 노력하고 있습니다.

목사님과의 기억나는 에피소드가 있으시다면 소개해 주실 수 있으실까요?

제가 이제 수석을 오래 했죠. 그래서 저녁에 저희들이 이제 교역자 회의를 마치고 이제 각자 돌아갈 때, 제가 목사님을 항상 집 앞까지 배웅해 드렸거든요. 그럼 목사님이 그때 저한테 이렇게 말씀을 하세요. "김목사 내일 어디 갈 데 있나?" 근데 저는 뭐 가령, 집사람이랑 약속이 되어 있기도 한데, 그렇게 말씀을 하시니까 제가 "목사님 저 내일 못갑니다." 이렇게 말씀드리기 되게 힘들었어요. 목사님께서 말씀을 하시면 같이 따라갔죠. 그런 일들이 몇 번 있었어요. 그래서 그런 일들이 기억에 남고요.

그다음에 이제 교회를 개척을 하고나서, 목사님께서 저보고 늘 그러셨어요. "땅 안 사나? 넓은 곳으로 옮겨가야 되는데 땅 사야 된다." 늘 말씀하셨거든요. 그래서 이제 제가 지금 있는 새성전을 사게 될 때, 제일 먼저 달려간 게 이순목사님이었어요. "목사님, 제가 이 터를 이렇게 보고 왔는데 이 터가 목사님이 보시고 어떤지 한번 보시고 말씀해 주십시오." 이렇게 말씀을 드렸더니 목사님이 "가자!" 이렇게 해서 저랑 같이 제가 구입하려고 하는 새성전 부지에 목사님 같이 가서 주욱 보시고는, "이 정도면 구입해도 되겠다, 사라!" 이렇게 말씀하셔서 목사님 말씀을 따라서 새성전 부지를 구입하게 된 그런 에피소드도 기억이 납니다.

기억에 남는 목사님의 한마디가 있으신가요?

제가 다른 목사님한테는 그런 얘기는 못 들었는데 목사님 늘

목사님의 목사님

그렇게 말씀하셨어요. "한 번 더 생각해라.", "무슨 일이든지 한 번 더 생각해라." 저는 처음에는 그 말씀을 무슨 의미인지를 잘 몰랐는데, 시간이 지나면서 그 말씀의 의미가 뭔가를 생각하게 되고 "아 정말 그렇구나! 한 번 더 생각하면 보이지 않는 게 보이게 되고, 깨닫지 못하는 걸 깨닫게 되는구나" 이제 그런 것들을 경험하게 되니까 목사님께서 "한 번 더 생각해라!" 하는 그 말씀을 저는 지금도 마음에 새기고 있죠.

나에게 故이순목사님이란?

저한테 선생님이고, 아버지 같은 분이고, 멘토고, 뭐 그런 분이죠. 그래서 뭐 어려운 일이 있으면 늘 찾아가서 편안히 상담하고 말씀 듣고 그렇게 했죠.

故이순목사님께서는 김목사님을 인사를 제일 잘하신 목사님으로 기억하시던데요, 특별한 이유라도 있으신 걸까요?

그거는요, 제가 목사님께 은혜를 입었잖아요. 목회의 가르침도 받고 교회도 개척해 주시고 그래서 제가 은혜 입은 사람으로서 목사님이 세상을 떠날 때까지는 반드시 그렇게 찾아가서 예를 갖추는 게 마땅하다고 생각했어요. 그래서 뭐 맛있는 게 좀 생기면 목사님께 사다 드리게 돼요. 목사님이 랍스터를 되게 좋아하셨거든요. 그래서 이마트에 랍스터가 들어오면 목사님께 랍스터도 가끔 사다 드리고, 대게도 좀 이렇게 아는 데가 있어서 구입하게 되면 사서 드리기도 하고, 또 구정 추석 또 스승의날 크리스마스 이럴 때는 늘 집사람과 같이 그렇게 찾아뵀어요. 저는

그렇게 하는 게 맞다고 생각하고 살았죠. 그래도 제가 목사님께 받은
은혜는 다 못 갚죠.

목사님께 받은 특별한 사랑, 나누어주시면 좋겠습니다.

목사님이 저를 개척해 주셨잖아요. 그래서 늘 개척해 주신 게
감사해서 제가 그런 생각을 해봤어요. '나도 개척해 나왔으니까
내가 개척을 하는 게 목사님한테 자랑이 되겠다.' 그래서 제가 이제
저희 교회도 교회를 둘을 개척했거든요. 그러다가 명성교회가
천안에 천안명성교회를 개척하는 예배에 갔는데, 제가 그때 오신
목사님들께 "얼마 전에 인천의 주명교회를 개척했다." 이렇게 말씀을
드렸었어요. 그런데 목사님께서 나오시면서 저한테 그랬어요. "나는
할아버지다." 쉽게 말해서 "내가 개척을 내보냈더니 다시 또 개척을
했기 때문에 우리 교회는 할아버지교회다." 이렇게 말씀하시면서
되게 좋아하셨어요. 너무 기억에 남는 순간이죠.

혹시 이순목사님을 만나게 된다면 하시고 싶은 말씀 있으면
마지막으로 부탁드립니다.

목사님 저 김상규입니다. 늘 사랑해 주셨고요, 아껴주셨고요,
늘 돌봐주셨어요. 좋은 목회자가 되도록 도와주셨어요.
그래서 늘 집사람이랑 저랑은 목사님께 감사하고 있고요. 우리
부교역자들한테도 그렇게 얘기를 해요. "이순목사님의 가르침과
사랑이 없었다면 내가 존재할 수 있을까? 우리 새롭게 하는 교회가
여기까지 올 수 있을까?" 그런 생각을 해봅니다. 늘 감사드리고요.
하늘나라에서도 편하게 잘 쉬시고, 아마 하나님께 칭찬 많이 듣고

1993년 대전서노회 노회 중에

계시지 않으셨나 그런 생각을 해봅니다. 늘 평안하게 잘 지내시기
바랍니다. 목사님, 사랑합니다.

1997년 신천교회(현 새롭게하는교회) 착공예배

1998년 신천교회(현 새롭게하는교회) 개척예배

목사님의 목사님

목양일념

어윤일 목사

본인 소개를 부탁드립니다.

저는 천안에서 보석교회를 담임하고 있는 하나님의 은혜로 사는 목사 어윤일입니다.

故이순목사님과는 어떤 관계이신가요?

1993년에 천안중앙교회 와서 6년 동안 부목사로 이순목사님과 함께했습니다.

목사님의 첫인상은 어떠셨나요? 그리고 그 이후로 그 인상이 어떻게 바뀌었나요? 아니면 강화되었나요?

엄격하신 분으로 첫인상을 갖게 되었습니다. 어느 정도로 엄격하셨냐 하면 93년 1월 1일에 부임을 했는데, 그때 2월 초에 천안중앙교회 부흥회가 있었어요. 근데 부흥회 강사를 이제 저보고 모시고 다니라고 그러셔서 부흥회 강사를 모시고 다녔는데, 그때 우리 집사람이 이제 첫애를 출산할 때입니다. 그런데 목사님한테 그 첫애 출산한다고 얘기를 못 했을 정도였습니다. 그래서 우리 집사람이 병원에 가서 혼자 아기를 낳았어요. 간호사들이 "남편 없냐?"고 우리 집사람한테 얘기했을 정도였죠. 목사님한테 감히 우리 아기 출산하니까 가봐야겠다고 얘기를 못 한 것이 지금까지 이제 우리 집사람한테 늘 얘기를 듣고 있지요. 그리고 목사님 돌아가실 때까지 저는 항상 우리 목사님이 어렵고 힘들었습니다.

목사님을 만나신 것이 계기가 되어서 변화가 되었거나, 결단을 했다거나, 그때 이후로 바뀌게 된 무엇이 있으시다면 나눠주실 수 있을까요?

이순목사님을 가까이서 이렇게 보니까 목사님은 하나님만 바라보시더라고요. 사람을 보거나 의지하거나 사람에 연연해하지 않고, 늘 하나님만 바라보시고 목회를 하시더라고요. 그래서 저도 그 모습을 보면서 '나도 저렇게 목회하겠다'라고 생각을 하고 우리 천안 보석교회에 와서 계속 그렇게 하나님만 바라보고 목회를 하고 있습니다.

목사님과의 기억나는 에피소드가 있으시다면 소개해 주실 수 있나요?

이순목사님이 제주도에서 요양하고 계셨을 때 우리 대전서노회 제가 서기였었는데 대전서노회 회원들과 함께 목사님을 찾아뵀습니다. 그때 목사님이 다른 임원들 다 일일이 악수하시면서 인사를 하셨는데, 저를 이렇게 갑자기 확 끌어안으시더라고요. 끌어안으셔서 저 그때 깜짝 놀랐습니다. 한 번도 우리 목사님 그렇게

목사님의 목사님

따뜻한 말을 하신다든지 또 이렇게 안아 주면서 좋은 감정이나 또 사랑하는 마음을 표현하신 적이 없었는데, 목사님이 그렇게 안아주셔 가지고 목사님의 그 따뜻한 마음을 느꼈고요, 또 그러면서 '아, 목사님께서 이렇게 내가 가까이 다가오기를 바라셨구나!' 그런데 내가 그것을 못 한 것 때문에 늘 마음이 아팠지요. 좀 더 목사님께 다가갔으면 따뜻하게 나를 대해 주셨을 텐데, 항상 어려운 마음과 심지어는 무서운 마음까지 들어가지고 그렇게 목사님께 다가가지 못했던 거 그게 늘 후회스러움으로 남아있습니다.

기억에 남는 목사님의 한마디가 있으신가요?

우리 목사님을 통해서 제가 느낀 건 "목양일념"이라는 단어입니다. 그래서 목사님은 늘 교회만 생각하시고 목회만 생각하시고 그리고 다른 것은 별로 그렇게 생각을 안 하시는 것을 제가 봤지요. 목사님을 통해서 목양일념! 이것이 목사님이 저에게 주신 교훈이요 가르침이라고 생각을 합니다.

나에게 故이순목사님이란?

스승님이시지요. 제가 뭐 전도사 생활을 서울에서 했지만, 목사는 이제 천안중앙교회 와서 목사 안수받았고 그리고 6년 동안 목사님이랑 같이 천안중앙교회를 섬기면서 거기서 목사님을 통해서 모든 목회에 대한 것을 배웠지요. 그래서 목사님이 목회의 스승이고 또 목사님이 '큰 나무와 같으신 분이다'라고 생각하고 항상 목사님의 그늘에서 많은 가르침과 교훈을 얻고 그렇게 살아왔습니다.

목사님께 받은 특별한 사랑, 나누어주시면 좋겠습니다.

천안중앙교회 역사에서 너무도 중요한, 천안중앙교회 창립 50주년 기념으로 우리 보석교회를 세워 주시고 그리고 저를 그곳에 파송해 주신 것 그것이 가장 큰 은혜라고 할 수 있지요. 천안중앙교회 역사상으로도 그렇고 또 그 가장 큰 복을 목사님이 저에게 주신 것, 그것은 평생 잊지 못하고 늘 감사하고 늘 목사님의 그 은혜를 기리며 살려고 합니다.

혹시 이순목사님을 만나게 된다면 하시고 싶은 말씀 있으면 마지막으로 부탁드립니다.

목사님 늘 저는 괜히 이렇게 목사님 앞에만 가면 할 말도 제대로 못 하고 피할 것만 찾고 그러면서 굉장히 어려워했는데 지나고 나니까 그냥 목사님께 좀 더 가까이 다가갔으면 어땠을까 목사님께 좀 더 친근하게 먼저 다가가면, 목사님의 그 따뜻한 마음과 사랑을 좀 더 체험할 수 있지 않았을까, 이런 후회와 함께 목사님과 좋은 시간 즐거운 시간을 보내지 못한 것, 그것이 늘 후회스럽고 그래서 목사님이 그립고... 예, 그렇습니다. 목사님, 그립습니다.

1993년 심령부흥회 강사목사님과 함께

1994년 정책세미나 중에 산책하며

마지막까지 개척자

환상의 복식 파트너

임채련 목사

본인 소개를 부탁드립니다.

저는 은퇴 목사고요, 현재 천안중앙교회에 출석하는 임채련 목사입니다.

故이순목사님과는 어떤 관계이신가요?

제가 온사랑교회를 개척했을 때 이순목사님이 개척교회인 온사랑교회의 담임목사님으로 교회를 돌아봐주셔서 만났습니다. (교회는 당회를 통해 의사를 결정하는데, 개척교회의 경우는 당회를 구성하지 못해 다른 교회의 당회장인 목사님께서 행정상의 대표가 되기도 합니다.) 그때부터 이순목사님이 항상 도와주시고 살펴주시고 그런 도움을 받았습니다.

목사님과의 기억나는 에피소드가 있으시다면 소개해 주실 수 있나요?

이순목사님은 무서우셔요. 근데 이순목사님은 확실하시고요. 참

목사님의 목사님

빈틈이 없으신 분이죠. 그것을 내가 온사랑교회에서 경험했습니다. 왜냐하면 당회장님으로서 우리 교회로 장로님들하고 처음 심방으로 오시게 되었지요. 식당에서 몇 시에 만나기로 했는데, 보니까 시간이 많이 남았더라고요. 그래서 나는 이제 새신자가 주일에 안 나왔길래 거기 심방을 갔어요. 그랬더니 그 새신자가 자꾸 말을 길게 하니까 어떻게 그냥 끊고 나올 수가 없더라고요. 그래서 목사님하고 한 약속에 좀 늦었어요. 그래도 식사를 다 마쳤고 집으로 돌아가셨는데, 전화를 하셨어요. 그런데 얼마나 야단을 하시는지, 내가 "목사님... 이래서 그랬고 저래서 그랬고..." 자꾸 변명을 하니까 한도 끝도 없이 야단을 하시는 거예요.

그래서 내가 "그럼 목사님 마음에 드는 사람 데려다 놓으세요!" 그랬더니 "그래, 잘한다~ 잘해!" 그러시더라고요. 그래서 그 후로는 우리 목사님은 아주 정확한 걸 좋아하신다는 걸 알았지요. 그때도 내가 "목사님, 죄송합니다. 목사님 다신 안 그럴게요." 이제 죄송하다 그러면 그걸로 끝나셨을 거예요. 야단하셨던 게 자꾸 변명을 하니까 그냥 한없이 야단을 하셨던 거지요. 그래서 목사님은 '참 정확하신 분이고 틀림이 없으신 분이고, 그 양반은 믿을 만한 분이다.' 하는 거를 그때 알았습니다.

딴 사람들이 뭐라고 해도 목사님을 내가 최고 좋아해요. 왜냐하면 사실 나도 그렇게 약속 안 지키는 거 싫어하는 사람이거든요. 그런데 목사님도 나하고 아주 같아서 내가 목사님을 참 존경하고 좋아했습니다. 그래서 어떤 교인들이 "나는 목사님한테 야단 안 먹었는데?" 그래요. 그럼 "목사님하고 가깝질 않았겠지. 목사님하고 가까이해갖고 목사님한테 야단 안 먹은 사람이 어디 있게? 그렇게 해서라도 바로 잡으시는 분인데?" 그랬어요.

그리고 목사님은 참 좋으신 분인 걸 내가 항상 기억하고 이제 존경하고 있죠. 왜냐하면 노인들을 그렇게 잘 섬기셔요. 내가 목회하면서도 우리 어머니를 이렇게 모시고 다녔어요. 그래서 목사님이 나한테 오실 때마다 그냥 안 오셔요. 우리 어머니 잡수실 것을 꼭 가지고 오셔서 우리 어머니한테 그렇게 그냥 드리고 어머니한테도 잘 해주셔서 내가 너무 고마운데도요 "목사님 참 고맙습니다." 그러고 인사 한번 안 했어요. 그리고 내가 필요해서 목사님한테 연락하고 말씀드리고 하게 되면 내가 목사님 찾아가서 꼭 할 말만 하고 오지 딴 말을 어려워서 못했어요. 좋아하면서도 믿으면서도, 아무리 그래도 목사님이 완벽하신 분이 내가 저는 목사님과 함부로 막 농담 주고받고 그럴 수가 없었어요. 그렇게를 못했어요. 목사님은 목사님 자라시면서 걸어오신 이야기도 잘 하시고, 개척하면서 어려웠던 얘기도 하시고, 그래서 내가 개척하는 걸 그렇게 많이 도와주시고 그러셨어요.

목사님이 왜 총회장 나오시려고 했잖아요. 총회장 나오시려고 하면서 날 보고 기도 좀 해달라고 했어요. 그래서 목사님 위해서 막 기도를 했는데 하나님이 큰 교회를 보여주셨어요. 그런데 이 앞에서 보자면 저 앞쪽이 새더라고요. 그러는데 목사님이 나오시더니 "이거 부실 공사야~" 그렇게 말씀하세요. 그리고 그냥 교회로 들어가시더라고요.
그래서 목사님 만나서 내가 본 것을 말씀드렸어요. "나 그렇게 봤어요. 큰 교회이니깐은 총회 아니에요?" 그랬더니 목사님은 "우리 교회 아냐?" 포기하시더라고요. 그러더니 교회를 다 짓고 나서 진짜 거기가 새더라고요. 저기서 식당에서 사무실 쪽으로 이렇게 가는 통로 거기가 샜어요, 많이. 하나님이 보여주신 그대로 거기서 새더라고요.

　그리고 우리 목사님이 그렇게 이제 아프시고 그러는데 기도를 좀 했죠. 근데 하나님께서 응답을 주시는데, 병을 치유 받고 해결하는 응답이 아니었어요. 제가 받은 응답은 "목회자가 목회 끝나고 하나님 나라 가면 본인에게는 더 좋은 축복이 없다"는 응답이었어요. 그렇게 이제 음성으로 주시더라고요 기도할 때. 그래서 목사님하고 사모님하고 예배드리고 차 타려고 하는데 내가 그 얘기를 했어요. "이런 응답받았어요."
　그랬더니 사모님이 안 좋아하시더라고요. 그래서 다음에 기도할 때는 "한 번만 살려달라고… 큰일 좀 하시게 더 살려주세요~" 막 그렇게 기도하고 다른 사람들도 많이 기도하셨죠. 그랬더니 기적적으로 나으셨어요.
　또 한 번 쓰러지셨을 때도, 사모님께 한 번 또 전화가 왔는데 지금 목사님이 이렇게 한 쪽을 다 못쓴다고 계속 일으키고 눕히고 한다고 기도 좀 해달라고 그러세요. 그래서 그냥 막 또 기도하고, 3일 금식도 하면서, 밤12시에 일어나기도 하고 "한 번만 살려 달라" 막 기도했는데, 기적적으로 나으셨더라고요. 그래가지고 막 운전도 하고 다니시고 그러셨어요.
　어느 날 또 전화가 왔어요. "목사님 내가 전화를 드리려고 했는데 무서워서 못했어요." 그랬더니 "뭐가 무서워?" 그러시더라고요.
그래서 내가 "아프시다고 할까봐 무서워서 그 전화를 못 했어요."
그랬어요. 그랬더니 "내가 지금 이렇게 다리가 아파서 내가 걷지를
못해. 사람들 보고는 얘기하지 마라." 그러시더라고요. 그러면서
"내 손자가 지금 유학 가 있는데 이름이 산이야. 위해서 기도 좀
많이 해줘." 그렇게 부탁을 하시더라고요. 그래서 그때서부터 그냥
새벽마다 어느 때는 12시에도 그냥 일어나서 기도할 때는 그냥 꼭
이름을 놓고 그냥 훌륭한 사람이 돼서 한국에 와가지고 한국교회가
정말 하나님이 보시기에 좋다고 하시는 한국교회가 되는데 크게
쓰임 받게 해달라고 기도하고, 그분 산으로 인해서 우리 정치도
좀 바뀌어지게 해달라고 막 그냥 뭐 욕심껏 기도했어요. 누가
뭐래요? 세금 내나 뭐. 그래서 욕심껏 기도하는 거예요. 우리 교회를
위해서 또 나라를 위해서 사회를 위해서 이 세 가지에 영향력 있는
사람이 되게 해달라고 욕심껏 기도하고 있어요. 이순목사님이
부탁하셨으니까요. '목사님의 마지막 부탁이다' 생각하고 말이에요.
그게 목사님하고 같이 대화한 마지막 전화였어요.

**이순목사님하고 임채련목사님은 환상의 복식조 같다고 많이들
말씀하십니다. 또 사람들이 "이순목사님은 왜 임채련목사님만
좋아하냐?" 이런다고도 하시고, 또 "임채련목사님은 어딜
가나 이순목사님을 높이시는데 도대체 두 분이 무슨 관계냐?"
궁금해하시는 분들이 많은데 동역을 어떻게 같이 하시게
되었나요?**

저는 하나님께서 "70명!" 그러시더라고요. 그래서 시골 마을에

개척을 해서 어른들 한 30-40명 모이고 애들 20-30명 모이고 해서 한 70명이 되어서 자립을 할 만하게 되면, 무조건 또 다른 데로 옮기게 하시더라고요. 하나님께서 개척을 할 자리를 보여주시고, 그래서 가면 거기서도 하나님께서 또 그렇게 역사를 하셨어요. 근데 이순목사님이 나 개척할 때마다 도와주시는 건, 천안 지역의 개척위원회를 조직을 하셔가지고 "어느 교회는 얼마 내라" "어느 교회는 얼마 내라" 다 분담을 시켜가지고 도와주시고, 나머지는 또 이제 목사님이 직접 하시고 해서 그렇게 도와주셨어요. 개척하는데 다는 아니지만 아주 많이 해주셨죠. 그래서 딴 여자 목사님들이 또 시기를 하기도 하고 "왜 임목사님만, 임채련만 도와주냐?"고 그러면, 목사님께서 그러시더라고요. "임채련 같이 일을 해~ 그러면 그렇게 도와줄게!" 목사님한테 사랑을 많이 받았죠. 제가요. 저는 가깝게 "목사님, 감사합니다" 그러면서 뭐 선물 꾸러미 갖고 가본 적이 없고요, "목사님 나 개척하는데 헌금 좀 해주세요." 한 번도 부탁해 본 적이 없어요. 왜냐하면 나는 "예수님 위해서 내가 일하지 뭐 이순목사님 위해서 일하나?", "내가 천안중앙교회를 위해서 일하나? 주님을 위해서 일하지!"하는 거에요. 저는 밤 12시면 그냥 절간에 가서도 기도하고, 뭐 공동묘지도 가서 기도하고, 막 그냥 숲속에 들어가서도 기도하고, 기도하면 그냥 되는 거예요, 일이. 그래서 천안 지역에서 개척할 때는 목사님이 이렇게 도와주시는데 천안 아산지역에서는 두 교회만 빼놓고는 목사님이 다 그렇게 도와주셨어요.

목사님 그렇게 개척하셨던 교회들 한번 말씀해주실 수 있을까요?

공주 유구에서 승원교회, 또 저기 아산 송악면에 삼진교회, 또다시 공주 유구에서 문금교회, 그리고 서울북노회 선곡교회라고 있어요. 거기도 또 개척하고 부흥시켜 놓고 거기서 떠났죠. 그러고 나서 이제 대전서노회로다가 88년도에 갔어요. 그때 가 가지고 또 88년도에 율정교회, 또 이제 천안으로 와서 온사랑교회를 개척했죠. 웅진교회, 옥룡교회, 주흥교회 개척했지요. 그리고 개척은 아닌데, 조그만 교회 있잖아요. 옛날에 그냥 이렇게 보루크(블록)로 이렇게 지은 연세교회라고 있었어요. 지금은 이제 세종시가 됐는데 연세교회가 다 그렇게 무너져 가는데 그 길로 가서 열심히 섬기고 2층으로 다 잘 지었어요. 그래서 이순목사님이 천안중앙교회 부목사님을 거기로 보냈어요. 그 뒤로 주엘림교회, 참된교회, 중심교회를 개척했고요. 마지막 개척했던 중심교회에서 은퇴했지요.

내가 개척한 건 11번인데 주로 공주에서 천안으로 또 천안에서 공주로 이렇게 왔다 갔다 하면서 그렇게 자꾸 돌아다니면서 1년 반, 2년, 많으면 3년, 이렇게 돌아다녔어요. 이순목사님이 그걸 아주 좀 신기하게 보신 거죠.

나에게 故이순목사님이란?

우리 이순목사님은 해결사에요. 이순목사님은 해결사가 돼서 누구의 문제든지 가서 들어보시고 권면하시고 기도해 주시면 그 문제가 해결되더라고요. 개인적으로도, 그리고 누구든지 목사님한테 상담을 하러 가면 거부하시는 일이 없어요. 다 관심 있게 보시고 그 문제를 해결할 수 있도록 그렇게 잘해주시더라고요.

노회에 가도 그래요. 노회에서도 무슨 건을 가지고 막 이 사람이 말하고 저 사람이 말하고 막 그러다가 끝이 안 나고 하면 목사님이 다 듣고 계시다 일어나셔서 말씀을 다 하고 나면 그게 이제 종결이 되는 거예요. 끝이 돼요. 그래서 목사님은 해결사였어요.

혹시 이순목사님을 만나게 된다면 하시고 싶은 말씀 있으실까요?

목사님! 이순목사님! 목사님은 지금 예수님과 짝이 되셔서 지금 천국에서 영광 누리고 계시죠? 예수님과 짝 되신 걸 내가 벌써 알았어요. 목사님! 이제 나도 차후에 또 목사님 뒤따라갈 테니 가서 만납시다. 목사님한테 내가 시원스럽게 내가 이렇게 감사도 못하고 뭐 대화도 잘 못하고 그랬죠? 우리 이순목사님 만나서 아주 잘 삽시다, 천국에서! 이 세상에서 내가 말을 못했지만 천국가면 내가 말 다 할 거예요. 목사님 기다리세요. 목사님 안녕히 계세요.

2006년 중심교회 개척

목사님의 목사님

2012년 은퇴예식에서 축도해주시는 이순목사님

마지막까지 개척자

4장

한국교회의
새로운 목회를

고민하다

믿고 맡겨주셨던 목사님

리종빈 목사

본인 소개를 부탁드립니다.

안녕하세요, 저는 현재 광주벧엘교회를 15년째 섬기고 있는 리종빈목사입니다.

故이순목사님과는 어떤 관계이신가요?

제가 천안중앙교회의 첫 번째 음악전도사였습니다. (1989.1-1990.8) 신대원 마지막 학기가 끝나갈 무렵 천안중앙교회에서 전도사님 한 분이 저를 만나자고 오셨어요. 그래서 무슨 일이냐고 나갔더니 자기가 지금 천안중앙교회에서 사역하고 있는데 저를 "눈여겨봤다." 그러셨습니다. 제가 조금 놀랐습니다. 눈여겨보는 것이 이게 무슨 의미인가? 그랬는데 "함께 사역하지 않겠냐."고 그러시더라고요. 어떻게 저를 알고 왜 눈여겨보셨냐고 하니까 모시고 있는 이순목사님께서 음악에 관해서 굉장히 관심이 많으시고 특별히 예배음악에 관해서 관심이 많으셔서 음악전임 사역을 할 수 있는 자리를 마련해 놓고 여기에 적합한 사람을 한번 찾아봐라!

그러셨다고 그래요.

그 말씀을 듣고 저를 만나러 온 전도사님이 바로 제 얼굴을
떠올리면서 급히 만나러 오셨다고 그러시더라고요. 참 특이하게도
저 역시 이제 사역지를 찾고 있던 터라 여기저기서 접촉도 하고 그런
차였는데 일반전임 전도사가 아니라 음악전임 전도사라는 이 말에
팍 꽂혔어요. 그래서 뭐 고민할 것도 없이 "그러지요. 저를 필요로
하는 곳이 있다면 제가 너무 기쁘게 갈 수 있습니다."라고 해서
처음으로 천안중앙교회, 그리고 이순목사님과 인연을 맺게 됐는데
저를 만나러 오셨던 당시의 전도사님이 윤마태 목사님이십니다.
그렇게 해서 이제 사역이 시작됐는데 아마 제가 알기로는 그때나
지금이나 음악전임 사역자를 두고 예배음악에 대해서 깊은 관심을
가지고 있는 교회는 천안중앙교회가 유일하지 않나 이렇게 지금
생각합니다.

목사님의 첫인상은 어떠셨나요?

이런 표현을 써도 되는지 모르겠습니다. 찔러도 피 한 방울 안
나는 분? 근데 나중에 보니까 웃기 전까지는 그렇게 보이셨는데
웃으시는 모습을 보니까 '아! 피는 나겠구나~' 그러면서 막 웃기도
했는데요, 많은 분들이 좀 뭐 성격이 깐깐하셔서 접근하기도
어렵고 대화도 어렵고 부담스럽다고 표현을 하시더라고요. 그렇게
보일 수도 있겠는데 저는 뭐 별로 거기에 대해서 부담감을 느끼지
않았습니다. 제가 그런 성격을 좋아했고 또 제게도 그런 성격이 많이
나타나고 있었기 때문에 큰 부담은 없었고 오히려 그런 성격으로
우리 교역자들에게 전해주시는, 또 가르치시는 조언들이나 말씀들이

너무 깊게 와닿았습니다. 저는 뭐 아주 좋았어요.

목사님을 만나신 것이 계기가 되어서 변화가 되었거나, 결단을 했다거나, 그때 이후로 바뀌게 된 무엇이 있으시다면 나눠주실 수 있을까요?

평소 제가 '목회자로서 이런 소양을 가져야되지 않겠느냐?'라고 나름대로 생각해 오던 것이 있었어요. 그런데 우리 이순목사님과 사역하면서, 또 그분의 가르침을 받으면서 '아, 내 생각이 틀리지 않았구나!' 이런 걸 계속해서 확인할 수 있었습니다.

이를테면 목사의 역할이라든가, 또 목사가 갖춰야 할 인격, 이런 것들을 굉장히 많이 강조해 주셨거든요. 저도 거기에는 뭐 전적으로 그렇게 공감이 되고요, 또 '무슨 일을 하든지 정해진 원칙에 적용되는 사람은 예외가 없어야 된다!'라고 하는 것과 '작은 일 하나라도 무언가 새롭게 시작하려고 하면 점검, 점검 또 점검 되짚어 보고 여러 가지 경우의 수를 다 한번 펼쳐놓고 그렇게 점검해서 최종 결정해야 된다!'라고 하는 것 등등 '사역에 있어서 철저함을 가져야 된다!'라고 하는 기본이죠. 저에게는 너무 큰 도움이 됐고요. 그것이 제 체질과도 좀 많이 맞아서 그런지 지금 제 사역 현장에서 저와 함께 사역하는 우리 부목사님들에게도 거의 동일한 내용으로 많이 잔소리를 하고 있습니다.

기억에 남는 목사님의 한마디가 있으신가요?

워낙 잔소리를 많이 하신 분이시잖아요(ㅎㅎㅎ) 근데 그 잔소리가 그냥 잔소리가 아니고 정말 목회자로서 기본기를 탄탄하게 쌓을

수 있도록 그렇게 잔소리를 해주셨거든요. 물론 밤 예배 끝나고
교역자 회의가 길어지면 배도 고프고 한데 뭐 조그마한 실수도
용납하지 않고 호되게 질책하실 때는 정말 눈물이 찔끔찔끔 날
정도였습니다. 근데 그 많은 가르침 중에 굉장히 마음속 깊이
새겨져 있는 것이 있어요. 사도 바울이 디모데에게 권면한 내용
중에 일부를 인용하시면서 여러 차례 반복해서 들려주셨던
말씀인데 "네 연소함을 업신여기지 못하게 하라!" 그러니까
디모데가 젊었잖아요. 그런데 디모데가 돌봐야 하는 목회현장의
상대들이 모두 어르신들이었다는 것을 추측할 수 있잖아요. 혹시
그렇게 나이 든 사람들 앞에서 목회자인 디모데가 경솔한 모습이
나타날까봐 염려되었던 바울의 아주 따뜻한 충고죠. 이 말씀을 자주
인용하시면서 당시에 저희 부교역자들 나이가 거의 30대 초중반에
걸쳐있었습니다. 아주 어리죠. 어르신들 보기에는 뭐 정말 좋게
봐서는 풋풋한 교역자고, 가족관계로 보면 막내 아들뻘도 안 되는
그런 나이인데, 자칫하게 되면은 전도사로서, 당시에 대부분 전도사
직함을 가지고 있었으니까, '교인들에게 우스움을 당할 수 있겠다.'
이걸 헤아리셨던 것 같아요.

　　그래서 그런 경우를 대비해서 아주 철저하게 성도들과의
관계성에 대해 잔소리를 참 많이 해주셨어요. 예를 들면 이제
30대 초반 전도사가 심방을 했으니까요. 심방을 갈 때부터 심방을
진행하는 과정, 심방을 끝나고 나올 때까지 즉, 현관문을 열고
들어가서 현관문을 닫고 인사하고 나올 때까지의 그 동선을 그림을
그려가면서 그렇게 설명을 해주시는데 인사는 어떻게 하고,

한국교회의 새로운 목회를 고민하다

그다음에 예배인도는 어떻게 하고, 나올 때는 어떻게 마무리 지어라, 이렇게까지 알려주셨는데요.

그 내용 중에 이런 것들이 있습니다. 심방을 갔으니까 당연히 심방감사예배를 주관해야 되겠죠. 이 타이밍만큼은 교역자로서 하나님이 주신 목회자의 권위, 이게 절대 흐트러지면 안 된다. 그 권위를 가지고 예배를 주관하되 심방감사예배가 끝나고 나면 차 한잔을 나누던가 식사를 대접받던가, 당시에는 식사대접을 집에서 하는 경우가 거의 대부분이었으니까요. 이런 경우에 어디 앉아야 되는지, 식사 예절이 어떠해야 되는지, 이걸 실제 시범을 보이셨거든요.

그러니까 심방을 가서 심방감사예배를 주관할 때는 목회자의 입장으로, 이것이 끝나고 나면 인간관계의 입장으로 돌아가야 된다. 이건 무슨 말인가 하면 우리나라가 가지고 있는 미풍양속 중에 참 좋은 것이 인간관계성에서 장유유서라고 하는 것이 있습니다. 나이 드신 분을 배려하고 항상 우선권을 드리는 것. 이게 심방에 적용될 수 있도록 하라고 말씀하셨거든요. 그래서 밥상이 차려지게 되면 당연히 음식을 준비한 가정에서는 "아이구 전도사님 먼저 드십시오."라고 그렇게 예의상 인사를 하지만 그걸 덥석 받지 마라! 받아도 무슨 탈 나는 건 아니겠지만은 이 순간만큼은 장유유서가 우선해야 된다는 것을 꼭 보여줘라! 그래서 "식사는 장유유서 순으로 한다고 배웠습니다. 어르신 먼저 숟가락 드십시오. 그러면 제가 따라 들겠습니다." 이렇게 하라고 하셨어요. 저는 참 어색했어요. 근데 이게 한두 번 하고 나니까요. 교회 안에 소문이 "젊은 전도사가 참 예의 바르더라" 이런 소문이 나는 거예요. 그러니까 30대 초반의

목사님의 목사님

전도사지만 60대 70대 어르신들이 함부로 못하는 거예요. 참 예의 바른 전도사 그래서 '아, 이것이 교역자의 위상을 자리매김하는데 큰 역할을 하는구나' 하는 것을 체험했습니다.

그리고 음식 먹는 그런 과정 속에서도 뭐 대화가 오고 가겠지만 음식이 입안에서 쩝쩝쩝 씹히는 소리 내지 마라! 국물을 먹을 때 후루룩후루룩 소리 내지 마라! 등등 아주 구체적인 그런 조언이었거든요. 그런 것들이 참 젊은 목회자들이 우습게 보이지 않도록 탄탄하게 울타리를 세워지도록 그렇게 조언을 해주신 것이 얼마나 감사한지 몰라요. 저는 성격적으로 그것이 참 잘 맞았어요. '목회자는 예의 바른 모습이 있어야 된다.' 여기까지는 생각했는데 구체적으로 그런 모습까지 헤아려 주셨다고 하는 것은 뭐 제 목회에 더 말할 나위 없이 좋았고요, 성도들과의 관계성 속에서는 "참 우리 목사님 예의 바른 목사님이십니다." 지금도 그 얘기를 저는 많이 듣고 있습니다.

나에게 故이순목사님이란?

한 문장으로 정리하면 "목사로서의 품위를 가질 수 있도록 해 주신 분이다." 이건 틀림없습니다. 그러니까 요즘 시대도 많이 변하고 또 사회생활이나 대인관계 방법도 이해되는 영역이 많다고 하지만 그래도 인간관계는 변함없는 모습, 기준이 있는 것이고 특별히 목회자로서 가져야되는 품위, 인격적인 탄탄한 모습은 결코 흔들릴 수 없는 모습이거든요. 아무리 뭐 영적으로 소위 말하는 파워가 있고 은사가 다양하다 할지라도 예절 문제에 있어서 무너지게 되면 다

한국교회의 새로운 목회를 고민하다

좋은 얘기를 하다가도 꼭 끝에 "근데, 참 버릇없어!" 이런 말이 많이
붙더라고요. 반대로 설교를 그렇게 잘하는 것도 아닌데 "그래도 참
예의는 발라" 그러니까 이 한마디가 오히려 목회지에서 자리매김을
탄탄히 하고요. 또 여러 어른들로부터 무슨 조금 불미스러운 일이
생기더라도 뭐 좀 안 좋은 일들이 있었겠지만 "그래도 어른들 잘
섬기고 예의 바르고 인사 참 잘해." 이런 것이 굉장히 많이 도움을
주고, 다시 한번 또 기회를 가지게 하는 그런 역할도 하더라고요.
그래서 우리 이순목사님은 저에게 목사로서의 품위를 가질 수
있도록 확실히 해주신 분이다! 그 점을 늘 감사하게 생각하고
있습니다.

목사님께 받은 특별한 사랑, 나누어주시면 좋겠습니다.

사실 처음에도 말씀드렸듯이 음악적인 영역의 자리를 확보해
놓고 적임자를 찾는다? 한 번도 생각해 본 적은 없어요. 물론 제가
음악을 공부한 사람이었기에 '목회 현장에서 이런 달란트가 좀 잘
사용되어지는 곳이 있으면 좋겠다.' 하는 생각을 해봤지만 당시
제게 주어진 타이틀 자체가 음악전도사였거든요. 이거 굉장히
자부심 있게 제가 만나는 친구들마다 얘기를 했고요. 또 같이
그때 이 영역에 공부했던 우리 동료들에게도 얘기를 하고, 지금도
최근에도 그런 자리가 있었다는 걸 알고 저한테 당시의 상황을
이야기해달라고 우리 장로회신학대학교 교회음악을 공부하는
학생들이 요청을 해서 그때 목회현장의 이야기, 배경 이야기를 나눈
적이 있습니다. 굉장히 자부심 있게 생각했고요. 우리 이순목사님은
목회적인 영역에 굉장히 해박한 지식과 경험, 은사들을 가지고

계신데 이것은 목회자로서 가지는 영역이지만, 좀 더 좁혀서 예를 들어 상담이라던가 또 저처럼 음악적인 영역이라든가 이런 것에 전문적인 과정을 거쳤다!라고 하면 그 전문영역을 인정해 주셨어요. 사실 목회의 경력으로 말하면 저하고 있어 목사님하고는 격차가 뭐 설명이 안 될 정도죠. 그런데 그 30대 초반의 젊은 전도사가 가진 음악적인 재능, 그 공부의 영역에 관한 것은 인정해 주셨어요. 그래서 교회음악에 관한 것은 제가 무엇을 건의하고 무엇을 말씀드리던 거의 수용해 주셨어요. "나보다 그 영역은 이전도사가 더 잘 알지 않아?" 이렇게 말씀하셨어요.

그 사례 중의 하나가 그때 사역을 할 때 오룡동 예배당 건축이 진행되고 있었어요. 참 불편한 점도 많았는데 목사님이 건축에 관해서 굉장히 해박한 지식도 가지고 계시고 저도 많이 배웠는데 함께 사역하던 우리 교역자들에게 건축에 있어서 한 파트씩 책임지고 작품을 만들도록 맡겨주셨어요. 그중에 하나가 저한테는 오르간을 구입해야 되는데 어떤 오르간이 좋은지, 오르간 설치를 어떻게 해야되는지, 어떤 경로를 통해서 구입해야 되는지 이 전권을 맡겨주셨어요. 오르간 자체에 대해서는 이해를 하는데 구입하는 과정은 또 전무했거든요. 그래서 뭐 여기저기 좀 알아보면서 천안에서 서울까지 여러 번 오르락내리락하면서 그렇게 악기에 대해서 묻고 또 실제로 설치된 교회 탐방도 하고 그렇게 해서 제가 그때 오르간 모델도 선정하고 업자도 선정하고 설치 과정까지 책임지고 진행했던 적이 있습니다. 이거 쉽지 않은 일입니다. '30대 초반의 젊은 전도사에게 그 큰일을 책임지고 맡겼다'라고 하는 것,

한국교회의 새로운 목회를 고민하다

전문영역을 인정해 주신 거죠. 그러니까 좀 부족하다 하더라도
믿고 맡겨보는 것, 이것이 이순목사님이 가진 아주 넓은 마음 중의
하나이겠죠.

　목사님은 음악적인 영역의 전문영역을 그대로 인정해 주고
여기에 대해서는 뭐 다른 좋은 덧붙일 것 없이 그냥 그대로, 기획한
대로 해보라고 하셨거든요. 그중에 하나가 추수감사절 찬양예배를
드리는데 제가 굉장히 조심스럽게 "국악풍으로 예배를 한번
드리면 어떻겠습니까!"라고 했어요. 장로님들이 이 내용을 알고
난리 났습니다. 내용 중에 뭐 꽹과리도 치고 징도 치고 장구치고
뭐 이런 거였거든요. 그러니까 "이게 무슨 뭐 어디 뭐 무당 굿판
벌이느냐?"고 굉장히 노하셨어요. 근데 목사님이 이걸 커버해
주셨어요. "좀 조심스럽기는 한데, 제가 신학적으로 성경적으로
타당성에 관해서 목사님과 상의를 하고 한번 좀 시도를 해보고
싶습니다." 하니까 "한번 해보자!" 그러시더라고요. 그래서 기획한
대로 했습니다. 근데요 성도들이 너무 좋아하셨어요. 반대하시던
장로님들이 입을 딱 다 물었어요. 그때 이순목사님이 "이거 한
번 하고 말기에는 너무 아쉽다. 한 번 더 하자!" 그러셨어요. 근데
추수감사절 때 했는데 한 달 뒤에 앵콜추수감사절 국악찬양예배를
한 번 더 했던 기억이 있어요. 그만큼 인정을 해주시고 새로운
시도에 대해서는 전폭적인 수용을 해주셨어요.
　그것이 이제 신학적으로 성경적으로 괜찮다! 라고 보여지면 항상
성도들에게 좀 신앙적 도전도 주고 싶었고 새로운 예배의 모습도
보여주고 싶었던 것이죠. 한 번의 예배도 아주 세밀하게 묵도 첫

목사님의 목사님

시간부터 마지막 축도 이 순간까지 매 순서 시간 배정과 강대상에
올라가는 동선과 성경봉독하는 목소리와 설교의 강약 조절과 시선과
정말 치밀하셨어요. 지금 같으면 아마 이렇게 여러 이런 정보들을
조합해서 AI에 딱 구축하면 굉장한 자료가 나올 것 같아요. 그걸
직접 다 보여주시고 늘 그런 것들에 대해서 지적 아닌 지적을
해주시면서 교역자들의 자질을 업그레이드 시켜주셨기 때문에
굉장히 많은 도움을 받았습니다.

이순목사님을 다시 뵙는다면 마지막 인사를 한 번 부탁드립니다.

이제 저도 세월이 흘렀고 우리 이순목사님도 은퇴를 하신 이후에
건강이 좀 악화된 상태에서 제가 몇 번 뵀는데요, 제주도에서 한
번 잠깐 시간을 같이 가진 적이 있습니다. 저는 사실 이순목사님은
오랜 시간 동안 사역한 건 아니었으니까 정이 막 들어갈 때 제가
또 떠나기도 하고 목사님도 저도 많이 좀 아쉽고 서운한 면들이
그때 좀 있었거든요. 굉장히 긴 세월이 흐르고 난 다음에 다시 이제
조금 그런 상황 속에서 목사님을 뵀는데 더 따뜻함을 느꼈어요.
근데 변하지 않는 것, 여전히 제가 뭔가 잠깐 이렇게 대화를
나누는 중에 조금 마뜩잖은 게 보였던 것 같아요. 바로 딱 지적이
들어오시더라고요. 그래서 같이 웃으면서 "목사님, 그건 이제 안
하셔도 되는 것 아니에요?"라고 해서 허허 같이 웃고 그랬는데
그 반듯한 모습은 참 변함없이 마지막 순간까지 강직하셨죠.
긍정적인 면에서 강직함이죠. 그 모습이 제 가슴에 깊이 새겨져
있습니다. 참 멋진 분이시죠. 조금 더 건강하게 계셨더라면 더
많은 후배들에게 또 이런 조언들을 많이 해주셨을 테고, 제가 지금

한국교회의 새로운 목회를 고민하다

1990년 부활절축하예배 연합성가대 기념촬영

제 사역지에서 부교역자들과 뭐 이렇게 같이 목회적인 얘기들을
나누고 할 때, 대부분 당시 짧은 기간 동안 목사님으로부터 배우며
들었던 잔소리, 이런 것들이 그대로 반복되고 있더라고요. 깜짝깜짝
놀랐어요. 가끔은 아내가 그래요. "당신 꼭 이순목사님 같다." 그래서
"그렇지?"하고 서로 웃기도 하는데 그만큼 강렬한 인상이었다는
거겠죠. 또 그만큼 영향력이 컸다는 것이겠죠. 아무튼 참 감사를
드리고요. 또 많은 아쉬움도 같이 가지고 있습니다. 목사님 너무
감사했고요. 여전히 사랑합니다. 고맙습니다.

나의 등대가 되어주셨던

성연순 목사

본인 소개를 부탁드립니다.

안녕하세요, 현재 저는 안산제일교회에서 상담을 담당하고 있는 부목사 성연순입니다.

故이순목사님과는 어떤 관계이신가요?

우리 목사님 제가 처음에 만나 뵙기 전에 제가 그런 기도를 했거든요. 제가 하나님께 은혜를 받고 신학대학원 다니면서 '저를 바른 목회자로 훈련 시켜주실 수 있는 그런 목사님을 만났으면 참 좋겠다'라고 몇 년 동안 기도했어요. 그런데 그 기도에 응답하신 하나님께서 故이순목사님을 만나게 하셨습니다. 故이순목사님을 만나 뵈었을 때의 첫인상은, 제가 처음 예수님을 인격적으로 영접할 때, 그러니까 하나님의 거룩함에 압도돼서 절대자 앞에 단독자로 서고 보니 죄인 중의 죄인 된 저의 모습을 봤던 그런 거룩함을 느꼈어요. 사실 제가 '천안중앙교회 면접을 보러 간다'라고 했더니 주변에서는 좀 반대했어요. "거기는 논산훈련소와 같은 곳인데

견뎌낼 수 있겠느냐" 하지만 제가 면접 보고 나서 목사님의 그 성결하고 거룩한 모습에 제가 압도당했다고 해도 과언이 아닐 겁니다. 면접 보고 오면서 저는 이렇게 기도를 했어요.

"하나님 저 목사님이라면 저를 바른 목회자로 훈련 시켜주실 것 같은데 제가 천안중앙교회에 갔으면 좋겠습니다." 그 후에 제가 천안중앙교회에 가게 됐죠. 근데 사실은 외부에서 듣던 그 얼음 같은 목사님이 아니시고 제가 가까이서 뵙게 되니까 정말 따뜻한 분이셨어요. 세월이 갈수록 '이분은 진짜 목사님이다.' 그런 경험을 했어요. 하나님 앞에 정직하고 신실하신 모습을 뵙거든요. 성도 한 분 한 분을 아끼시고 돌보시는 그런 목사님이셨죠.

목사님의 첫인상은 어떠셨나요?

목사님의 첫인상은 '정말 예수 그리스도 볼 때 그 거룩함을 목사님이 소유하고 계셨다.' 그렇게 생각이 들었어요. 제가 인터뷰를 요청받았을 때 사실은 조금 머뭇거렸어요. 그 이유는 '과연 그렇게 고귀하고 성결하신 목사님을 제 어눌한 이 언어로 담아낼 수 있을까?' 그런 생각이 들어서 굉장히 머뭇거렸었는데요. 이번에 이 계기를 통해서 목사님을 다시 한번 그려 보게 되어서 무엇보다도 감사합니다. 목사님이 저를 이렇게 훈련 시켜주셨는데 힘들어도 다시금 힘을 내자 하는 생각을 했어요. 이번 계기로 사실은 제가 다시 힘을 얻는 그런 시간이기도 했습니다.

목사님을 만나신 것이 계기가 되어서 변화가 되었거나, 결단을 했다거나, 그때 이후로 바뀌게 된 무엇이 있으시다면 나눠주실 수

목사님의 목사님

있을까요?

목사님을 만나서 제가 변화한 것이 있다면, 사실은 제가 사람들에게 잘해 드리고 인정받고자 하는 욕구가 굉장히 컸었는데요. 그렇게 하다 보니까 사람들에게 치임도 많이 받았거든요. 그런데 그때 목사님께서 그런 말씀을 하셨어요. "사람은 믿음의 대상이 아니다, 사랑의 대상이다. 오직 믿을 분은 하나님 한 분이시고 그 하나님의 사랑 가지고 사람을, 성도를 대해야 한다." 저는 그 말씀이 제 목회의 지금까지 굉장히 힘이 되고 그 말씀이 저에게는 목회하는 기준이 됐습니다.

목회하면서 사실은 성도님들과 부딪히는 게 많아요. 물론 성도님들도 목회자한테 부딪히는 게 많이 있겠지만, 그렇게 애써서 기도해 드리고 어려울 때 찾아가서 심방하고 그랬던 분들도 또 어느 계기가 되면 냉철하게 돌아서는 게 우리 인생이더라고요. 그런데 그때 목사님의 "사람은 믿음의 대상이 아니고 사랑의 대상이다, 그러기 때문에 상처받을 것도 없다." 이 말씀이 계속 생각이 나는 거예요. 목사님만큼 성도를 아끼고 사랑하지는 못한다고 하더라도, 저도 그 힘으로, 그 마음으로 '성도를 사랑해야겠다.' 그런 생각을 가지고 있어요.

사실 목사님이 어느 정도로 우리 성도님 한 분 한 분을 아끼셨는지는 모든 분들도 다 아시겠지만, 특히 그렇게 어렵고 가난한 성도님들을 많이 아끼시고 기도해 주시고 찾아가 주시고 그랬던 분이세요. 목사님께서 얼마나 그 성도들을 사랑하셨냐 하면요, 교역자들이 교회 안에서 이렇게 자녀들을 품에 안고 다니는

거를 삼가셨어요. 근데 그때 당시에는 '왜 그렇게 하셨나?' 잘 이해가
안 됐는데 조금 시간이 지나고 나니까 그 목사님의 마음을 제가
느꼈는데요. 교회 안에는 다양한 사람들이 있고, 또 혼자 사시는
분들도 계시고, 또 결혼했으나 자녀가 없는 가정들도 있잖아요. 그런
분들이 교역자들이 자녀들을 안고 다니는 것을 보면 '혹시 상처받지
않을까'라는 그런 엄청난 배려를 갖고 계신 분이에요. 참 따뜻하시고
성도들을 무척이나 아끼셨던 그런 목사님이시죠.

목사님 목회의 원천은 '하나님의 도우심 없이는 성도들을 돌볼
수 없다!' 그렇게 늘 말씀하시곤 하셨어요. 새벽마다 한 번도 빠지지
않으시고 새벽기도 하실 때 늘 앞자리에 앉으셔서 너무나 간절하게
기도하시는 그런 목사님을 저는 뵈었는데요. 목사님의 하나님 중심!
무슨 일이든 교회와 또 모든 사역에 하나님이 중심이시다! 라는 것을
말씀하시지 않아도 그냥 행동 속에서도 뵐 수 있었어요.
목사님께서는 참 검소한 분이셨습니다. 교회 내에서 저희들이
A4용지가 풍족하니까 설교할 때 아끼지 않고 썼거든요. 근데
목사님께서는 "우리 교회에 헌금하시는 분들의 피와 땀이 섞인
그런 헌금이다. 시장 한구석에서 조그맣게 차려놓고 장사하시는
분들도 있고 그런 분들이 낸 헌금을 가지고 교회 물품을 사는 건데
교역자들이 A4용지라도 하나 아껴야지, 그렇게 써서 되겠느냐?"
이렇게 말씀하셨는데요. 목사님은 말씀대로 사셨던 분입니다.
늘 이면지로 사용하셨고, 다 쓰고 난 카렌다 잘라서 메모지로
사용하실 정도로 검소하셨어요. 그 말씀, 그 행동들이 아직까지
제가 생활하는데 큰 교훈으로 삼고 있습니다. '아! 목사님이 그때

성도들의 헌금은 피와 땀이 섞인 거다!' 말씀하셨지? 이 말씀이 귀에
쟁쟁해서 썼던 거 다시 이면지 이렇게 활용하고 있는데요. 그런
목사님이 많이 그립습니다.

**목사님과의 기억나는 에피소드가 있으시다면 소개해 주실 수
있나요?**

'목사님' 하면 떠오르는 인상 깊은 에피소드는요, 목사님께서는
남을 도울 때 굉장히 지극정성으로 다가가셨어요. 저희 노회의
한 젊은 목사님께서 갑자기 간암으로 돌아가셨을 때 일인데요.
저의 동기 목사님입니다. 그런데 목사님께서는 친히 그분 가정을
방문하신 거죠. 보통은 봉투를 전달할 때 교회에 오시라고 해서
받아 가게끔 하기도 하고, 아니면 많은 성도들이 보는 앞에서
봉투를 이렇게 전달하는 경우가 많이 있는데요, 목사님께서 절대
그러지 않으셨어요. 친히 봉투를 정성껏 준비하시고, 그리고 사비를
들이셔서 간식을 직접 사시고, 그렇게 정성껏 준비하셔서 그 가정을
방문했던 적이 있습니다. 아이는 어리고 아빠가 젊은데 일찍
돌아가셨기 때문에 사모님도 참 어려운 가운데 있었거든요. 근데
목사님께서는 그 가정을 방문하셔서 정중하게, 지금 생각하니까
예수 그리스도의 심장을 가지고 기도하셨던 거 같아요.

그리고 그 아이와 사모님을 위해서 기도하셨어요. 사모님도
우시고 아이들도 눈물을 보였고, 그렇게 기도하신 후 '힘내라'고
말씀하시면서 준비한 봉투를 전달해 주셨습니다. 저는 교회로
돌아오는 내내 목사님의 모습을 보면서 사람에게 어떤 호의를 베풀
때 '저렇게 겸손하게 해야 되겠구나.' 그런 생각을 했는데 정말 인상

한국교회의 새로운 목회를 고민하다

깊었어요. 목사님은 그런 분이셨거든요. 그렇게 따뜻하게 한 사람
한 사람을 내 마음처럼 여기시고 기도해 주시고 정말 정이 많으신
분이에요.

그리고 또 목사님과의 가슴 아픈 기억은 목사님께서 총회장
나가실 기회가 있었잖아요. 저희 당회와 노회에서 만장일치로,
그리고 박수로 목사님을 총회장으로 지지했는데 목사님께서 중도
하차하셨어요. 왜냐하면 내가 이렇게 총회장으로 나가려고 하다
보니까 이제 인사 갈 때도 많고 그래서 교회를 자꾸만 비우게 된다며
"목사가 교회를 자꾸 비우고, 무엇을 하겠다고 하는지 모르겠다."
그것이 잘 용납이 안 되셨던 분이에요. 그래서 그 자리도 마다하시고
교회와 성도님께 전념하셨죠. 그렇게 교회에 전념하시고 성도들을
아끼시는 분이기 때문에 그 어떤 자리도 목사님에게는 크게
다가오지 않았던 거예요. 목사님의 철칙은 성도를 아끼고 목회하는
것 그게 저에게는 인상 깊게 남아있습니다.

그리고 제가 목사님을 뵈면서 참 많이 가슴 아팠던 것은, 평생
그렇게 정직하게 목회하셨는데, 목회 말년쯤 몸에 병을 얻으시고
수술하셨어요. 사실 저만 기도했겠어요? 모든 성도님이 정말
목사님의 완쾌를 위해서 기도했어요. 수술을 마치시고 목사님께서
교회에 오셨는데, 교육관 앞에서 목사님을 뵙게 됐어요. 근데 너무나
힘이 없으신 목소리로 저를 보시고 말씀하셨어요.
"성 목사! 기도해 줘서 정말 고맙다."
"목사님께서 저 기도한 거 못 보셨잖아요." 저는 사실 골방에

들어가서 기도를 했기 때문에 누가 알 수도 없었어요. 그런데 목사님께서 기도해 줘서 고맙다고 이렇게 말씀하시는데 갑자기 눈물이 핑 돌았어요. 목사님께서는 고맙다는 표현도 잘하셨죠. 그냥 제 생각인데요. 그때 목사님의 모습이 저는 너무나 가슴이 아파요. '평생 목회하시면서 얼마나 많은 스트레스를 받으셨으면, 얼마나 많은 고통을 당하셨으면, 그것이 말년에 이렇게 몸으로 나타날 수가 있을까?'라는 생각이 들어서 너무나 죄송스러웠어요. 목사님을 제가 옆에서만 13년 모셨는데 목사님을 잘 보필 못 한 것 같고, 그때 정말 마음이 너무 많이 아팠어요. 보통 이렇게 마음의 고생이 몸으로 나타나잖아요. 목사님은 그렇게 몸으로 암을 얻으시고 오랫동안 투병을 하셨는데요. 정말 마음 아픈 일입니다.

우리 목사님은 어떤 분이시냐면 목사님은 정말 훌륭하신 분인데도 불구하고 본인의 그런 이력을 드러내지 않으셨어요. 제가 그 목사안수로 노회에서 면접을 볼 때 그때 세 사람이 목사 안수를 받게 되었는데요. 그때 바쁘신데도 불구하고 목사님께서 친히 함께 오셔서 면접 자리에 앉아계셨거든요. 참 드문 일이죠. 목사님께서 옆에 앉아 계시니까 정말 든든하더라고요. 면접하시는 목사님들이 많은 질문을 안 하시더라고요. 면접을 마치고 목사님께서 안수받을 저희들 점심을 사 주시겠다고 하셔서 식당에 들어갔는데, 그곳에 타 교회 교인이신 권사님이 같이 합석하게 됐어요. 그 권사님께서 '목사님은 정말 훌륭하신 분이라고, 부교역자들 면접 보는 데까지 오시고'라며 여러 이야기를 하셨는데 그때 목사님 이런 말씀 하셨어요. "아, 내가 훌륭한 것이 아니고 우리 부교역자들이 다

훌륭하기 때문에 내가 덩달아 훌륭해졌다."라고요. 목사님은
영적, 심리적, 사회적으로 지식이 풍성하셨어요. 그래도 본인의
풍성함을 드러내시는 분이 아니세요. 지금까지 제가 그런 목사님의
모습을 기억하면서 목사님을 닮아가려고 참 많이 애쓰고 있는데,
정말 닮기가 쉽지는 않아요. 아마도 보석 같은 성품이시기에 제가
닮으려고 노력을 해도 참 어려운 일이죠. 故이순목사님은 그러신
분이십니다.

기억에 남는 목사님의 한마디가 있으신가요?

목사님이 목회 말년에 병을 얻으시고 힘드신 상황이 있으셨어요.
당회를 마치고 나올 때 제가 목사님께 "목사님, 힘드시죠? 장로님이
잘 협조가 안돼서요" 그랬더니 목사님이 "떼끼! 그런 얘기 하면
안 되지!" 이러시면서 이렇게 말씀하셨어요. "교회는 하나님이
하시는 거지. 우리가 하는 게 아니야. 목사는 하나님의 뜻에 따라
걸어갈 뿐이지." 저는 이 말씀이 아직도 기억에 남습니다. 교회에서
어수선한 일이 생기고 어려움에 생길 때마다 '그래, 교회는 하나님이
하시는 거지. 하나님이 세우신 교회니까.' 그러니까 마음의 여유가
생기더라고요.

나에게 故이순목사님이란?

저에게 목사님은 등대와 같으신 분이십니다. 제가 하나님께
은혜를 받고 목회하겠다고 나섰을 때는 여성 목사의 목회 현장의
길이 열리지 않았어요. 참 막연하고 어떻게 걸어가야 할지 몰라서
힘들어할 때 제가 이순목사님을 만났거든요. 근데 목사님께서는

목사님의 목사님

'여성 목사이기 때문에'라고 비하한 적이 한 번도 없었습니다.
그때부터 훈련을 시키신 거예요. 사실은 전통교회에서 여성 목사
세우는 거 쉽지 않아요. 근데 목사님께서 여성 목사로 저를 세우시고
훈련을 하나하나 시키셨습니다. 예를 들어서 제가 교구를 맡자마자
장례가 난 거예요. 그랬는데 목사님께서 제게 아주 친절하게
그렇게 말씀을 해주셨어요. "혹시 성목사가 상처받을까 봐 하는
이야긴데, 교인들은 여성 목사가 장례 집례하는 걸 원치 않을 수도
있어. 그러니 전 교구장에게 집례를 맡기는 게 어떨까?" 이렇게
말씀하셨어요.

　　그냥 "성목사, 빠져! 이전 교구장이 하게!" 이렇게도 할 수 있는데
그렇게 하지 않으셨어요. "예, 목사님 알겠습니다." 그리고 그
유가족들에게 "이전 교구장이 장례를 집례하게 할까요?" 라고
물었을 때 성도님께서 "목사님이 우리 교구 맡으셨으니까 목사님이
해주세요." 해서 첫 장례를 했던 적이 있습니다. 제가 장례예배를
드리면서 그런 생각이 들었어요. 여성 목사가 장례 집례하는
게 불편할 수도 있는데, 담임목사님을 신뢰하니 '여성 목사라도
담임목사님이 세우셨으니 그대로 따라가지.' 아마 그랬을 것 같은
생각이 들어요.

　　그리고 목사님께서는 여성 목사인 제게 성찬을 집례하도록
해주셨는데 성찬을 집례할 때 장로님들이 강단으로 다
올라오시잖아요. 장로님들이 다 올라왔었는데 저는 그때 완전히
냉장고 속에 있는 듯한 느낌이었어요. 장로님들의 그 냉랭한 분위기
속에서 제가 성찬을 집례했었는데, 그때 제가 두렵지 않은 것은

뒤에서 목사님께서 지켜주신다는 생각이 들었어요. 그리고 성찬을
다 마치고 내려와서 목사님께 여쭤봤죠. "목사님, 제가 부족한 게
많이 있었는데 혹시 더 다듬어야 할 것이 있을까요?" 그랬더니
목사님께서 "아니야! 아주 훌륭히 잘 해냈어!" 그렇게 말씀을
해주셔서 제가 그때 큰 감동을 받았어요. 목사님께서는 그렇게
하나하나 저를 훈련 시키셨어요. 제가 목회하다가 여성 목사이기에
힘들고 어려운 있거든요. 그럼에도 불구하고 '목사님이 나를 정성을
다해 훈련을 시켰는데'라는 생각을 해요. 제가 그 어려움 가운데서도
이렇게 잘 꿋꿋하게 갈 수 있는 건 우리 목사님 덕분입니다.

목사님께 받은 특별한 사랑, 나누어주시면 좋겠습니다.

네, 목사님께 받은 특별한 사랑 많습니다. 조금 전에 말씀드렸지만
여성 목사의 길이 아주 좁았습니다. 그럼에도 불구하고 목사님은
당회를 통과시켜 목사 안수를 허락하셨습니다. 목사님께서
안수를 주실 때 그냥 일방적으로 주신 게 아니라 저희 가정을
방문하셨어요. 사모님하고 방문하셔서 예배를 드리신 후, 저희
가족에게 물으셨습니다. 남편과 아이에게 아내가, 그리고 엄마가
목사님이 된다는 사실을 어떻게 생각하는지. 지금도 저희 가족은
故이순목사님은 정말 훌륭하신 목사님이시다. 어떻게 가족들에게
그걸 물을 수 있냐고요. 목사님은 "목회의 길 가는 거 쉬운 길
아니니까 많이 도와 달라" 이렇게 말씀하셨어요. 정말 특별한 사랑을
받았다고 생각합니다.

2013년 교역자세미나 중 기념으로

혹시 이순목사님을 만나게 된다면 하시고 싶은 말씀 있으면 마지막으로 부탁드립니다.

목사님 죄송해요. 너무 죄송해요. 저는 목사님이 지금 천국에 계신 게 실감이 안 나요. 목사님은 설교를 통해서 말씀하시고 그 말씀을 생활 속에서 녹여내셨잖아요. 저도 흉내라도 내고 싶은데 잘 안 되는 부분이 많이 있거든요, 목사님. 그럼에도 불구하고 저를 목사로 안수하시고 훈련시켜 세워주신 목사님을 기억하며 착실하고 성실하게 충성되게 목회하다가 천국에 가서 뵙겠습니다, 목사님.

한국교회의 새로운 목회를 고민하다

2013년 명예로운 은퇴식을 마치고 교역자들과

2019년 목사님댁 찾아뵙고서

순종과 주인의식을 가르쳐주시다

이종혁 목사

본인 소개를 부탁드립니다.

안녕하세요, 저는 서울 관악구 봉천동에 있는 반석교회를 섬기는
이종혁 목사입니다. 저는 이순목사님께서 항상 강조하셨던 말씀,
골로새서 3:23 "무슨 일을 하든지 마음을 다하여 주께 하듯 하고
사람에게 하듯 하지 말라"는 말씀을 저의 목회 철학으로 삼고
목회하고 있습니다. 하나님 관련해서, 교회 관련해서, 성도님들
관련해서는 골로새서 말씀처럼 마음을 다 쏟아부어서 최선을 다해서
목회하고 있는 목사입니다.

故이순목사님과는 어떤 관계이신가요?

저는 본래 천안중앙교회 출신입니다. 초등학교 들어가기
전부터 천안중앙교회를 다녔고, 천안중앙교회에서 자랐습니다.
그런데 1987년 11월 제가 고등학교 2학년 때 이순목사님께서
천안중앙교회로 오시면서, 처음에는 한 명의 성도로 이순목사님을
만났습니다.

목사님이 오시고 나서 많은 일들이 있었지만 그 가운데 제가
느낀 가장 큰 변화는 음악전도사님이 오셔서 우리 교회 음악파트를
지도하셨다는 겁니다. 제가 개인적으로 하나님의 큰 은혜를 받은
것이 찬양을 통해서입니다. 그래서 음악전도사의 사역에 대해
관심을 갖게 되었습니다. 그리고 하나님의 부르심을 받고, 신학을
하기 전에 우리 교회에서 음악전도사 사역을 하면서 목회를
배우고 싶다고 목사님께 말씀드렸고, 2000년부터 4년 2개월 동안
교역자로서 이순목사님의 지도를 받았습니다.

목사님의 첫인상은 어떠셨나요?

음악전도사로 사역을 시작하면서 만난 목사님의 첫인상은
무서웠습니다. 장신대에서도 이순목사님이 호랑이 목사님이라고,
천안중앙교회가 목사님들 신병교육대라고 소문이 났다고
들었습니다. 저도 음악전도사로 사역하는 동안 정말 많이
혼났습니다. 다른 전도사님들보다 더 많이 혼났습니다. 오죽 많이
혼났으면 제가 지금 이렇게 생각을 합니다. '혼나지 않으면 잘하고
있는 거구나.'

그런데 시간이 지나고 나서, '왜 그렇게 나를 많이 혼내셨나'하는
이유를 알게 되었습니다. 앞에서도 말씀드렸지만, 저는
천안중앙교회에서 자란 사람입니다. 그리고 부모님도 출석하셨고,
모든 성도님들이 다 부모님이고, 형이고, 동생이고, 친구였습니다.
그런 사람이 어느 날 갑자기 음악전도사로 사역을 하게 된 겁니다.
저의 정체성을 정확하게 해주시기 위해서, 물에 술 탄 듯, 술에 물 탄
듯, 사역자였다가 형 동생 했다가 다시 또 사역자였다가하는 것이

아니라, 이제부터 이종혁은 주의 종의 길을 가는 사역자! 라는 것을
알려주려고 하셨던 겁니다.

그리고 또 목사님이 혼을 내셨던 것은, 화를 내면서 혼을 내야
하는 상황이었기에 그렇게 하셨던 것을 알게 되었습니다. 그러니까
화를 내시되 감정을 조절하지 못해서 화를 내는 것이 아니라, 지금은
화를 내서 이종혁을 혼을 내야 배우겠다, 하실 때 혼을 내셨습니다.
그래서 나중에는 무서웠던 목사님의 속마음을 알아가면서 참
감사했습니다.

목사님을 만나신 것이 계기가 되어서 변화된 일이 있으실까요?

처음에 사역을 시작할 때 이렇게 말씀하셨습니다. "나는 내
말에 순종하지 않는 사람과 같이 일 못한다. 보이는 담임목사
말에 순종하지 않는 목회자가 어떻게 보이지 않는 하나님
말씀에 순종하겠는가?" 목사님을 통해 제일 먼저 배운 것이
순종이었습니다. 그 순종 때문에 지금의 제가 있을 수 있게
되었습니다.

부교역자로 사역하는 동안 목사님께 배운 순종으로 담임목사님
말씀에 순종했습니다. 특히 반석교회 오기 전 교회였던
예사랑교회에서는 이순목사님께 배웠던 순종이 아니었다면 그
많은 사역을 감당하기 어려웠을 것입니다. 예사랑교회에서 저는
성전 건축을 담당했습니다. 건축위원장 장로님이 직장생활을
하셨기 때문에, 제가 건축위원장 역할을 했습니다. 물론 그전에
하던 교구사역, 청년부, 성가대 지휘, 목회행정, 성경공부 등등 하던
일은 그대로 하면서 추가로 성전 건축까지 했던 겁니다. 건축하기

한국교회의 새로운 목회를 고민하다

전 이사할 건물 인테리어부터, 이사, 그리고 건축, 다시 새성전으로
이사, 하자 보수, 헌당하기까지 5년여의 시간을 버틸 수 있었던
것이 이순목사님께 배운 순종 때문이었습니다. 그리고, 성전 건축을
담당했던 것을 반석교회 담임목사 청빙위원회에서 긍정적으로
보았던 것이고요. 그래서 반석교회 담임목사로 청빙 받을 수 있었던
것입니다.

신학을 하면서 하나님께서 가장 기뻐하시는 것이 순종이라는
사실을 깨닫고, 이순목사님께 정말 목회에 있어서 가장 중요한
기초를 잘 배웠구나 생각하고 감사했습니다.

목사님과의 기억나는 에피소드가 있으시다면 소개해 주실 수 있나요?

2003년으로 기억합니다. 장신대 음악대학원을 다닐 때, 장신대
교회 음악과에서 "음악 목회"에 관한 세미나를 열었습니다.
음악전도사라는 사역 파트를 만들고, 좋은 결과들을 내고 있었던
천안중앙교회의 이순목사님께서 당연히 강사로 초청되었습니다.
그리고 저는 음악전도사로 사역하는 학생이었기에 현장에 앉아
있었습니다. 세미나를 잘 마치고 천안으로 오게 되었습니다.

저는 당시 천안에서 통학을 했었습니다. 그래서 목사님께서 차를
태워주셔서 천안까지 오게 되었습니다.

천안 톨게이트를 나오는데 목사님께서 이렇게 말씀하시는 겁니다.
"이 전도사가 내 차를 타지 않았다면, 버스를 타고 왔겠지? 그런데
내 차를 타고 왔으니까, 그렇다면 나한테 '목사님 톨비는 제가
낼게요.'라고 하면서 감사를 표현하는 거야. 물론 이전도사가 톨비를

낸다고 할 때 내가 받겠어? 하지만 그 마음을 고맙게 생각하겠지, 감사할 줄 알아야지."

이렇게 목사님은 그리스도인이 이 땅에서 어떻게 살아야 할지를 항상 가르쳐주셨습니다. 사역하면서도 "지나간 뒤를 깨끗이 해라." "약속을 철저하게 잘 지켜라. 특히 시간 약속을 잘 지켜라." "교회 안에서 쓰레기를 발견하면 자신이 먼저 주워라." 등등 많은 것들을 가르쳐 주셨는데요. 사실 이런 것들이 사역자이기 때문에 해야 하는 것만은 아닙니다. 이런 것들은 그리스도인으로서 당연히 해야 되는 것들입니다. 그러니까 목사님은 사역자 이전에 참된 그리스도인이라면 어떤 삶을 살아야 할지를 가르쳐 주셨던 겁니다. 그리스도인이 되지 못했는데, 어떻게 사역자가 되겠습니까? 아주 작은 것부터 항상 가르쳐 주셨습니다.

기억에 남는 목사님의 한마디가 있으신가요?

앞에서 말씀드렸던 것들 외에도 많은 귀한 말씀들을 주셨는데, 그중에서 제가 부교역자들에게 강조하는 것이 있습니다. "전도사님은 전도사님이 맡은 부서의 담임목사라고 생각하라"는 것입니다. 예를 들어 유초등부를 지도하는 전도사님이라면 전도사님은 유초등부의 담임목사이고, 부장님은 당회원이고, 교사들은 제직이고, 어린이들이 성도라고 생각하고 담임목회를 하라고 하셨습니다. 쉬운 말로 하면 "주인의식을 가지라"는 말로 이해할 수 있을 것 같습니다. 나는 그냥 몇 년 사역하다 갈 사람, 이렇게 생각하면서 사역하지 말라는 거예요. 내가 담임목사라는 주인의식, 책임감을 가지라는 것입니다. '나는 부교역자다'라는

한국교회의 새로운 목회를 고민하다

생각과 '나는 담임목사다'라는 생각은 천지 차이입니다. 그런데 부교역자 시절부터 그렇게 훈련을 하라는 거예요. 진짜 중요한 말씀이라고 저는 생각합니다. 그래서 저도 우리 부교역자들에게 항상 강조합니다. 몇 년 사역하다 갈 사람처럼 사역하지 말고, 담임목사처럼 사역하라고.

예사랑교회에서 성전 건축을 하면서 정말 힘들었습니다. 얼마나 힘들었던지 몸이 버텨내지를 못해서, 몸살감기약을 달고 살았고, 더 심하면 뼈마디가 쑤실 정도여서 링거액을 맞으면서 건축하고 사역했습니다. 그럴 때면 너무 속상해서 마음속으로 이렇게 생각했던 적도 있었습니다. "내가 미쳤지. 내 교회도 아닌데… 내가 이렇게까지 해야 하나?" 그렇지만 곧 회개하고 다시 현장으로 나갈 수 있었던 것이 바로 담임목사라는 생각, 주인의식으로 사역하라는 목사님 말씀 때문이었습니다.

나에게 故이순목사님이란?

고린도전서 4:15에 보면 "그리스도 안에서 일만 스승이 있으되 아버지는 많지 아니하니"라는 말씀이 있는데요. 이순목사님은 스승을 넘어서 저에게는 아버지 같은 분이셨습니다. 그런데 일부러 무섭게 하는 아버지, 무서운 역할을 자처하신 아버지셨습니다.

사실 이순목사님과 저희 가정은 같은 덕수 이씨 가문입니다. 그리고 제가 이순목사님 조카뻘됩니다. 그래서 목사님은 더 신경 써서 저를 음악전도사로 사역할 수 있도록 해 주셨고, 잘 돌봐주셨습니다. 담임을 하면서 보니까 그 교회에서 자란 성도를 사역자로 쓴다는 것이 얼마나 모험인지 알겠더라고요. 목사님은 저를 사랑하셔서 그 모험을 감수하셨던 거지요. 그랬기에 제가 더 잘해야 했고, 더 잘할 수 있도록 사랑하지만 더 혼내셨고 더 엄하게 하셨던 것을 나중에 알게 되었습니다. 너무 늦게 알아서 죄송했습니다. 늦었지만 아버지처럼 사랑하고 존경합니다.

목사님께 받은 특별한 사랑, 나누어주시면 좋겠습니다.

저희 가정의 신앙은 어머니 쪽에서 왔습니다. 그러니까 저의 외할아버지와 외할머니는 신앙이 있으셨고, 외할머니는 권사님이셨습니다. 그래서 어머니는 모태신앙으로 자라셨고, 저희들도 어머니의 영향으로 모태신앙으로 어머니의 신앙을 이어받아 자랐습니다.

그런데 아버지 쪽은 신앙이 없으셨습니다. 그리고 신앙이 없는 상태로 결혼하셔서 저희 4남매를 낳으셨는데, 중고등학교 때 저희가 교회 생활하는 것을 아버지는 싫어하셨습니다. 그러나 어머니의 강권으로 교회는 다닐 수 있었지만, 아버지는 싫어하셔서 그 가운데서 눈치를 보면서 신앙생활을 했습니다. 그래서 어머니와 저희 자녀들의 간절한 기도 제목은 아버지의 구원이었습니다. 그런데 이순목사님이 천안중앙교회로 오신 뒤에 알게 되었습니다. 아버지와 종친일 뿐만 아니라 고등학교 동창이셨다는 사실을요. 그래서 이순목사님께서 저희 아버지를 전도하셔서 구원받게 하셨습니다. 이것보다 더 큰 사랑이 어디 있습니까? 우리 어머니와 4남매가 그렇게 기도했던 아버지의 영혼구원. 이순목사님께 진심으로 감사드립니다.

추억이 어린 사진이 있으시다면, 공유해 주실 수 있을실지요.

사연도 소개 부탁드립니다.

기독음악저널 2003년 1월호에 성가대탐방 기사에 같이 들어간 사진입니다. 2002년 11월 추수감사절 음악예배를 "국악으로 드리는 추수감사절 음악예배"를 드렸을 때입니다. 천안중앙교회에서는 교인 가운데 국악을 전공했거나, 잘하는 성도, 학생 등을 섭외해서, 한 곡씩 국악 찬양, 악기 연주, 한국 무용 등을 하고, 할렐루야 찬양대가 마지막으로 국악 찬양을 드렸습니다. 그날 예배 후에 목사님 모시고 찍은 사진입니다.

"제일 중요한 것은 사명감입니다. 지휘자와 교역자의 자리는 '섬김'의 마인드 자체가 다르다고 생각합니다. 음악교역자는 음악적 재능도 중요하지만 신앙적으로도 깊이 다뤄야 하거든요.

담임목사 이 순   지휘자 이종혁   지휘자 허근도

기독음악저널에 실린 2002년 11월 국악으로 드리는 추수감사절 음악예배

한국교회의 새로운 목회를 고민하다

교회다운 교회

박선타 목사

본인 소개를 부탁드립니다.

예수님과 성도들의 사랑 때문에 행복한 목사, 천안 두란노교회를 담임하는 박선타 목사입니다.

故이순목사님과는 어떤 관계이신가요?

1989년 8월에 서울에서 군대를 전역하고 천안에 내려와서 처음으로 방문했던 교회가 천안중앙교회 그때 당시 이순목사님께서 담임으로 목회하고 계셨던 교회입니다. 그래서 목사님의 말씀을 들으면서 정말 교훈적이고 또 너무나 많이 준비하신 목사님의 말씀, 그리고 예배 후에 인자하고 따뜻한 얼굴로 저를 반겨주시는 목사님의 모습에 매료되어서 등록을 하고 그때부터 교회 생활을 열심히 했고 청년부 임원으로 봉사했습니다.

목사님의 첫인상은 어떠셨나요?

제가 1989년에 목사님을 처음 뵀을 때나 33년이 지나 하나님의 부르심을 받으시기 전에 뵈었을 때나 목사님은 한결같으셨습니다. 언제나 인자한 미소를 띠시고 속 깊은 정을 느낄 수 있는 마음으로 저를 대해주시고 무엇보다 저를 만날 때마다 늘 안부를 걱정해 주시고 제 아내와 처남, 처제, 장모님, 저와 관련해 아시는 모든 사람들의 이름을 하나하나 부르시면서 안부를 물어 주시던, 그렇게 사랑이 많으신 목사님이셨습니다.

기억에 남는 목사님의 한마디가 있으신가요?

제가 목회를 하면서 불당동에서 배방읍으로 교회를 이전하고 새로 짓는 과정에서 그만 저희 교회 실수로 인해서 주변에 있는 교회 목사님에게 아픔을 드린 적이 있습니다. 그런데 그 후에 그 잘못된 관계로 인해서 많은 어려움을 겪게 되었죠. 정말 목회를 그만두고 싶을 정도로 큰 고통을 느끼면서 힘들어할 때, 목사님을 찾아뵌 적이 있습니다. 깊은 상심에 젖어있는 저를 목사님께서 인자한 눈빛으로 바라봐 주시면서 저의 얘기를 다 들어 주시더라고요.

그리고 제일 마지막에 목사님이 해주신 말씀, 그 한마디 말씀이 제 목회를 새롭게 바꾸어 놓았죠. 이렇게 말씀하셨습니다. "너를 힘들게 하는 그 교회까지도 목회의 지경으로 삼아라." 이 말씀을 해주셨어요. 그 말씀을 들으면서 '아, 내가 이렇게 어렵게 된 이유가 환경의 문제가 아니었고 나를 힘들게 하는 주변 사람들도 문제가 아니었구나. 내가 내 목회의 그릇을 키우는 것이 가장 중요한 부분이구나! 내가 큰 그릇이 되어야 하겠구나!'라는 새로운 깨달음을 얻게 되었고요. 그전까지만 해도 매트리스에 깔려있는 것처럼 너무나 숨이 막히고 죽을 것 같았는데, 목사님의 그 조언을 들은 이후로 매트리스 위로 올라선 것처럼 영적으로 숨을 쉬게 됐죠. 그러면서 위기를 기회로 볼 수 있는 새로운 눈을 갖게 됐다고 할 수 있습니다.

어쩌면 목사님께서도 목회를 하시면서 많은 위기들이 있으셨을 텐데 그때마다 놀라운 통찰력과 용기로 위기를 기회로 바꾸어 오셨기 때문에 저에게도 그렇게 담대한 조언을 해주시지 않았을까 라고 생각을 해봅니다.

또한 목사님은 약속을 생명처럼 지키신 분이십니다. 저를 만날 때마다 항상 빠뜨리지 않고 하신 말씀이 "목사는 약속을 지키는 사람이 되어야 해!" 이 말씀이셨습니다. "목사가 약속을 어긴다면 목사가 하는 설교를 누가 믿겠느냐" 라고 하셨습니다. 목사는 사소한 것 하나라도 약속을 했으면 반드시 지켜야 한다고 하시며 늘 시간 약속 지킬 것을 저에게 강조하셨습니다. "약속을 했으면 항상 10분 전에 가서 기다려라, 그것이 예의다. 사소한 그 하나를 통해 내가 평가를 받게 되는 것이고 거기에서 신용이 생기는 것이다."라고 하셨습니다.

목사님과의 기억나는 에피소드가 있으시다면 소개해 주실 수 있나요?

목사님께서 제주도에 계신다는 얘기를 듣고 제가 바로 내려갔죠. 내려가서 목사님 계신 곳으로 찾아갔어요. 아담하고 따뜻한 사택에서 사모님과 두 분이 저를 아버지 어머니처럼 맞이해 주셔서 오붓하게 많은 대화를 나눌 수 있었습니다.

제가 보니까 목사님이 성경만 보시고 기도만 하시고 교회만 생각하시는 거예요. 그래서 제가 "제주도에 오셨으면 바람도 쐬시고 꽃도 보시고 동물도 보시고 바다도 보시고 그러셔야 합니다."하고 밖으로 나가자고 고집부려서 동백꽃을 볼 수 있는 동백 포레스트를 모시고 갔습니다. 굉장히 좋아하셨어요. 제가 목사님 사모님 사진을 찍어 드리는데 두 분의 포즈가 뭐라 그럴까 옛날 사진관에 갔을 때 사진 찍는 포즈같이 너무 정자세이고 두 분이 떨어져서 앉아 계신 거예요. 그래서 제가 "목사님, 사모님을 안아보세요~" 그랬더니 사모님을 안으시더군요. 그래서 제가 좀 짓궂은 요구를 했죠. "목사님, 사모님 볼에 뽀뽀해 주세요~" 그랬더니 손사래를 치시더라고요. 도저히 못 하셨겠나 봅니다. 그래서 추임새를 넣었죠. "뽀뽀! 뽀뽀!" 그래도 끝까지 안 하시더라고요. 사진을 찍고 다 같이 웃었습니다.

목사님께서 회를 좋아하신다고 하셔서 바닷가가 보이는 횟집에 모시고 갔습니다. 얼마나 맛있게 드시던지… 지금 목사님이 안 계시니까 '그때 그 좋아하시던 회를 좀 더 자주 사드릴걸' 그게 제일 후회가 됩니다.

여름에는 서해안에 있는 꽃지 해수욕장으로 모시고 간 적이 있는데요, 그때 목사님 몸이 굉장히 안 좋으셨을 때예요. 외출을 못하고 계셨을 때였는데, 제가 "이럴 때일수록 더 일부러 바람을 쐬어야 되요, 목사님, 바다도 보시고요~"라고 말해도 시큰둥하셨는데 "기가 막히게 맛있는 꽃게집이 있습니다." 그랬더니 목사님 눈이 커지시더라고요. 꽃게를 그렇게 좋아하셨어요.

"그래?" 그러시더라고요. "우리나라에서 가장 맛있는 꽃게탕을

한국교회의 새로운 목회를 고민하다

만드는 집입니다." 그랬더니 "그래? 한번 가볼까?" 하시고
목사님께서 힘든 몸으로 저랑 같이 한 시간 반, 차를 타고
꽃지 해수욕장까지 가셨습니다. 목사님께서 꽃게를 정말 잘
드시더라고요. 그 모습을 보면서 저도 행복했습니다. 식사 후에 꽃지
해수욕장을 둘러보았고, 해변길도 좀 걸어보려고 했는데 목사님께서
힘들다고 하셔서 카페 들어가서 차 마시고 담소를 나누다가
돌아왔습니다.

　다음 여름에도 다시 모시고 가야지 했는데, 그게 목사님과 함께 한
마지막 여행이 되어 버리고 말았습니다.

나에게 이순목사님이란?

　목사님은 저에게 큰 바위 얼굴이십니다. 제 목회의 롤모델이시죠.
　제가 1989년에 천안에 처음 내려왔을 때만 해도 천안에
있는 교회들의 분위기는 기도원운동과 은사운동이 활발하게
이루어지고 있었고 그로 인해 부흥하거나 대형교회가 된 교회도
있었습니다. 그러나 그런 교회들이 계속 부흥되는 것이 아니라
어떤 계기로 다툼이 일어나고 그 다툼이 잘 해결되지 않아서 내부
분열로 이어지고 결국 교회가 나뉘면서 어려움을 겪는 모습들을
보았습니다. 그러한 때에 이순목사님께서 처음으로 시작하신 게
뭐냐면 부교역자들을 잘 가르치고 세우셔서 분립개척을 시작하신
겁니다. 대지를 구입해서 건물을 지어주고 성도들까지 파송해
주셨습니다. 제가 알기로는 그때까지 누구도 생각도 못했고
시도하지도 못했던 엄청난 일이었죠. 제가 있을 때만 해도 새로
도시가 생기는 곳에 서부교회를 분립 개척시켜 주셨고, 남부교회,

보석교회 등 많은 교회들을 분립개척해서 그 지역에서 안정적인 중형교회로 자리 잡게 해주셨습니다. 그 교회들이 부흥할 수 있도록 목사님은 모든 것을 다해서 도와주셨고 지원해 주셨습니다. 그때 천안 인구가 30만 명 정도 되는 작은 소도시였는데 그런 목회적인 꿈을 꾸시고 그것을 과감하게 실행에 옮기셨다는 것 자체가 놀라운 것이었습니다.

이것은 한국교회사에도 기념비적인 일이라고 생각하고요, 정말 모든 교회들이 본받고 지향해야 할 방향이라고 생각합니다. 왜냐하면 한국 교회가 너무 개교회주의적이어서, 각각 자기 교회의 발전과 부흥만을 꿈꾸고 바라면서 달려가는데 결국은 끝이 좋지 않습니다.

많은 경우 다툼과 분열로 끝나는 모습을 보게 됩니다. 우리 이순목사님께서 남기고 가신 너무나 아름다운 이 유산을 모든 한국교회들이 본받고 목사님이 가신 그 방향으로 가면 좋지 않겠나 생각을 합니다.

제가 천안에서 목회를 한지 이제 30년이 돼갑니다. 부족하지만 저는 기도와 전도 그리고 예배에 올인 하면서 목회를 해왔는데요, 그러다 보니 천안시 전 지역에 사는 시민들 그러니까 하나님을 믿지 않지만 그래도 나름대로 성실하게 삶을 살아가는 분들을 많이 만났습니다.

그런데 놀라운 것은 만나는 분들마다 이순목사님을 안다는 거예요. 그리고 열이면 열, 다 존경한다는 거예요. 제가 이순목사님 얘기를 하면 얼마나 반가워하고 칭찬들을 해주시는지 제가

한국교회의 새로운 목회를 고민하다

같은 목회자로서 '천안에서 목회한다'는 것에 자부심을 가질 수 있었습니다.

천안시민들이 왜 이렇게 목사님을 존경할까요? 그것은 우리 목사님께서 바른 목회를 하셨기 때문입니다. 바른 목회. "교회는 이래야 한다!"라는 교회다운 교회의 모습을 보여주셨기 때문입니다. 또한 "목회는 이래야 한다!"라는 목회다운 목회를 보여주셨기 때문입니다. 그래서 그것을 아는 사람들, 비록 교회는 다니지 않지만 먼발치에서 지켜보고 또 소문으로 알게 된 모든 천안 시민들이 목사님을 존경하고 칭찬하는 것입니다.

저는 이것이 목사님이 남기고 가신 가장 소중한 유산이라고 생각합니다. 그로 인해 천안의 영혼들을 전도하는 데 있어서 얼마나 큰 도움이 되는지 모릅니다. 저 또한 목사님을 닮아서 저희 두란노교회를 그렇게 세워나가는 것이 목표이기도 합니다.

또한 목사님은 저에게 아버지 같은 분이십니다. 아니 아버지이십니다. 제가 가끔 찾아뵐 때마다 처음부터 끝까지 저에게 하나라도 더 가르쳐 주시려고 꼼꼼하게 물어보시고 '이렇게 하면 더 좋지 않겠느냐' 라고 조언해주시는 것을 정말 부지런히 해 주셨어요.

예를 들면 신년에 찾아봤을 때도 달력을 하나 가져와서 보여주시며 신년 달력을 제작하는 것에 대해 삼십 분을 가르쳐 주시는 거예요. "달력 첫 장은 성도들이 바로 뜯어서 버리므로 아까운 낭비가 되니까 달력 제작하는 회사에 말해서 첫 장은 만들지 않아도 된다고 해라.", "한 달만 표기 되어 있는 달력을 쓰면 성도들이 여러 가지 불편한 게 있을 수 있으니 이전 달 그리고 다음

목사님의 목사님

달, 이렇게 세 달이 한 장에 표기되어 있는 달력을 만들어야 한다!"

교회 이름은 너무 커도 안 되고. 적어도 안 되고. 이렇게 하나하나. 얼마나 저에게 많은 걸 가르쳐주려고 하시는지 하루는 제가 저희 집사람 이야기를 하면서 "저희 아내는… 저희 아내는…" 그랬더니 목사님께서 정색을 하시는 거예요. '아내'란 말을 쓰면 안 된다고.

그래서 제가 "예?" 그랬더니 "그건 예의가 아니다."라고 하시더라고요. "내자." 아니면 "집사람."이라고 표현을 해야 듣는 사람에게 예의를 지키는 것이라고 하시며 그런 것까지도 저에게 하나하나 가르쳐 주셨어요. 그래서 저는 목사님 곁에서 그렇게 꼼꼼하고 알기 쉽게 가르쳐 주시는 목사님에게 가르침을 받을 때마다 너무 행복했고요. 목사님과 헤어져 돌아갈 때는 가르쳐 주신 말씀들을 하나하나 되새겨보면서 얼마나 고마운지 눈물이 나오기도 하고 그랬습니다. 목사님은 저에게 아버지셨습니다.

지금 앞에 이순목사님이 계신다면 어떻게 인사 말씀 올리시겠습니까?

목사님, 사랑합니다. 저같이 부족한 목회자를 그렇게 많이 기대해 주시고 인정해 주시고 "할 수 있다! 훌륭한 목사가 될 수 있다!"라고 하시며 언제나 응원해 주시고 목사님이 가지고 계신 모든 것을 저에게 아낌없이 다 가르쳐주시고 나누어 주셔서 훌륭한 목회자로 만드시고자 했던 목사님의 그 사랑 절대 잊지 못합니다. 저 또한 목사님처럼 그렇게 다른 후배 목회자에게 가르쳐 줄 것이 많은 목사, 나누어 줄 것이 많은 목사, 그리고 그들이 행복하게 목회할 수 있도록 내가 가진 모든 것을 가지고 도와주고 후원해 줄 수 있는

한국교회의 새로운 목회를 고민하다

목사, 그런 멋진 목사가 되도록 최선을 다하겠습니다. 목사님 계속 응원해 주시고 기도해 주세요. 사랑합니다.

2020년 12월 목사님과 동백나무 앞에서

2022년 1월 목사님과 꽃지바닷가에서

한국교회의 새로운 목회를 고민하다

참 목자셨던 분

남주희 전도사

본인 소개를 부탁드립니다.

저는 천안중앙교회 유치부전도사로 사역을 했었던 남주희인데요,
현재는 천안 목천에서 치매, 중풍, 파킨슨 등으로 거동이 불편하신
어르신들 60분 정도 낮 동안 돌보아 드리며 금요일마다 예배도
드리고 찬송도 드리고 노인사역의 한 부분을 담당하고 있는
우리노인주간보호센터 대표 남주희입니다.

故이순목사님과는 어떤 관계이신가요?

천안중앙교회 유치부 담당 교육전도사로 부임하면서 목사님과
함께하게 되었습니다. 첫 만남은 목사님의 근엄함, 엄위하심, 이런
것 때문에 주눅이 들어서 쩔쩔맸었던 기억이 있습니다.

목사님의 첫인상은 어떠셨나요?

목사님과의 첫 만남은 교회 목사님실에서 면접을 통해서였습니다.
한 치의 흐트러짐도 없으시고 근엄하신 기에 눌려 숨도 제대로 못

쉽겠더라고요. 면접을 마치고 집무실에서 나오는데 보편적으로 그 자리에서 인사를 하고 말지만 목사님께서는 문밖까지 나오셔서 손아랫사람인 저에게 공손하게 머리를 숙여 배웅 인사까지 하시더라고요. 면접을 마치고 집에 돌아가면서 이 교회에서 사역하다간 스트레스에 숨 막혀 죽을 것 같다는 생각에 안 와야겠다고 생각했습니다. 그래서 집에 돌아와 남편에게 면접 본 것을 다 이야기하고 핑곗거리를 찾다가 아이들이 아직 어리고 가정도 돌봐야 해서 사역을 못 하겠다고 남편에게 거절 전화 드리게 했습니다. 그랬더니 목사님께서 남편에게 "사명을 받았으면 순종해야 한다"고 남전도사는 꼭 사역을 해야 할 사람이니 교회 출근하도록 잘 도와주라고 설득하시더래요. 그래서 할 수 없이 천안중앙교회에 부임하게 되었습니다.

당시 모든 교역자들은 예산수양관에서 있는 연말 교역자 정책 수련회에 참석한 후 12월31일 송구영신 예배 시 부임인사를 하는 전래가 있었습니다. 저도 부임 전인 2009년 12월 추운 겨울날 예산수양관 교역자 정책 수련회에 참석하였습니다. 그런데 교역자 정책 수련회에 참석한 교역자들의 생활은 마치 군대에 와 있는 느낌이었습니다. 20여 명의 교역자들이 밤 11시가 넘도록 자세 한번 흐트러지지 않고 똑바로 앉아 숨소리 한 번 제대로 내지 못하고 회의를 하는데, 그 중압감에 그날 밤이라도 당장 짐 싸서 돌아가고 싶었습니다. 그런데 그 생각을 내려놓게 된 것은 이순목사님 때문이었습니다. 그 연로하신 어르신께서 젊은 교역자들하고 똑같이 밤 12시가 다 되어가는 시간까지 자세 한번 흐트러지지 않고

한국교회의 새로운 목회를 고민하다

꼿꼿하게 앉으셔서 회의를 진행하시고, 더 대단한 것은 각 교구 목사님들께서 담당 성도들의 상황들을 보고하는 시간이 있는데 교구 목사님들은 담당 교구 성도들의 신상만 알고 계시는 정도인데 목사님께선 8개 교구 중앙교회 전체 성도들, 어른, 아이 할 것 없이 그 수천 명의 성도들의 신상을 다 알고 계신 것을 보고 '어떻게 그 수천의 성도들을 다 알고 계시지? 이 큰 교회 담임목사님 정도 되시면 성도들 개개인 심방도 못하실텐데...' 감탄을 넘어 존경을 금치 못할 지경이었습니다. '역시 이 큰 교회 담임하실 정도의 큰 분이시구나.', '이런 존경스러운 목사님 밑에 있으면 배울 것이 많겠다.' 생각되어 힘들어도 한번 해보자는 생각으로 바뀌게 되어 중앙교회에 부임하게 되었습니다.

목사님을 만나신 것이 계기가 되어서 변화가 되었거나, 결단을 했다거나, 그때 이후로 바뀌게 된 무엇이 있으시다면 나눠주실 수 있을까요?

목사님께선 하시는 행동, 몸가짐, 언어, 목회 철학 그 어느 것 하나 빠짐없이 모든 면에서 다 본받고 싶은 분이셨습니다. 모든 일에 있어 10분 전 대기, 철두철미한 준비, 피드백을 통한 점검, 자기 자리 지키기, 더하지도 덜하지도 않은 위치 지키기 등 정말 많은 것을 배웠습니다.

특별히 교역자들이 설교를 할 땐 반드시 원고를 써서 해야 했고 설교를 하고 나면 교역자회의 시간에 반드시 피드백을 해주시는데 저에겐 유독 많이 해 주셨어요. 사랑하시는 마음에(ㅎㅎㅎ) 모음, 자음, 발음, 입술 모양, 억양, 문장, 문맥, 예문까지... 이후 더 철저히

목사님의 목사님

말씀 준비를 하게 되더라고요. 어느 날엔가 목사님께서 "남전도사 설교가 다 남전도사 이야기구만?" 하시는데 정말 그랬어요. 당시 결혼생활로 많은 어려움이 있었는데 말씀도 안 드렸는데 '목사님께서 제 마음과 형편을 다 알고 계시는구나.' 하는 생각에 한편으로 민망하기도 하고 한편으론 감사했습니다.

그래서 제가 지금 노인사역을 하고 있는데요, 우리 직원들도 저에게서 그런 모습을 좀 보는 것 같더라고요. 목사님의 그 좋은 가르침 덕분에 지금 노인사역도 잘 되고 있습니다. 하나님 은혜로 천안에서 2번째로 큰 그런 사역이 되었습니다. 감사합니다.

목사님과의 기억나는 에피소드가 있으시다면 소개해 주실 수 있나요?

제가 사실은, 사적인 일인데 결혼을 마흔여섯에 했어요. 그전까지는 제가 단독사역으로 안동에서, 시골에서 교회를 짓기도 하고 담임 사역을 하기도 하고 그랬습니다. 목사님은 그걸 참 귀하게 보시더라고요. 교역자로 사역한 것보다 담임으로 짧은 기간이지만 사역한 것을 귀하게 보시고 '목사님의 마음을 헤아린다.' 이렇게 저를 귀하게 봐주신 것 같습니다. 늦은 나이에 결혼을 하고 결혼생활을 하다 보니 어려운 점이 참 많았는데요, 목사님이 참 그것을 헤아리시고 저를 만날 때마다 저희 가정의 형편들을 물으시고, 제가 좀 아버님같이 결혼생활의 어려움들을 넋두리같이 다 쏟아내면 목사님께서 저를 위로하기도 하시고, 때때로 좋은 조언으로 인내해야 할 것도 말씀하시고, 그래서 참 가정생활을 하는데 목사님의 많은 도움을 받았습니다.

한국교회의 새로운 목회를 고민하다

정말 존경스러웠던 것은 목사님 별명이 영하 20도신데요,
성도들에게 차갑고 냉정하고 냉철하게 사람들에게 비추어질지
모르겠지만 가까이 가면 한없이 따스하시고 성도들의 작은
고통까지도 다 헤아리고 계시는 그런 분이셨어요. 저에게도 여전히
저의 아픔들을 다 이해하시고 배려해 주시고 그랬던 것 같습니다.

　한번은 목사님과 함께 임종을 앞두고 계신 분이 계셔서 성도님의
요청으로 안동까지 임종예배를 같이 동행한 적이 있는데요,
사역하면서 여러 목사님을 뵈었는데 제가 보기에도 임종을 앞두고
있는 분들인데도 목사님들은 끊임없이 병 낫기만을 간구하시고
그분의 마지막을 위해서 기도하지 못하시는 모습을 보고 가슴 아플
때가 종종 있었습니다. 그런데 목사님은 역시 큰 어르신이시고 참
목자다웠어요. 성도의 마지막을 어떻게 보내게 해야 하는지 배우는
좋은 계기가 되었습니다. 목사님께선 성도는 반드시 회개하고
천국을 가야 한다며 마지막 임종심방을 하시며 성도님께 회개기도를
하도록 하셨고, 자녀들에게 잘못한 것도 회개하고, 남편에게
잘못한 것도 회개하고, 살아오면서 마음에 조금이라도 걸리는 것이
있으면 다 회개하시고 가셔야 한다고, 직접 회개하시라고 그렇게
하시고, 또 어르신을 위해 기도하실 때 회개기도를 다 하시고
그리고 천국을 소망하시고 가실 수 있도록 그렇게 하시는 모습을
보고 '아! 나도 저렇게 해야되겠다.' 생각했습니다. 그래서 지금
노인사역하고 있는데요. 우리 어르신들에게 저도 끊임없이 회개를
말씀하고 천국을 소망하도록 끊임없이 말씀드리고 있습니다. 저희들
금요예배 때 50명 이상의 어르신들이 함께 예배를 드리는데요, 정말
어르신들에게 마지막 할 수 있는 말씀이 무엇이겠습니까? 끊임없이

목사님의 목사님

천국을 소망할 수 있도록 그 천국을 위하여서는 우리 영과 육의 모든 찌꺼기들을 모두 다 내려놓고 깨끗하고 정결한 모습으로 주님을 뵈어야 된다고 이렇게 끊임없이 회개와 천국을 설교하고 있습니다.

기억에 남는 목사님의 한마디가 있으신가요?

제가 처음에 목사님 뵈었을 때 남편을 통해서 하신 말씀, "사명자는 무슨 일이 있어도 그것을 감당해야 한다!"는 말씀입니다. 제가 20대부터 교회사역을 해봤는데 결혼을 하고 결혼생활을 통해서 많은 어려움을 겪고 불과 얼마 전에 교회사역을 내려놓는 그런 일이 있어서 정말 마음이 많이 힘들고 어려웠습니다. 목사님 말씀처럼 사명자는 끝까지 그것을 감당해야 되는데 제가 사역을 내려놓는 것이 아닌가 싶어서 엄청 힘들었는데 목사님께서 하시는 말씀이 "남전도사는 지금 더 좋은 사역을 하고 있다. 노인사역, 그 나이에 맞는 노인사역, 마지막 어르신들을 천국 가게 하는 정말 좋은 사역이니까 그 사역을 잘 감당해야 된다." 말씀을 하셨습니다. 사명자는 끝까지 그 사명을 감당해야 된다는 그 말씀, 목사님 말씀 기억하면서 저도 제 생애 끝까지 주님을 전하고 어르신들에게 천국을 말씀하는 그런 일을 해가려고 합니다.

나에게 故이순목사님이란?

저에게 목사님은 "참 목자"입니다. 청렴하시고 솔선수범하시고 한 치의 흐트러짐도 없으시고 정말 '주님이 보시기에도 온전하신 분'이 아닐까 그런 생각을 갖게 됩니다. 목사님 은퇴하시고 생활하시는 모습도 뵈었는데 은퇴하시고도 늘 주님 앞에서 기도하시고 겸손하신 그런 모습이 제 잔상에 늘 남아있습니다. 사역하시는 동안도 몸 돌보지 아니하시고 하셔서 그렇게 마지막에 그 병을 다 몸에 짊어지셨는데 그 모습 뵈면서 사도바울이 생각나고요. 또 예수님께서 "나는 참 목자다. 양들을 위하여서 목숨을 버린다."고 하셨는데 정말 교회와 성도들을 위해서 목사님 한 몸 돌보지 않으시고 끝까지 사역하시는 모습이 늘 제 마음에 잔상으로 남아있습니다. 그 수천 명의 성도들의 개인 사정들을 다 알고 계셨고 그중에서도 어려운 성도들이 있으면 은밀하게 그 누구를 통해서라도 다 이렇게 형편들을 돌보시고 그런 모습들을 가까이에서 보고 정말 존경스러웠습니다. 사역하면서, 많은 목사님들을 섬기면서 고개 흔들 때가 많았지만 제 마지막 목사님이신 이순목사님 앞에서는 늘 고개가 숙여지는 그런 참 목자였다는 생각을 갖게 됩니다.

앞에 이순목사님이 계신다면 어떻게 인사 말씀 부탁드립니다.

너무 그립고... 목사님 너무 그립고 뵙고 싶고 늘 저에게 다정한 미소로 "임장로 잘 있나? 아이들 잘 있나?" 그 음성 듣고 싶어요. 늘 아버지같이 좋았는데 목사님 뵈면 제가 한 번도 안겨드리지 못했고 안아드리지 못했는데 한번 안고 싶어요. 목사님 너무 그리워요.

2013년 교역자세미나 중 기념으로

2013년 교역자세미나 중 산책하며

한국교회의 새로운 목회를 고민하다

5장

큰 바위 얼굴

친정아버지셨던 목사님

현해순 목사

본인 소개를 부탁드립니다.

저는 덕성교회를 섬기다가 올봄(2022년) 노회 때 은퇴한
현해순 목사입니다. 은퇴 후에 역시 천안중앙교회 부목사이셨던
새롭게하는교회 김상규 목사님께서 6월부터 반년간 부교역자로
섬겨주지 않겠냐고 하셔서 지난 12월까지 새롭게하는교회
부교역자로 와서 잠시 사역했습니다. 와서 보니 마치 작은
천안중앙교회에 온 듯한 착각이 들 정도로 이순목사님의 목회사역을
그대로 따르는 김상규 목사님을 뵙고 이순목사님의 가르침이 얼마나
많은 분들에게 지대한 영향을 주고 있는지 다시 한번 실감했습니다.

故이순목사님과는 어떤 관계이신가요?

저는 이순목사님께서 부임하시기 전부터 천안중앙교회
집사였어요. 이순목사님께서는 87년 11월에 부임하셔서 뜻밖에
89년 말에 소년부 교사였던 저를 부르시더니 90년부터 '유치부를
한번 책임 맡아서 해보라' 하셔서 순종하던 중에 91년도에

또다시 저를 부르셨어요. 그러시더니 기도원에 가서 한 달 정도 기도하고 오는 게 어떠냐고 하시더라구요. 그리고 연초에 신학을 권유하셨어요. 제가 그때 39세여서 "목사님 내년에 제가 40세가 되는데요" 그러자 "참 좋은 나이지." 하시며 제게 신학을 하라고 말씀하신 바로 그다음 날 남편을 만나 설득하셨어요. 그런데 남편이 반대했어요. 그 후 거의 1년 동안 반대했음에도 굽히지 않으시고 5번이나 집으로 찾아오셔서 예배드리고 말씀을 전하시면서 심지어 "이건 숙명이다. 그걸 막는 게 지혜가 아니다."라고 계속 설득하셔서 결국 승낙을 받았죠. 그리고 제게 가을부터 지하 식당에서 공부하는 고3 학생들 틈에서 밤 11시까지 교회 내 교직에 계신 분들의 도움을 받아 공부하도록 배려해 주셨어요. 제가 공부하는 모습을 가끔 오셔서 지켜보시고 격려하시고는 공부가 끝나는 늦은 밤 집사님들이 차로 집에까지 데려다주는 수고를 하게 하셨죠. 그리고 11월 마지막 주 당회에서 제가 신학교에 합격할 경우 입학하는 3월부터 본 교회 교육전도사로 쓰기로 했다고 하시면서 "당회까지 통과했으니 꼭 합격해야 한다."고 공부에 전념하라고 신신당부 하셨어요.

저는 다행히 합격했고 그래서 92년부터 98년까지 7년 동안 교육전도사로 사역했어요. 목사님께서 7년 동안 학비는 물론이고 성미와 상여금과 학생회비까지 챙겨주셨죠. 그리고 가끔 신학교에 형편이 어려운 학우들을 제가 찾아내서 여러 명에게 식비나 생활비나 도서비 등을 직접 전달해서 도울 수 있게 하셨어요. 물론 정식으로 후원장학금도 신학교로 보내셨고요. 덕분에 학우들과의 관계가 더 좋아질 수 밖에 없었고 그런 훌륭한 멘토 목사님이 제 뒤에 계신다는 사실에 부러움을 살 만큼 제 신학교 시절을 행복하게 보냈어요.

목사님의 첫인상은 어떠셨나요?

대부분의 성도들은 이순목사님을 존경하면서도 가까이하기에는 너무 어려운 분이셔서 저도 당연히 어려워했어요. 그래서 목사님께서 오신 지 얼마 되지 않아 생긴 별명이 있어요. 두 가지인데요 하나는 면도날입니다. 또 하나는 영하 20도였어요.

그런 별명이 생긴 배경이 있는데요, 천안중앙교회 교인이라면 다 아는 이야기죠. 지각하면 본당 문 닫는 것은 기본이고요. 수양관에 기도하러 갈 때, 정시에 저 멀리 버스를 타려고 뛰어오는 사람이 보였어요. 그런데도 '출발' 시키셨죠. 그렇게 시작된 시간 준수와 원칙 준수 때문에 생겨난 별명이었어요. 그런데 참으로 이상하죠? 시간이 지나면서 점차 성도들이 그런 목사님을 너무나 존경하고 귀하게 여기면서, 담임목사님이 이순목사님이시라는 것을 아주 자랑스러워하기 시작했어요. 교회는 나날이 성장하고 성숙해지면서 달라져 가고 있었고, 입만 열면 늘 "우리 목사님은~" 그리고 "우리 교회는 정말 좋은 교회야~" 라면서 이런저런 덕담들이 쌓여갔고, 신앙인으로서 건강한 자존감이 높아지기 시작했어요. 또한 목사님은 성도들의 교회 봉사에 자원하는 마음을 키워주시는 훈련을 하셨어요. 그중에 하나가 교회 청소였어요. 월요일과 목요일에 교회 청소를 자원하는 분들이 나와 정말 정성을 다해 청소하도록 이끄셨는데 청소하면서 많은 간증들도 있었지요. 저는 목요팀이었고 교육관 화장실 담당이었는데, 목사님 방 담당자가 일이 생겨서 제가 목양실을 배정받아 어찌나 긴장을 했는지 몰라요. 청소 후에 목사님께서 항상 아주 꼼꼼하게 점검을 하시니 조심조심했어요.

그런데 제게 신학을 권유하시고 나서부터 저를 대하시는 게 달라지셨어요. 청소 후에 늘 덕담을 해 주셨고 너무나 자상하고 친절한 저의 친정아버지와 닮은 모습으로 정말 부족한 저를 한결같이 지지해 주시고 아껴주신 사랑을 입었어요. 겉으로는 강해 보이시지만 속사랑이 너무 큰 목사님이신 것을 가까이서 뵙고 알게 되었죠.

목사님을 만나신 것이 계기가 되어서 변화가 되었거나, 결단을 했다거나, 그때 이후로 바뀌게 된 무엇이 있으시다면 나눠주실 수 있을까요?

저는 목사님 때문에 목사가 된 사람이잖아요. 제 삶에서 이순목사님을 빼면 저는 지금 무엇을 하고 있을까요? 아마 방향을 잃은 배처럼 바다 위를 떠다녔을 테지요. 사실 저는 목사가 될 자격이 없는 사람이에요. 특별히 내세울 것도 잘하는 것도 없었는데 늘 믿어주시고 용기를 주셨어요. 저를 만날 때마다 항상 저를 위한 부흥회를 하시는 것 같았어요. 주로 기도와 약한 이웃 사랑에 대한 강한 의지를 강화시켜 주셨고 좋은 사례들을 들어주시면서 도전하라고 동기를 부여해 주셨어요.

목회란 무엇인지, 목회자란 어떤 마음으로 살아야 하는지, 가르쳐 주셨어요. 제가 이후 분당과 서울에 있어서 자주 뵙지 못했어도 정기적으로 전화하셔서 저의 근황을 물으시고 늘 여교역자로 특별히 조심해야 하는 부분을 일깨워 주셨어요. 저는 목사님의 그 세심한 배려와 철저하게 나누는 이타적인 삶에 대해 경외심을 갖고 있어요. 그러기에 제 안에 이기심이 늘 부끄럽죠. 목사님께서 몸소 보여주신 삶, 원칙은 지키되 긍휼을 잃지 않는 깊은 사랑이 과연 무엇일까?
그것은 아마도 복음을 위해, 생명을 위해, 약하고 작은 자들을 위해
나를 내어 줄 수 있는 용기가 아닐까 생각하면서 그렇게 실천하고
사신 목사님을 조금이라도 본받아 저도 이제 은퇴를 했으니 천국에
갈 준비를 하는 마음으로 저를 위해 쌓지 말고 흘려보내기로
결단했어요.

목사님과의 기억나는 에피소드가 있으시다면 소개해 주실 수 있나요?

35년 동안 목사님을 뵈었기 때문에, 기억에 남고 인상 깊은
에피소드가 너무 많아서 다 이야기하기 어렵지만, 제 인생과 목회
사역에 이순목사님은 끝까지 제게 영적인 멘토요 아버지로서 매
순간 함께 해 주셨던 것을 잊을 수 없어요.

천안중앙교회가 50주년 기념교회로 13억이라는 막대한
건축헌금을 들여 세운 보석교회에 제가 부교역자로 가고 싶다고
졸라서 갔고, 재정 지원은 물론, 인적지원까지 아끼지 않았던
터라 놀랍게 부흥 성장했지요. 그럼에도 제가 1년 만에 떠나야
했을 때 개척하라고 용기를 주셨어요. 개척 자금 2500만원도
준비하셨다면서 천안중앙교회 교인들도 데려가도 좋다고 힘을
주셨지요. 그렇게 개척을 준비하는데 이상하게 시찰회에서 두
번이나 통과가 안 되어서 목사님이 이제 곧 목사고시를 준비해야
하는데 일단 부목사로 시무할 교회를 찾아보자 하시며 알아보시고
추천해 주신 분당의 동문교회로 갔어요. 그때 동문교회 목사님께서
하신 말씀이 천안중앙교회 이순목사님 밑에서 배운 것 때문에 저를

써주셨다고 했어요. 그러면서 수시로 이순목사님께서는 이런 때
어떻게 하시냐고 많이 물으셨어요. 7년 동안 그곳에서 행복하게
사역하면서 이순목사님을 찾아뵙고 교훈을 받은 대로 행하니 그곳
담임목사님이 저를 너무 귀하여 여기시고 일 잘한다고 소문도
내시는 바람에 노회 목사님들이 어떻게 그 까다로운 목사님께
그런 칭찬을 받느냐고 하셨어요. 결국 그 칭찬과 소문 바람에 한
목사님께서 저를 집요하게 와서 도와달라고 동문교회 담임목사님께
조르시더니 기어이 저를 데려가셨어요.

　일반 목회는 아니었는데 불투명한 재정문제로 교회가 빚 문제가
생겨서 정상적인 운영이 어려워졌지요. 2년간 그런 안타까운 모습을
이순목사님께 말씀드리니 "반면교사로 삼아라." 격려하셨고 그
교회를 나와 또 다른 목사님의 요청으로 가서 돕다가 그분도 역시
재정적인 문제로 교회가 어려움을 당하고 성도들도 시험이 들어
떠나게 되었죠.

　그래서 제가 여전도회 시절에 봉사하던 덕성교회에 저를 보내
달라고 이순목사님께 요청했어요. 사실 목사님께서는 저의 첫
담임목회지였던 덕성교회를 처음에는 가지 말라고 말리셨어요.
어르신 세 분밖에 없다 보니 동면(천안시 동남구)에 수남교회와
합병하는 것을 시찰회에서 고려하신다고 하시면서, 좀 더 안정된
담임목회지를 그 바쁘신 중에도 두 달 가까이 정말 전국구로
알아봐 주셨는데, 장로님들께서 다들 여자 목사를 꺼려하셔서
결국 제가 가고 싶다고 한 덕성교회로 갈 수 있게 되었어요. 비록
미자립교회지만 정식 절차를 밟아 가게 하셨지요. 그리고 가자마자
교회 리모델링을 너무나 예쁘게 해주시고 남선교회의 꾸준한

지원을 받게 해 주셨어요. 그뿐만 아니라 전기라든지 앰프라든지
기타 손봐야 할 데를 수고해 주실 분들에게 언제라도 제가 요청하면
돕도록 해주셨고, 덕성교회를 방문하실 때 가끔 동은교회 목사님과
함께 방문하셔서 교제하다 가셨는데 동은교회도 저희 교회와 가난한
성도들에게 난방비를 10여 년간 꾸준히 돕게 하셨죠.

　더욱 잊지 못할 일은 하나님의 은혜로 덕성교회가 1년 만에
부흥이 되자 신장암 암 치료로 입원하셨다가 퇴원하신 후 제일 처음
덕성교회에 오셨다면서 어찌나 기뻐하시는지 "가난한데 시집간
딸이 이제 살만해진 것 같은 기쁨이 커서 암도 더 빨리 나을 것
같다."고 하시면서 "앞으로 사역지 때문에 힘든 일은 없겠다."고
하시니 여러 차례 목회지를 옮겨 다니며 염려만 끼쳤던 저에게
목사님은 정말 부족한 저를 딸같이 여겨 주신 그 마음이 느껴져서
"나는 정말 행복한 사람이구나." 여겨지더라고요. 언젠가 사모님께서
이렇게 말씀하셨어요.

　목사님께서 현 목사는 몸도 조그만데 남편도 아프고 늘 고생하는
것 같아 안타깝다 못해 속이 상한다고 하셨다는 말씀을 듣고 한동안
먹먹해졌던 적이 있어요. 제가 명절 때 찾아뵐 때 과일이나 고기
같은 거 사지 말고 양말이나 사 오면 된다고 하셔서 그 뒤로 추위
타시는 목사님 "내복 담당할께요."하고 부담 없이 찾아뵈면 목사님
은퇴 전에는 한과며 과일이며 상품권을 도리어 푸짐하게 챙겨
주시곤 하셨지요.

목사님의 목사님

기억에 남는 목사님의 한마디가 있으신가요?

이순 어록이라는 말이 생길 정도로 저희들 부교역자들이 새겨들을 만한 이야기가 많지요. 제가 그중에서 가장 마음에 남겨둔 것은 "목회를 처삼촌 묘 벌초하듯 하지 말고 성의 있게 하라!"는 겁니다. "목회는 모든 분야에 작품을 만든다는 정신으로 해야 한다."고 하시면서 "문제점도 예상하고 가장 능률적이면서도 은혜로운 경험이 되도록 해야 한다." 특히 어떤 행사나 절기 때 떠오르는 말씀이죠. 설교도 하나의 작품을 만든다는 정신으로 준비를 철저히 해야 한다고 강조하셨고요.

또 성도들의 건의를 주의 깊게 듣고 반드시 반영해 주라고 하셨어요. 특히 목사님께서 항상 자주 하신 말씀이 "목회자는 모든 분야에 관해 전문가는 아닐지라도 최소한 상식은 가지고 있어야 한다."고 하셨어요. 그래서인지 정말 모르시는 게 없는 것처럼 상식이 풍부하셔서 저희들이 목사님을 "걸어 다니는 백과사전"이라고 불렀어요.

더욱 놀라운 것은 그 많은 성도들의 사정을 너무나 많이 그리고 세세하게 알고 계신다는 겁니다. 그게 바로 사랑이요 관심이지요. 그래서인지 천안중앙교회 출신 목회자나 성도들은 이런 특징이 있는 것 같아요. 어떤 교회를 갔을 때 남들은 못 보는 것을 봐요. "어, 저게 왜 저기에 있지?" 하며 정리 정돈이 안 된 것이나 질서 없는 모든 것이 보여지다보니 저 역시 그런 안목으로 가는 교회마다 정리 정돈하는 습관이 생겼고 질서를 세우다 보니 그것이 호응을 얻어낸 계기도 되었어요

나에게 故이순목사님이란?

이순목사님은 누구보다 자상하시고 자랑스러운 나의 친정아버지이십니다. 언젠가 목사님도 "나는 너를 딸같이 여기고 있다."라는 말씀을 하셨고 저도 선배나 스승이기 전에 아버지처럼 의지하며 제 인생을 다 드러내놓고 말씀드려 왔고 목사님도 마치 자식 앞에서 옛날이야기 해주시듯, 유복자로서 아버지 없는 삶을 매우 엄격하게 키워오신 어머니를 회상하며 어머님의 치매로 힘든 시간의 그 절절한 이야기, 외삼촌이 어머니 베갯잇에 땅문서 가져가심으로 닥친 생활고, 인천 지하 단칸 셋방살이에 고학으로 신문 돌리며 고생하신 이야기, 고등학교 때 교회에서 청소하시다가 성령 받으신 이야기며 어떻게 사모님을 만나게 되었는지... 어떻게 신학을 하시게 되었는지... 어떻게 안양 개척교회 그 배고프고도 마음 아팠던 시절들을 견뎌오셨는지... 어떻게 경주 중앙교회에 가서서 그 분열된 교회를 하나 되게 하셨는지.... 그리고 경주중앙교회를 누가 와서 목사님을 모셔 왔고 그중에 한 분이 예전에도 지금도 목회자를 어떤 모습으로 대하는지...

때로 누구에게 말을 차마 할 수 없는 이야기를 나눠주시면서 "본 교회 출신이기에 넌 알지? 그분이 성도들이 이러 이러하다고 내게 와서 그러는데 정말 성도들이 그렇게 생각하고 있는 것 같아?" 묻기도 하셨고요.

어떤 분이 스스로 헌신했다고 자부하면서 자기가 원하는 대로 해달라고 주장하거나 목사님께 작게 드린 것을 입소문 내는 분이 생겼을 때 조용히 가서 수습하고 그런 자세를 고치도록 설득해 보라고 하신 일들을 생각해 보면, 때때로 '목사님은 참 외로운

싸움을 하셨구나.' 하는 생각에 먹먹해집니다. 성전 건축할 때도 모든
것을 다 건 분처럼 헌금하셨고 아들 목사님 집까지 바치신 헌신을
하신 모범을 보이셨고 목회적 삶을 실천하신 그래서 누구보다
훌륭하고 자랑스러운 내 친정아버지시다. 자랑하고 싶어요.

목사님께 받은 특별한 사랑, 나누어주시면 좋겠습니다.

너무나 많은 사랑을 받았지만 특히 저희 시어머니를 참 많이
챙겨 주셨어요. 그래서 우리 어머니가 이순목사님을 너무너무
좋아하셨죠. 그런데 2005년 2월에 갑자기 뇌출혈로 분당 차병원에서
뇌지주막하 수술을 하셨고 그 후 폐에 물이 차서 2차 수술하시고
한 달여 중환자실에 계셨는데 그때는 보험적용이 안 되어서 무려
2천만원 넘는 의료비가 발생했어요.

한 달을 그렇게 보내고 나니 제 사례비로는 모실 곳이 여의치
않던 중에 천안중앙교회의 어떤 권사님께서 기도하던 중에 갑자기
제 기도하는데 너무나 눈물이 나기에 전화하신다면서 혹시 무슨
어려운 일이라도 있냐고 물으셨죠. 그래서 사정 이야기를 했더니
마침 구성동에 있는 평안의 집으로 모시면 좋겠다고 하셨어요.
그리로 어머니를 옮겨 간 후 병원 원장님이 자기가 이순목사님께
너무 큰 은혜를 입고 어떻게 하면 갚을까 했는데 이순목사님이
찾아오셔서 내가 딸같이 아끼는 여목사라고 하시는 바람에 특실을
무료로 쓰라고 배려하셨죠. 거기서 한 달을 참으로 정성껏 돌보아
주시고 천안중앙교회 성도들도 열 분이나 오셔서 예배드리는 중에
소천하셨어요.

저희 남편도 1994년 5월에 뇌종양 말기암 판정을 받고 천안의
어느 종합병원에서 오후 4시에 뇌를 열기로 했는데 목사님께서
오전 11시에 저희 집으로 예배드리러 오셔서 아무래도 그 병원
신경외과는 당시에 의료 사건 일도 있고 해서 불안하다고 하시면서
광제병원 김장로님께 전화하시면서 뇌수술에 명의가 누구냐고
믈으셨어요. 그러자 여의도 성모병원장이시라셔서 부탁해 주셔서
여의도성모병원으로 급히 옮겨갔지요.

그때 원장님이 말씀하시기를 뇌종양이 아니라 뇌농양이라며 고름
주머니가 계란만 한 데 막을 만들어서 빼내지 않고, 오진을 한 그
병원에서 4시에 수술을 했다면 즉시 터져서 그 자리에서 즉사했을
거랍니다. 목사님의 빠른 판단으로 인해 몇 시간 사이에 생사가
갈릴 뻔했는데 살아났어요. 특히 감사한 것은 특별새벽기도회
중에 저희 남편을 위한 집중적인 합심기도로 기적을 보았어요.
여의도성모병원에서 말하기를 정중앙에 위치한 종양이 1센티가량
외곽으로 옮겨져서 아주 중요한 부분을 건들지 않고 종양을 제거할
수 있었다고 해요 그 후 남편은 20년을 더 살다가 천국에 갔어요.

목사님께서는 그토록 힘든 길고 긴 암투병을 하시면서도 늘 제
걱정부터 하셨고 만날 때마다 교회 사정을 세세히 물으셨어요.
특히 어려운 일을 당했을 때 함께 아파하시며 한결같이 "그 사람이
나쁜 사람이구나!"하며 제 편을 들어주시고 지지해 주셨어요. 어느
때는 사모님과 함께 불쑥 찾아오셔서 거금의 헌금을 하셨어요.
그리시고는 제가 찬양할 때 눈을 감고 얼굴을 찌푸리고 찬양을
인도한다고 지적하시면서 "삶에 지친 성도들에게 밝은 모습을 보여

용기를 주어야지 얼굴을 찌푸리면 되냐!" 야단치셨어요. 목사님은
덕성교회 성도 하나하나를 다 아시고 누가 왔고 누가 떠났는지 어떤
사건들이 있었는지 다 아실 만큼 관심을 보이시고 항상 용기를
주셨어요. 제주도 계실 때, 두 번 내려가서 뵈었는데 그 어려운
중에도 너무나 알뜰하게 섬겨주셔서 감사했고 건강을 되찾으시는 것
같아서 너무나 행복했어요.

그 후 또 어려움을 겪으시면서 단국대 병원을 수시로 다니셔야
했고 쓰러지시기도 하고 또 기침과 객혈로 너무 고통스러우신 때도
전화드리면 그 힘 없는 목소리로 '너무 걱정하지 말라'고 오히려
안심을 시켜주느라 애쓰셨지요. 그러면서도 제가 누구와 가까운지
주변 사람들과의 관계는 어떤지 여전히 궁금해하시고 은퇴를 1년
먼저 한다고 하자 가장 먼저 연금 걱정부터 하셨어요. 연금재단에
전화해서 남은 1년 치를 일시불로 내면 5% 감액받지 않고 연금수령
가능한지를 알아보라고 재촉하셨어요.

그만큼 제 삶을 걱정해 주신 목사님. 이제 저를 위해 울어주는
목사님을 뵐 수 없고 힘들다고 억울한 일 있다고 투정 부릴 수도
없어서 너무나 섭섭합니다. "너는 생김새는 천상 여자인데 정말
여자 같은 데는 하나도 없고 남자보다 용감하다."고 웃어주신
목사님. 저를 누구보다도 다 잘 아시기에 제 허물을 덮으시면서
정말 누구에게도 그 허물을 결코 말하지 말라며 저의 허물을
야단치신 게 아니라 '그 일로 인해 네가 얼마나 힘들었느냐' 하시며
등을 두드려주신 목사님. 제 인생에 마치 내비게이션처럼 자세히
골목길까지도 세밀하게 안내하듯 한 걸음 한 걸음 인도하신 목사님.
그래서 누구보다 제 사정을 알고 계시고 또 상의해 주길 바라시던 그

아버지의 마음. 제가 품고 살아가는 동안 늘 울어도 갚을 수 없고 뵐
수 없기에 자꾸만 서러워집니다.

　때때로 너무나 보고 싶습니다. 정말 사랑하고 존경합니다.
하나님께서 제 인생에 선물처럼 주신 이순목사님 천국에서 행복하게
웃고 계실 것을 그려보며 주님께 감사합니다. 저도 목사님처럼
십자가 지고 남은 생애 살아가도록 천국에서 기도하실 걸 믿어요.
사모님과 함께 행복한 시간 가끔 만들면서 살아갈게요. 사모님
걱정하지 마시고 평안히 안식하세요. 목사님 감사합니다. 마라나타.

앞에 이순목사님이 계신다면 어떻게 인사 말씀 부탁드립니다

　목사님께서 저에게 "설교할 때 웅변처럼 하지 마라! 너는 여자
목사니까 모성애를 가지고 따뜻한 마음으로 설교를 꼭 해라!"
그렇게 말씀해주셨죠 목사님. 그렇지만 제가 그렇게 다 하지는
못한 것 같아요. 늘 실수가 많고 덜렁거리는 저를 품으시고 때로는
그것 때문에 야단도 치고 그러셨지만 이제는 그렇게 해줄 사람이
없어서 너무 아쉽고요, 그리워요. 천국에서 목사님 행복하게 잘
계시니까 저도 목사님처럼 아주 조금이라도 목사님이 사신 모습
배운 대로 실천할 수 있도록 할게요. 힘주세요. 하나님이 사랑하시는
목사님 천국에 있어서 너무 다행이에요, 너무 감사해요, 목사님,
사랑합니다.

1995년 성경통독반 수료자들과

1996년 대전신학교 졸업식에 축하하러 와주신 목사님

큰 바위 얼굴

든든한 울타리

최진철 목사

본인 소개를 부탁드립니다.

저는 경기도 광주 오포에 있는 성림교회를 담임하고 있는 최진철 목사입니다.

목사이기 전에 진실한 성도이고 싶은 사람, 맡겨 주신 성도들이 삶의 자리에서 예수 행복 맘껏 누리도록 돕고 싶은 목사입니다.

故이순목사님과는 어떤 관계이신가요?

저는 목회자로 이순목사님을 만난 게 아닙니다. 천안중앙교회 성도로서 담임목사님으로 만났습니다. 목사님은 1987년 제가 고 1때 부임해 오셨습니다. 그리고 제가 경기도 광주로 이사를 오기 전인 2008년까지 줄곧 제 담임목사님이셨습니다. 그러니까 17살부터 38살까지 제 젊은 날은 이순목사님께 신앙을 배운 셈입니다.

그래서 이순목사님은 저의 담임목사님인 동시에, 함께 대학부 활동을 했던 하늘이 누나, 보람이, 기둥이의 아버지시기도 했습니다.

제가 그냥 교회 와서 예배만 드리고 왔다 갔다 하는 성도였다면 이순목사님과의 추억이 거의 없었을 겁니다. 그러나 저 같은 경우는 대학부 때부터 교회 봉사를 열심히 했습니다. 그래서 이순목사님과는 나름 특별한 추억들이 있습니다. 그리고 그 추억들은 오늘날 제가 이렇게 목사가 되어 담임목회를 하는데 기준을 만들어 주셨습니다.

목사님의 첫인상은 어떠셨나요?

무서웠습니다. 많이 무서웠습니다. 그러나 나중엔 그 무서움은 사라졌습니다. 대신 위엄을 느꼈습니다. 그리고 숨은 정이 많으시고 따뜻한 분임도 알게 되었습니다.

목사님을 만나신 것이 계기가 되어서 변화가 되었거나, 결단을 했다거나, 그때 이후로 바뀌게 된 무엇이 있으시다면 나눠주실 수 있을까요?

제 신앙에 지대한 영향을 끼친 분 두 분을 뽑는다면, 한 분은 어머님이시고, 다른 한 분은 이순목사님이시라고 할 수 있지요.

그도 그럴 것이 제 스스로 예수님을 찾고 신앙의 깊이를 더했던 젊은 날 전부가 이순목사님이 목회하셨던 천안중앙교회 생활이기 때문입니다. 21년 동안 이순목사님 그늘 아래서 신앙생활을 했습니다. 그러기에 9회 말 2아웃에 홈런을 치는 것 같은 급격한 변화를 경험한 건 아닙니다. 오히려 나무가 자라듯이 그렇게 자랐다고 보면 됩니다. 작은 씨앗이 순이 되고, 점점 자라 커다란 나무가 되고, 열매를 맺는다면 그것이 최고의 변화 아닌가요?

큰 바위 얼굴

저는 이순목사님의 그늘 속에서 자라면서 크고 작은 사건들을 경험했습니다. 각각은 신앙의 작은 조각들에 불과합니다. 그런데 그 신앙의 조각들이 모여 저를 목사라는 모자이크가 되게 했습니다. 회장, 교사, 찬양팀 리더 등 여러 사역을 하면서 이순목사님께서 틀을 잡아 두신 귀한 교회 생활을 경험했습니다. 깊이와 품위가 있는 예배, 탄탄한 교회학교, 예수님의 제자를 세우는 훈련, 정제된 조직 체계, 원칙과 약속의 중요성 등 한두 가지가 아닙니다. 이런 건 하루아침에 되는 게 절대 아닙니다. 시간이 걸립니다. 반복해야 하고, 습관이 되어야 하고, 인격이 되어야 합니다. 그런데 20년이 넘도록 이순목사님 밑에서 신앙생활을 하며 이 귀한 것들을 자연스럽게 익혔습니다. 어디 가서 돈 주고 배우려고 해도 배울 수 없는 보석 같은 신앙생활, 교회생활이었습니다. 그렇게 평신도 입장에서 배운 것이, 목사가 된 지금도 얼마나 귀한지 모릅니다.

특히 목사가 된 지금, 제가 가장 귀하게 여기는 유산은 좋은 교회가 어떤지를 안다는 겁니다. 이순목사님이 일궈 가셨던 천안중앙교회는 제게 좋은 교회의 푯대입니다. 목사가 되고 나니 제일 원하는 건 설교 잘하는 것도 아니고, 찬양인도 잘하는 것도 아니고, 교인 수가 많아지는 것도 아님을 알게 됐습니다. 목사가 가장 행복할 수 있는 건, 저를 담임목사로 세운 교회가, 정말 좋은 교회가 되는 겁니다. 예수님 제대로 섬기는 교회, 성도들이 행복한 교회, 복음이 살아 있는 교회.
제게 천안중앙교회는 그런 교회입니다. 그리고 그런 천안중앙교회의 중심에 이순목사님이 계셨습니다.

지금 생각해 보면, '우리 이순목사님은 바로 그 교회, 주님이 기뻐하시는 좋은 교회를 세우시기 위해, 일평생 자신을 갈아내셨구나. 주님처럼 자신을 다 주셨구나.'라고 깨닫게 됩니다.

물론 약간의 아쉬움은 남습니다. 물론 이렇게 목사가 되고 나니 천안중앙교회 성도로 있다가 신학을 하고 이순목사님 밑에서 부교역자 생활을 하셨던 형님들이 부럽기도 합니다. 정말 딱 1년만이라도 이순목사님 밑에서 부교역자 생활을 해봤다면, 더 많은 걸 배울 수 있었을 텐데 하는 아쉬움도 남습니다.

목사님과의 기억나는 에피소드가 있으시다면 소개해 주실 수 있나요?

고등학교 2학년인가 3학년 때였을 겁니다. 오룡동 성전에 있을 때인데, 성전 건축을 하기 전입니다. 옛날 교육관 4층인가 5층에 목양실이 있었을 겁니다. 저랑 제 친구가 화장실에서 소변을 보고 있었습니다.

그런데, 그때 이순목사님이 들어오셨습니다. 그리고 저희들 바로 옆 소변기에서 일을 보셨습니다. 그날 저와 제 친구는 숨이 멎는 줄 알았습니다. 화장실을 나와 저와 제 친구가 동시에 외친 말이 있습니다. "야, 목사님도 오줌 누셔!" 그 당시 저희들에게 이순목사님은 하나님과 같은 분이셨습니다. 저희와는 질적으로 다른 존재인 줄 알았던 거지요. 그때 비로소 목사님도 우리와 똑같은 사람이셨다는 놀라운 깨달음을 얻었습니다.

대학부 생활을 할 때입니다. 아마 1996년 전후가 아닐까 합니다.

온양나들이라고 천안사람들만 아는 곳이 있는데 거기에 공중전화 부스가 있었습니다. 제 친구가 이순목사님의 막내아들인 기둥이에게 전화할 일이 있다며 전화를 걸었습니다. 기둥이는 저와 제 친구의 고등학교 후배이면서 교회 후배였는데, 교회 일로 뭔가 물어볼 일이 있었던 거 같습니다. 그런데 전화를 이순목사님이 받으셨습니다. 그러자 제 친구가 180도 바뀌었습니다. 온양나들이의 공중전화 부스는 사람들이 많이 지나다니는 인도 변에 있었습니다. 그런데, 목사님과 통화를 하는 제 친구가 거의 90도로 허리를 숙여 가면서 통화를 하는 겁니다. 정말 전화기 앞에 목사님이 서 계시기라도 한 것처럼 그렇게 통화를 했습니다. 그만큼 이순목사님은 그 시절 우리들에겐 큰 산과 같은 분이셨습니다.

예배의 거룩함을 깨닫게 된 값진 경험도 있었습니다. 대학부 헌신예배였던 것 같습니다. 저녁예배 때, 대학부가 찬양대를 서게 됐습니다. 제가 지휘를 맡았습니다. 그런데 찬양대를 섰던 대학생들이 예배 때 좀 잡담을 했습니다. 예배 후, 이순목사님께서 오시더니 제게 단호하게 말씀하셨습니다. "진철이 너! 애들이 떠드는 거 안 보이나? 너, 다음부터 지휘하지 마!" 정말 순간 얼음이 되었습니다.

정말 무서웠습니다. 사실 그 땐 목사님께서 왜 그렇게 무섭고 매몰차게 말씀하셨는지 이해하지 못했습니다. 그런데 나중에 목사가 된 후 깨달았습니다. '그때 이순목사님께서는 예배에 목숨을 거셨구나. 예배를 가볍게 여기는 것은 곧 하나님을 가볍게 여기는 것이구나!'

제 결혼식 날이었습니다. 이순목사님께서 주례를 서 주셨습니다. 그런데 결혼식이 시작하고 첫 찬송을 할 때였습니다. 목사님이 반주를 멈추셨습니다. 그러더니 제 결혼식 축가를 해 주기 위해 와 있던, 제가 가르치는 학교의 저희 반 아이들을 쳐다보셨습니다. 아이들이 떠들었던 겁니다. 목사님은 부드러우면서도 위엄 있게 본당 안에 있던 교역자에게 말씀하셨습니다. "저 아이들에게 순서지를 좀 갖다주세요." 아이들은 이내 정숙하게 결혼 예배를 드렸습니다. 이 역시 나중에 깨달았습니다. '결혼 예배로 드렸다. 예배다. 예배는 하나님께 드리는 것이다. 하나님을 가볍게 여기지 마라.'

천안중앙교회에 계셨던 부목사님 중 몇 분께 공통적으로 들었던 말이 있습니다. 우리 중앙교회가 신대원에 목사사관학교로 소문이 나 있다는 거였지요. 이순목사님 밑에서 부교역자 생활을 하면, 그만큼 고되지만, 제대로 훈련을 받는다는 의미였습니다. 그런 소문을 눈으로 경험했던 에피소드가 하나 있습니다.

오룡동에 성전이 있을 때입니다. 언젠가 주일 예배를 마친 후였습니다. 보통은 이순목사님께서 성도들과 인사를 다 마치시면 맞은편에 있는 교육관 1층 목양실로 가십니다. 그런데 본당 앞에 쓰레기가 떨어져 있었나 봅니다. 목사님께서 허리를 숙여 그 쓰레기를 주우셨습니다. 그러자 갑자기 목사님 좌우에 있던 부교역자들 예닐곱 명이 본당과 교육관 사이에 쫙 흩어져 쓰레기를 줍기 시작했습니다. 그것도 검은 정장을 입고 말입니다. 정말 깜짝 놀랐습니다. '달리 목회자 사관학교란 얘길 듣는 게 아니었구나.'

그 시절엔 그냥 목회자들에게 무지 힘든 교회인가 보다 하고
넘어갔습니다. 헌데, 요즘은 그런 생각을 합니다. '이순목사님은
목사로서의 영적 권위가 있으셨구나.' 자신이 손수 본을 보이시고,
부교역자들은 그걸 보고 즉시 순종하고. 요즘 같으면 상상하기 힘든
풍경입니다.

기억에 남는 목사님의 한마디가 있으신가요?

이순목사님께서 자주 말씀하신 성경 구절이 있습니다. 고전 10:31
그런즉 너희가 먹든지 마시든지 무엇을 하든지 다 하나님의 영광을
위하여 하라. 지금 제 삶의 좌우명과 같은 말씀입니다.

"한번 시작하면 꾸준하게 하라. 몇 번 하고 말 거면 아예 시작하지
마라." 대학부 때 천안시에 있는 불우이웃이나 기관들을 도왔습니다.
그 일을 시작하기 전 이순목사님께서 하신 말씀이 있습니다. "남을
도울 때, 한번 시작하면 꾸준하게 하라. 생색내기 용으로 몇 번 하고
말 거면 아예 시작하지 마라." 그래서 당시 하반신 마비로 온종일
누워만 계셔야 하는 분을 도왔는데 그분이 돌아가실 때까지 섬기는
걸 지속했던 기억이 있습니다. 지금 담임목회를 하면서도 그때
배웠던 그 원칙을 새기고 지키려고 힘쓰고 있습니다.

"신학을 할 거면 목사를 해라!" 이순목사님은 수련회 장소에 꼭 한
번씩 오셔서 학생들과의 대화 시간을 가지셨습니다.

어느 해 대학부 수련회 때입니다. 그때도 이순목사님이 오셔서
학생들과의 대화 시간을 가졌습니다. 누군가 이런 질문을 했습니다.
"신앙생활을 좀 더 잘하기 위해 신학교에 가도 됩니까?" 그때
목사님께서 이렇게 말씀하셨습니다. "신학교는 목회를 할 사람이

가야 합니다." 요즘이야 시대가 많이 달라졌지만, 어쩌면 90년대만 해도 저 말씀이 정답이었을 겁니다. 사실 제가 신학을 늦게 한 이유도 목사님이 하셨던 이 말씀의 영향이 큽니다. 신학은 20살 때부터 하고 싶었지만, 목회에 대한 확신이 없었기 때문입니다. 그 확신이 들기까지 41년이 걸렸습니다. 그리고 그때 이순목사님의 말씀이 적어도 저에게는 올바른 길잡이가 되었습니다.

나에게 故이순목사님이란?

큰 바위 얼굴! 이십니다. 나다니엘 호손이 쓴 단편소설, 큰 바위 얼굴을 아시죠? 이순목사님은 제게 큰 바위 얼굴 같은 분이십니다. 어니스트가 그토록 기다리던 큰 바위 얼굴은 다름 아닌 어니스트였지요. 믿음과 삶이 일치했고, 위엄과 사랑을 겸비했기 때문입니다. 이순목사님이 제겐 그런 분입니다. 그분의 말씀과 삶이 다르지 않았습니다. 영적 권위가 있으셨으면서도, 동시에 깊은 따스함이 있으셨지요. 제 속에 목사의 기준, 목회의 기준, 교회 생활의 기준을 세워주신 분이십니다.

든든한 울타리! 대관령 삼양 양떼 목장에 가본 적이 있습니다. 산 전체가 양떼 목장일 정도로 큽니다. 그곳에서 양들이 마음껏 돌아다닙니다. 그러나 위험하지는 않습니다. 왜냐하면 울타리가 있기 때문입니다. 저는 이순목사님 밑에서 부교역자로 배운 게 아닙니다. 부교역자로 있었다면, 이순목사님께 목회 수업을 직접적으로 받았을 겁니다. 그랬다면, 이순목사님은 제게 최고의 코치 같은 분이 되셨을 겁니다. 그러나 저는 평신도였습니다. 목사님께 직접 목회 수업을 받을 기회는 없었습니다. 하지만 저는 제

나름 이순목사님께 목회 수업을 잘 받았다고 생각합니다.

저는 청년 시절 평신도 신분으로 상당히 열심히 봉사했습니다. 찬양대, 교회학교 교사, 대학부 회장, 찬양팀 리더, 방송실 등 여러 영역에서 섬겼습니다. 특히 대학부 시절엔 스캇 브레너 목사님 집회, 박종호 장로님 집회 등 큰 행사를 기획하고 추진하기도 했습니다. 이 행사들은 교회 내 행사가 아니라 당시 천안시 전체를 대상으로 했던 행사입니다. 이걸 담당 교역자가 기획하고 추진한 게 아닙니다. 대학생회와 찬양팀이 기획하고 추진을 했습니다. 그런데 제가 목사가 되고 또 이렇게 담임목사가 되고 나니 그때 그렇게 활동했던 게 정말 대단한 은혜란 걸 깨달았습니다. 이런 굵직한 행사들을 기획하고, 추진하고, 홍보하는 등의 일들을 다 해 볼 수 있도록 허락해 주셨으니 말입니다. 교회가 허락해 주시지 않았다면 불가능했을 사역들입니다. 그리고 교회가 허락해 주셨다는 말은 곧 이순목사님께서 허락해 주셨단 얘기이기도 합니다. 왜냐하면 매 주일 저녁 교역자 회의를 하셨기 때문입니다.

제가 알기론 목사님은 매주 부서 담당교역자들을 통해 부서 일을 꼼꼼하게 챙기셨습니다. 다 아셨을 겁니다. 아마 제가 담임목사였다면, 주제넘은 행동을 한다고 못하게 했을 겁니다. 그런데 지켜봐 주셨습니다. 실제로 제 동기가 교회 전도사로 잠시 섬겼던 적이 있는데, 하루는 제게 이런 말을 했습니다. "진철아 교역자 회의 때 담임목사님이 네 얘기 종종 하셔. 그러니 신경 써서 잘해." 교역자가 아닌데, 교역자처럼 성도들 앞에 많이 드러나는 역할이었습니다. 그러니 목사님께서도 주목해 보셨던 거 같습니다. 젊은 날, 좌충우돌, 때론 무모하기까지 했던 저를 한 발자국 뒤에서

목사님의 목사님

지켜봐 주셨습니다.

큰 울타리가 되어 주셔서, 마음껏 활동해 볼 수 있도록 배려해 주셨습니다. 천안중앙교회가 규모가 상당했던 터라, 정말 많은 걸 해 봤고 배웠습니다. 그리고 그 시절이 지금 제 목회의 큰 자양분이 되었습니다. 울타리가 되어주셔서 제가 마음껏 뛰어놀 수 있었고, 그것은 또 그렇게 지켜봐 주신 이순목사님이 계셨기에 가능했던 일입니다.

목사님께 받은 특별한 사랑, 나누어 주시면 좋겠습니다.

대학교 졸업식 때 대학부 담당 목사님이 오셨습니다. 제가 알기로는 그 당시는 대학부 담당 목사님께서 대학 졸업식에 다니시진 않으셨던 걸로 압니다. 그도 그랬던 것이, 오셔서 제가 이렇게 말씀하셨습니다. "이순 담임목사님이 특별히 가보라고 하셨어요", "그리고 용돈도 주셨고요", "이런 적 없으셨어요", "담임목사님이 진철 형제를 많이 아끼시는가 보네." 그때 눈물이 핑 돌았습니다. 무섭기만 하신 분인 줄 알았는데, 이렇게 세심히 챙겨주시다니. 정말 감사하고 아버지 같다는 마음이 들었습니다. 저는 목사님께 종종 혼나곤 해서 저를 미워하시는 줄 알았거든요.

그리고 제가 학교 선생을 그만두고 목사의 길 가려고 할 때도 담임목사님께서 저희 어머님께 이렇게 말씀하셨다고 해요.

"아이고 잘했다. 진철이 잘했다." 제가 담임목회를 하게 될 때도 저희 어머니께, "요즘 담임목회하기 어려운데, 진철이 잘됐네. 가서 딴생각 말고 열심히 하라고 그렇게 말씀하세요."

제가 중앙교회를 떠난 지도 오래됐고, 목사님께서 은퇴하신 지도 한참 되셨는데 여전히 저를 기억해 주시고 생각해 주신다는 것에 큰 감동을 받았습니다. 중앙교회 성도가 몇천 명이거든요. 물론 목사님께서 성도들을 일일이 신경 쓰셨지만, 제 나름은 제가 특별한 사랑을 받았다고 생각을 했습니다. 이러한 목사님의 그 사랑이 제게는 귀한 본이 됐습니다. '난 어떤 목사가 돼야 할까?'라는 질문에 대한 기준을 명확하게 잡게 되었습니다.

이순목사님 정말 감사합니다. 목사님이 제게 보여 주셨던 목회의 길, 성도로서의 길, 또 예수님 사랑하는 길을 잘 배웠습니다. 앞으로도 계속해서 따라가도록 하겠습니다. 감사합니다.

1988년 청소년들과 함께하셨던 목사님

1997년 대학부수련회에 오셔서 함께 기도하시는 목사님

큰 바위 얼굴

큰 바위얼굴

이규황 목사

자기소개를 부탁드립니다.

안녕하세요. 저는 서울 은평구에 있는 산성교회에서 부목사로 사역하고 있는 이규황입니다. 저는 5살부터(1987년) 26살까지(2008년) 천안중앙교회에서 신앙생활을 했습니다.

故이순목사님과 어떤 관계이십니까?

저는 아쉽게도 이순목사님께서 천안중앙교회에서 시무하실 때 전도사나 목사로 사역한 경험은 없습니다. 어려서부터 천안중앙교회 교회학교에서 신앙생활을 했으니 교장 선생님과 교회학교 학생의 관계라고 할까요? 물론 제가 사역을 하면서부터는 이순목사님은 저의 큰 스승님이셨습니다.

목사님의 첫인상은 어떠셨는지요? 또 그 인상이 어떻게 변해갔나요?

저는 유치부 때부터 어머니를 따라서 주일 저녁 예배를

드렸습니다. 천안중앙교회가 오룡동에 있을 때 일입니다. 주일
저녁 예배를 마치고 나오면 이순목사님께서 늘 본당 출입문 중앙에
계셨습니다. 재미있는 기억은 성도분들 대부분 이순목사님을
어려워하셨는지 3개의 출입문 중에서도 부교역자들이 서 계시는
좌우 문으로 나가셨어요. 그런데 어머니께서 저를 가운데 문으로
나가도록 하셨습니다. 그때마다 이순목사님께서 인자한 눈빛으로
바라봐 주시며 저의 머리를 쓰다듬어 주셨습니다. 그래서 저에게는
늘 자상하고 인자하신 분이셨습니다.

　　그런데 저의 고등부 시절에 공식적인 회의 석상에서 목사님을
뵐 일이 있었습니다. 당시 한 달에 한 번 기관장 회의가 있었는데,
목사님께서 직접 회의를 진행하셨습니다. 기관장 회의는 교회학교를
비롯해 찬양대 등 교회의 각 기관 회장들이 참석했습니다.
　　그때 중학생회 회장부터 기관장 회의에 참여했습니다. 저는
고등부 시절에 고등학생회 회장이 되었습니다. 그래서 회장
자격으로 기관장 회의에 참석하는 영광을 누리게 되었습니다.
고등부에서 있었던 일들을 매월 이순목사님께 직접 보고드리고 또
다음 달 예정하고 있는 일들을 말씀드렸습니다.
　　그 회의를 통해서 뵌 이순목사님은 또 달랐습니다. 예리하셨고
중학생들 고등학생들의 보고도 노트에 다 적으셨습니다.
그러면서 가끔 질문도 하셨습니다. 예를 들어서, "실로암 축제
참석 예상인원이 어떻게 되나요?" 저에게는 그런 교회 풍경이
일상적이어서 그때는 몰랐는데, 이후 전임 사역을 하면서 그 정도
규모의 교회 담임목사님께서 중학생 고등학생들과 한 달에 한 번

회의를 하신다는 것, 그것도 기계적으로 하시지 않고 보고 하나하나 메모까지 하시면서 질문도 하셨다는 살아있는 교육을 통해서 깨달았습니다. '진정으로 교회를 사랑하시고 온 성도들의 마음을 헤아리시는 목사님이시구나'라고 말입니다. 지금 한국에 그런 교회가 있을까요? 더구나 그때기 대략 25년 전입니다. 결론적으로 전 어릴 적부터 목사님을 뵈면서 따뜻함을 느꼈고 기관장 회의를 통해서 교회를 향한 목사님의 열정과 세밀하심을 느꼈습니다.

목사님과의 5번의 만남이 있으셨다고요.

첫 번째 만남 "하나님 마음에 합한 목사 되도록"

저는 어릴 적부터 목회자의 꿈을 꾸며 자랐습니다. 그러던 중 중학교 3학년 겨울방학이었던 것 같습니다. 용기를 내서 이순목사님께 이메일을 보냈습니다. '목사님. 목사가 되려면 어떻게 해야 할까요?' 사실 바쁘셔서 답장이 올까 고민했는데 이틀 뒤 답장을 주셨습니다. 어떻게 공부를 해야 하고 어떤 과정이 필요하고 그러면서 '하나님 마음에 합한 목사 되도록 목사님이 기도할게'라는 문장이 아직도 제 가슴 속에 남아있습니다.

두 번째 만남, "기도하면 응답하셔"

제가 대학을 다니면서 장신대 신대원을 준비하고 있던 중에 저에게 한 가지 신앙적 고민이 생겼습니다. 기도에 관한 것인데. 생각해 보면 아무것도 아닌 일인데 저에게는 너무 심각한 고민이었습니다. '하나님께 기도하면 내가 어떤 방향으로 나아가야 할지 내가 어떻게 살아야 할지 답을 주시나요?'라는 고민이었습니다.

목사님의 목사님

그 시점이 신학교를 가야하는지 그렇지 않고 직장생활을 할지
고민이 많은 시기에 아무리 기도해도 답이 없는 것 같더라고요.
그래서 몸도 마음도 지친 상황에서 목사님께 상담을 요청했고 그때
목사님께서 간결하게 말씀해 주셨습니다. "기도하면 응답하셔."
그리고 이어지는 말씀이 "내가 그렇게 살아왔어." 그러시면서
목사님께서 목회하시면서 위기가 있을 때마다 기도를 통해 어떻게
극복했는지 친절하게 설명해 주셨습니다. 그 만남 후 저는 다시
마음을 잡고 기도하며 신학교를 준비하게 되었고 기도에 관한 그
답답함도 해결되었습니다. 기도는 인생의 답을 얻기 위한 것이
아니라 하나님과 관계를 위한 것이었습니다.

세 번째 만남, "좋은 사람"

제가 신대원 입학 소식을 송이레사모님께 전해드렸고 어머니와
제가 감사한 마음에 이순목사님과 송이레사모님께 식사대접을 하고
싶다고 말씀드렸습니다. 일본식 돈가츠집이었습니다. 목사님과
사모님 그리고 어머니와 저 이렇게 넷이서 식사를 하는데 저도
신대원 입학을 앞두니 목사님이 전보다는 더 어렵더라고요. 그래서
조용히 밥을 먹고 있는데. 이런 말씀을 하셨어요. "나는 능력도 없는
사람이라서 지금껏 하루도 빼먹지 않고 기도한 것이 있어. 좋은 사람
만나게 해달라고 기도했고, 그래서 하나님께서 늘 좋은 사람들을
붙여주셔서 지금 여기까지 목회할 수 있었어"라는 말씀이셨습니다.
사실 신대원 입학을 앞두고 이순목사님과 식사를 하면서 제가
기대하는 점이 있었습니다. 목회의 비법을 좀 전수받고 싶다.
소위 천기누설이라고 하나요. 그런데 다른 말씀은 많이 안 하셨고

"하나님께서 좋은 사람 만나게 하셔서 여기까지 오게 하셨어"라는 말씀을 주셨습니다.

그땐 저에게 겸손하라고 주시는 말씀이라고 생각을 했는데 시간이 지나서 그때 말씀을 곱씹어 보면 '하나님을 의지하는 목사님의 방법이었구나'란 생가이 듭니다. 그래서 저도 매일은 아니지만 새벽에 기도할 때마다 "하나님, 저도 능력이 없으니 좋은 사람 만날 수 있게 해주세요." 기도하고 있습니다. 하나님께서 응답해 주시겠죠?

네 번째 만남, "그냥 살아"

제가 지금의 아내를 만나서 결혼을 앞두고 있을 때 아내와 함께 목사님께 인사를 드리러 갔습니다. "목사님 제가 결혼할 아내입니다."라고 말씀드리니 목사님께서 "아내가 뭐야? 안사람이라고 해야지." 그래서 제 핸드폰에 지금도 아내가 안사람으로 저장되어 있습니다.

그리고 이렇게 말씀하셨어요. "잘 들어. 다른 사람 만나면 행복할 거 같지? 아니야~ 그냥 살아!" 사실은 좀 당황했죠. 이제 결혼을 앞두고 있는 커플에게 '서로 배려해라~ 잘 들어줘라~ 양보해라~' 이런 말씀이 아니라 "잘 들어. 다른 사람 만나면 행복할 거 같지? 아니야~"라는 말씀은 지금 돌아보면 저를 정말 아끼고 사랑하셔서 주신 말씀이다. 멘트가 아니라 현실적인 말씀이라는 생각이 들었습니다.

마지막 만남. "너는 여기야"

이순목사님께서 은퇴하시고 안서동에 사실 때 명절을 맞이해 인사를 드리러 갔습니다. 그런데 목사님께서 저에게 종이 한 장 꺼내셔서 원 하나를 그리시면서 원 중심과 아주 먼 곳에 점을 하나 찍고 "잘 들어. 너는 지금 여기 있어. 그리고 여기까지 가려면 멀었어." 그때 제가 서울에서 부목사로 있다고 말씀드렸더니 혹 교만해질까 봐 저에게 주시는 뼈있는 말씀이었던 것 같습니다. 그리고 이어서 "규황아 성경을 깊이 봐. 기도를 깊게 해"라는 말씀을 주셨습니다. 그 만남이 이순목사님과 마지막 만남이었습니다.

늘 필요한 말씀을 주셨고, 늘 기본적으로 목회자가 갖추어야 할 것을 가르쳐주셨고, 또 현실적인 부분도 무시하지 말고 목사로 사는 삶이 무엇인지 자세히 가르쳐주셨습니다. 그리고 그 가르침이 지금도 강력한 이유는 이순목사님의 삶과 가르침이 일치했기 때문입니다.

나에게 이순목사님은 어떤 분이십니까?

저에게 이순목사님은 큰 바위 얼굴입니다. 큰 바위 얼굴의 주인공 어니스트가 그 바위를 보며 자랐듯이 저도 목사님을 보면서 컸습니다. 제가 직접 천안중앙교회의 교역자로 사역을 못 했지만, 저에게는 늘 '목사님 같은 목사님이 되어야겠다'란 꿈을 심어주신 분입니다.

마지막으로 지금 목사님이 앞에 계신다면 어떻게 인사 올리시겠습니까?

인터뷰를 준비해 보니 제 삶의 중요한 순간마다 목사님의 가르침이 있었습니다. 저에게 늘 한결같으신 사랑으로 귀중한 가르침을 주시고 목사라는 꿈을 꾸게 하시고 어떤 목사가 되어야 하는지 본이 되어 주셔서 진심으로 감사드립니다.

제가 앞으로 어떤 방향의 목회를 할지 알 수 없습니다. 하지만 저를 위해서 때마다 하나님 마음에 합한 종이 되게 해달라고 기도해 주셨는데 하나님 마음에 합한 종이 되도록 최선을 다해보겠습니다. 목사님, 감사합니다. 사랑합니다.

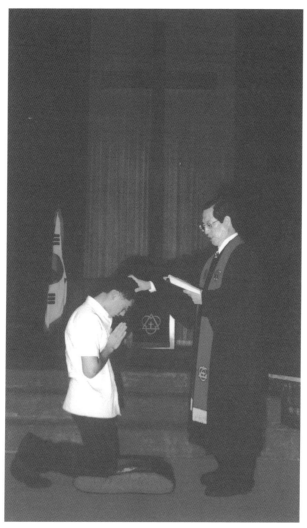

1999년 8월 22일 故이순목사님께 세례받는 이규황목사.
(당시 중학교 3학년)

큰 바위 얼굴

주님처럼 목회하려 진력하신 목사님

이준학 목사

본인 소개를 부탁드립니다.

네 저는 천안 병천에 있는 주엘림교회를 섬기고 있는 이준학 목사입니다. 시골 교회지만 하나님의 은혜와 또 성도들의 사랑 안에서 아주 행복한 목회를 하고 있습니다.

故이순목사님과는 어떤 관계이신가요?

우리 이순목사님은 저를 목회자로 만들어 주신 분이십니다. 제가 군에서 조종사로 한 20여 년간 근무를 하고 전역을 해서, 천안에 정착하게 됐습니다. 그리고 아주 좋은 교회라고 소문난 천안중앙교회에 등록을 해서 평신도로 출석을 하게 됐습니다.

당시 저는 두 가지 일에 관심을 두었습니다. 먼저 군 조종사의 경험을 가지고 항공사에 취업을 준비하는 일이었고, 또 한 가지는 당시 제가 안수집사였는데 신학공부를 하고 싶어서 초교파 신대원에 다니면서 신학공부를 하고 있었습니다. 그러던 차에 목사님께서 등록심방을 오셨습니다. 대화를 나누는 과정에서 목사님은 저에

대한 많은 정보를 습득하게 되셨고 그때부터 저를 위해서 기도해
주시고 아주 특별한 관심을 가져주셨습니다. 그 후 목사님은
저를 목양실로 불러주셨습니다. 그리고 '앞으로 목회를 할 생각이
있느냐?'라고 질문을 하셨습니다. 그래서 저는 '하나님께서 저를
쓰신다면 순종할 각오가 되어 있습니다'라고 말씀을 드렸습니다.

　그랬더니 목사님께서 '항공사에서 출근하라고 연락이 온다 해도
흔들리지 않겠느냐?'라고 질문을 하셨습니다. 그래서 저는 '목회는
정말 가치 있는 일이라고 생각을 하고 취업이 되더라도 포기하고
목회할 수 있습니다'라고 말씀을 드렸습니다. 그러니까 목사님께서
그렇다면 '신학교를 옮겨야 됩니다.'라고 말씀을 해주셨습니다.

　그래서 부목사님 한 분을 선임하셔서 저를 전적으로 돕는
일을 하도록 배려해 주셔서 현재 교단의 신학교로 편입을 하게
되었습니다. 그리고 공부를 마쳤을 때 현재 시무 중인 주엘림교회에
보내주셔서 지금에 이르고 있습니다.

목사님의 첫인상은 어떠셨나요?

　저는 목사님을 뵙고 지도자로서 자기 관리를 철저하게 하시고
원칙을 아주 중요하게 하시는 분으로 이렇게 인상을 받았습니다.
그러나 주변 사람을 대해 주실 때는 굉장히 따뜻하신 분임을 알게
되었습니다. 한마디로 말해서 '외유내강 격이신 목사님이시다'
저는 그렇게 생각을 했습니다. 당시 교역자들과 성도들은 목사님을
매우 두려워했습니다. 그러나 저는 군 생활을 많이 한 경험으로
인해서 그런 모습이 아주 존경스럽고 매력적이고 그 목사님과 더
가까이하고 싶은 그런 마음이 있었습니다. 지금도 그 마음이 변하지

않고 목사님을 존경하면서 조금이라도 닮고 싶은 심정입니다.

목사님을 만나신 것이 계기가 되어서 겪으신 변화가 있으실까요?

제가 주엘림교회에 부임했을 때 모든 상황이 참 열악했었습니다.
그럼에도 불구하고 하나님께서 주신 기쁨과 감사가 충만했고
나름대로 열심을 내면서 최선을 다하고 있었습니다. 그때 목사님이
방문해 주셨습니다. 목사님 얼마나 바쁘신 분입니까? 그럼에도
불구하고 저를 배려해서 찾아주시니 정말 감동이었습니다.
"교인들은 얼마나 나오느냐?", "재정적으로는 힘들지 않느냐?",
"참 수고가 많다." 이렇게 격려를 해주시고 저에게 이런 말씀을
해주셨습니다. "아무리 깊은 산중에 있는 사과나무라 할지라도
사과가 잘 열리게 되면 그 사과를 따러 오는 사람이 꼭 있게
마련이다. 그러니까 앞으로 10년만 여기서 사과나무를 가꾸듯이
열심히 목회해 봐라." 이런 말씀을 해주셨습니다. 그리고 기도해
주시고 돌아가셨고 저는 그 말씀을 지금도 마음에 새기고 목회를
하고 있습니다. 그 후 교회가 점진적으로 성장해서 자립교회가 되고
지금은 이제 당회가 구성돼서 조직교회로 든든히 서가고 있습니다.

목사님과의 기억나는 에피소드가 있으시다면 소개해 주실 수 있나요?

저에게 두 가지가 있습니다. 한 가지는 제가 나이가 들어서 이렇게
신학교를 옮기게 되어서 목사님과 함께 신학교를 방문한 적이
있었습니다. 그때 제 차로 모셨는데 당시 목사님과 저는 조금은
어려운 관계에 있었습니다. 그럼에도 불구하고 그때에 고속도로

목사님의 목사님

통행료를 손수 내주셨습니다. 저에게는 정말 감동적이었고 참 섬김의 본을 보여주셨다고 생각을 합니다.

또 한 가지는 목사님이 많이 편찮으셨을 때 수양관에서 쉬고 계신 적이 있었습니다. 그때 제가 목사님을 찾아뵌 적이 있는데 목사님께서 저에게 기도를 해달라고 부탁을 하셨고 저는 간절히 목사님을 위해서 기도했습니다. 그때 목사님이 눈시울이 뜨거워지는 것을 목격하게 되었습니다. 그때 참 얼마나 힘드셨을까 지금도 그때 생각이 자꾸만 떠오릅니다.

기억에 남는 목사님의 한마디가 있으신가요?

목사님께서는 저에게 "무슨 일을 하든지 작품을 만드는 것처럼 그렇게 일을 해야 된다" 이 말씀을 해주셨어요. 지금도 저는 이 말씀을 심비(心碑)에 새기고 실천하고 있습니다.

나에게 故이순목사님은 어떤 분이십니까?

저는 이순목사님을 "주님처럼 목회하시려고 진력하신 분이시다" 이렇게 생각을 하고 또 하나님을 바라보면서 "목회를 위해서 그 인생을 올인(ALL IN)하신 분이다" 이렇게 생각을 하고 있습니다. 그래서 지금도 목사님에 대한 존경심이 변함없고 목사님을 조금이라도 닮으려고 진력하며 목회하고 있습니다.

목사님이 이 자리에 계신다면 하고 싶으신 말씀은?

목사님 참 감사합니다. 그리고 한 번 꼭~ 안아드리고 싶습니다. 목사님 사랑하며 존경합니다.

2012년 임채련목사님 은퇴식에서

목사님의 목사님

영적인 아버지요 진정한 어른을 만나다

이태승 목사

본인 소개를 부탁드립니다.

작년(2022년) 12월에 은퇴하고 지금은 충남 웅천에 있는
대천중앙교회 주님의 선교센터에서 사역하고 있는 이태승
목사입니다.

故이순목사님과는 어떤 관계이신가요?

80년대 말, 직장 관계로 천안으로 이사 와서 다니게 된 교회가
목사님께서 시무하시던 천안중앙교회였습니다. 그 교회에서 우리
가족이 20여 년간 신앙생활을 했습니다. 그러다가 제가 신학을 하게
되면서 목사님의 도우심과 지도를 받아 목회하게 되었으니 평신도로
시작해서 목회자로 목사님을 알게 된 기간이 한 40여 년 되는군요.

**목사님의 첫인상은 어떠셨나요? 그 이후의 인상은 어떻게
달라지시던가요?**

저 역시 목사님을 처음 뵈었을 때 느낌은 '매우 엄격한 분이구나.'

인상을 갖게 되었죠, 그래서 '쉽게 다가갈 수 없는 분'으로
보였습니다. 그런데, 시간이 지날수록 '아, 이분은 다른 사람에게가
아니라 당신 자신에게 더 엄격한 분이구나.' 하는 것을 알게
되었습니다. 기본과 원칙을 중시하되 남들에게 강요하시는 게
아니라 당신이 먼저 철저하게 지키시는 분이셨습니다.

그리고 말씀하신 것을 그대로 실천하시기에 언제나 신뢰할 수
있는 분이었습니다. 그러면서 사실은 매우 따뜻한 분이셨습니다.
유머도 많으셨고요. 아마 목사님을 조금 깊이 아는 분들이라면
누구나 동의하실 겁니다.

**목사님을 만나신 것이 계기가 되어서 변화가 되었거나, 결단을
했다거나, 그때 이후로 바뀌게 된 무엇이 있으시다면 나눠주실 수
있을까요?**

먼저 평신도로 있을 때는 주로 예배 시간의 설교를 통해서
목사님을 접했습니다. 그런데 그때 제 신앙은 뜨겁지도 차지도 않은
미지근한 상태였으니, 제 삶에 큰 변화가 있거나 하지는 않았습니다.
다만 늘 한결같으신 모습만은 깊이 각인되어 있었습니다.

그러다가 우여곡절 끝에 그때 제 나이 50이 다 되어 목회
길에 들어서면서부터 목사님을 통해 제 삶에 많은 변화가 있게
되었습니다. 평신도 때는 잘 몰랐지만, 이때부터는 하나님 앞에서의
목사님의 자세가 눈에 들어오기 시작했습니다. 무엇보다도 예배를
목숨처럼 중요하게 여기시는 모습이 보이기 시작했습니다.
하나님 앞에서 산다는 게 뭔지를 목사님을 통해서 보게 된 거죠.
그러면서 '내가 지금까지처럼 이렇게 살아서는 안 되겠다.'는

생각이 들었습니다. 그때부터 신앙은 '하나님 앞에서의 자세'라는
제 나름대로의 깨달음을 붙들고 살았습니다. 말씀을 대하는 자세,
예배를 드리는 자세, 성도와 이웃을 대하는 자세, 이게 바로 되어
있으면 그 사람의 신앙이 바르게 서더라고요.

목사님은 원칙과 기본을 아주 중요하게 여기셨지만, 그것을
가르치시는 것으로 그치지 않고 당신 자신이 본을 보이셨습니다.
그걸 볼 수 있었던 것은 은혜였습니다. '그렇게 배운 대로
살았느냐?'고 묻는다면 할 말이 없지만, 하나님 앞에서 한결같이
반듯하셨던 목사님의 자세를 지금도 본받으려고 애쓰고 있습니다.

목사님과의 기억나는 에피소드가 있으시다면 소개해 주실 수 있나요?

저는 평신도로 지내다가 목회하게 되었는데, 신학을 시작하면서
다른 교회 교육전도사로 바로 나갔기에 목사님 밑에서 직접
사역한 적은 없습니다. 그래서 늘 조금 떨어져서 배우고, 지도받고
그랬죠. 그러다 보니 제대로 한 번 모실 기회도 없었어요. 그랬는데
목사님께서 은퇴하시고 얼마쯤 지나서 제가 목회하던 지역인
서천에 두 번을 오셨습니다. 거기까지 오시는 것 자체가 제겐
영광이었습니다. 쉽게 이렇게 다가갈 수 없는 그런 위엄이 늘 계셨기
때문에 저도 마음은 원했지만 가깝게 가서 목사님을 접하기가
어려웠습니다. 그런데 그곳에 오시니까 얼마나 좋았는지 모릅니다.

한번은 두 내외분이 오셔서 제가 목회하던 교회를 둘러보시면서
격려해 주셨고, 또 한번은 천안지역의 은퇴 목사님들 몇몇
내외분과 함께 오셔서 서천 이곳저곳을 다니시면서 하루 동안

함께 하셨습니다. 그때 목사님이 얼마나 즐거워하시던지요. 참 기뻤습니다. 목사님만큼이나 저도 기뻤고요. 꼭 다시 모셔야겠다고 생각했지요. 그런데 얼마쯤 지나 안부 전화를 드렸더니 몸이 안 좋아지셔서 단대병원에 입원해 계시는 겁니다. 코로나 전이었기 때문에 병원에 찾아가 잠시 뵈었는데, 그게 목사님을 뵌 마지막이 되었습니다.

그러다가 작년, 목사님 소천하시기 한 달쯤 전에 목사님이 전화를 주셨습니다. 어떻게 지내느냐고... 은퇴하면 어떻게 살 거냐고... 당신은 제대로 거동도 못하시면서 시골 목회 은퇴하고 살아갈 제 걱정을 해주시더군요. 코로나를 핑계로 찾아뵙기는커녕 제대로 안부 전화조차 드리지 않은 게 너무 죄스러우면서도 얼마나 감사했는지 모릅니다. 근데 그때는 정말 몰랐지만, 목사님은 그렇게 하나하나 정리를 하고 계셨던 것이죠. 그 통화가 마지막이었습니다. 그리고 얼마 있다가 목사님 소천 소식을 전해 들었습니다.

가슴 한편이 콱 막히며 한동안 말이 안 나오더군요. 저는 제 신앙 인생의 든든한 어른을 그렇게 잃었습니다. 그때 이런 생각을 했습니다. 목사님 평소의 삶의 모습에서도 많은 것을 우리에게 가르쳐 주셨지만 주변을 하나하나 잘 정리하고 가시는, 그래서 아름답게 그 생을 마감하고 가시는 모습에서 저는 큰 감동과 더불어 '아 나의 목회도, 인생의 마감도 이분처럼 할 수 있다면 원이 없겠구나!'하는 생각을 하게 되었습니다. 그리고 소중한 이들과의 일은 미루면 반드시 후회한다는 것을 깨달았습니다. 만날 수 없으면, 전화라도 해서 보고 싶다고, 그립다고, 사랑한다고 말해야겠다고 결심했습니다.

기억에 남는 목사님의 한마디가 있으신가요?

목사님이 뜻밖에도 많이 소탈하세요. 여러 정황에서도 그러셨습니다만, 목사님은 가끔 저를 만나시면 기도를 부탁하셨어요. 제가 뭐라고... 교단의 중책을 맡으셨거나 이런저런 일을 하실 때, 또 몸이 불편하셨을 때도 "기도해 줘." 그러셨습니다. 그때마다 언제나 하나님을 의지하며 사시는 모습에 머리가 숙여졌습니다. 부족한 저 같은 사람에게도 스스럼없이 기도를 부탁하실 정도로 그분은 하나님을 붙들고 사셨습니다.

한번은 제 딸의 주례를 부탁드리러 찾아뵈었을 때 목사님께서 이런 말씀을 하시더군요. "총회장 선거에 나가는 거, 접었어.", "왜요, 목사님?" 놀라서 여쭸습니다. 제가 알기로 당시에 목사님이 나서시기만 하면 어렵지 않게 되실 수 있었습니다. 그랬더니 "그게 내 길이 아닌 것 같아." 그러고는 더는 말씀을 안 하셨습니다. 그 말씀이 지금도 자주 떠오릅니다. 시골 작은 교회 목사가 그 어른의 상황과 뜻을 뭘 알았겠습니까마는 '목사님이 하나님 앞에서 생각하셨겠구나, 하나님 앞에서 결정하셨겠구나.' 하는 것만은 분명히 느낄 수가 있었습니다. 목사님은 그렇게 당신의 길을 끝까지 가셔서 우리 모두 알듯이 정말 아름답게 목회와 인생을 마무리하셨습니다.

그 후로 어떤 일을 하거나 선택해야 할 때, 과연 이 길이 내가 가야 할 길인가를 저도 하나님 앞에서 생각하게 되었습니다. 감사할 뿐입니다.

큰 바위 얼굴

나에게 故이순목사님이란 어떤 분인가요?

저에게 있어서 목사님은 영적인 아버지셨죠. 어른이세요. 말이
아니라 삶으로, 언제나 본질을 잃지 않고 반듯하게 걸어가심으로 그
길을 가는 동시대와 후대의 본이 되신, 어른이셨습니다. 목사님은
뒤늦게 목회 길을 가는 제게 현실 목회의 기본을 이것저것 말씀해
주셨습니다. 교회의 규모가 크든 작든 성도들을 대하는 목사의
자세가 어떠해야 함도, 양보해서는 안 되는 원칙과 과감히 양보해도
좋은 일들을 잘 구별해야 함도 목사님께 배웠지요. 그런데 목사님은
언제나 하나님 앞에 사시는 당신의 모습을 통하여서 제게 더 많은
것을 가르쳐 주셨습니다.

바울은 고린도 교회 교인들에게 그리스도 안에서 일만 스승이
있으나 아버지는 많지 않다고 했는데, 당신 삶의 모습을 통해서
귀한 가르침을 주신 목사님은 뒷모습을 통해 길을 보여주신 영적
아버지요 진정한 어른이셨습니다. 자칭 지도자라고 하는 사람은
많아도 참된 어른은 찾아보기 힘든 세상에서 한결같은 무게로
사셨던 목사님이 더욱 그립습니다.

목사님께 받은 특별한 사랑, 나누어주시면 좋겠습니다.

사업이 망해 다시는 일어설 가망도 없이 '내 인생 이렇게
끝나가나...' 하며 망연자실해 있을 때, 목사님이 아니셨으면 엄두도
못 낼 목회의 길을 걷게 되었죠. 인도만 해주신 게 아니라 아무도
모르게 3년간의 신대원 등록금, 기숙사비를 모두 대주셔서 무사히
졸업하게 해주시고, 사역지도 마련해 주셨습니다. 그래서 제 인생

목사님의 목사님

후반부를 이렇게 복되게 살게 해 주셨지요. 감당할 수 없는 은혜를
입었습니다.

첫 사역지에서 어렵게 살고 있을 때, 하루는 교회로 오라고
하시더니 봉투를 하나 주시는 겁니다. 이게 뭐냐고 여쭸더니,
'이목사가 쓰지 말고 아내에게 가져다주라'고 하시더군요.
돌아오면서 열어보니 100만 원이 들어있었습니다. 지금도 그렇지만
당시 저희에게는 정말 큰돈이었지요. 이렇다 저렇다 아무 말씀도
없으셨지만, 그냥 전해지더군요, 목사님 마음이. 내가 주는 것도
아니면서 아내에게 건네줄 때 얼마나 기뻤는지 모릅니다. 아내는
목사님이 주셨다는 말을 듣고 봉투를 손에 쥔 채 아무 말도 못
했습니다.

또 제 딸이 지금 마흔 살이 넘어 세 아이의 엄마인데요, 몇 년
전까지만 해도 목사님과 통화를 하면 지은이 다리 괜찮으냐고
물으시곤 하셨어요. 그 딸이 초등학교 1학년 때 교통사고로 다리에
큰 골절을 입어 꽤 오래 병원 생활을 했었거든요. 그래도 30년이나
된 일인데, 그걸 잊지 않으시며 잘 지내느냐고, 요즘은 어떻게
지내느냐고 물으시는 겁니다. 사소한 것도 오래 기억하시며 관계를
이어주시는 목사님이셨습니다. 우리 가족 모두 잊지 못합니다.

그리고 이 자리를 빌려서 사모님께도 깊은 감사를 드립니다.
그 어렵던 시절, 제 아내를 이모저모 살펴주시고, 감싸주시고, 늘
인격적으로 대해 주셨습니다. 오래오래 건강하시고 평안하시기를
기도하겠습니다. 감사합니다.

6장

너무나

인간적인

빈손 들고 앞에 가 십자가를 붙드신

김정호 목사

본인 소개를 부탁드립니다.

저는 참 행복한 목회자입니다. 왜냐하면 누구를 만나느냐가
인생의 방향을 정하고 진로가 정해지고 참 재밌는 인생이 될 수
있다고 그러는데, 목회 시작 전에도 많은 목사님들을 만났지만 전
이순목사님 만나고 난 뒤 제 인생뿐만 아니라 목회 그러니까 제 삶의
모든 궤적들이 어느 곳을 향하여 갈지가 딱 정해졌기 때문에, 저는
참 행복한 목회자입니다. 저로 인해 또 다른 행복한 목회자가 정말
많이 나왔으면 좋겠습니다.

저는 목사님께 받은 사랑이 너무 커서 어떻게 감당할지 모를
정도입니다. 이전에도 지금도 목사님을 생각하면 목사님 덕분에
지금도 행복한 목회자로 살아가고 있다고 고백할 수 있습니다.
저는 이렇게 행복한 목회자로 예수님을 찬양하는 교회, 예찬교회를
담임하고 있는데요, 여기도 목사님께서 보내 주셨지요. 코로나
시기를 거쳐오는 동안 어렵고 힘들었지만 행복한 목회자로 살아가고
있는 김정호목사입니다. 반갑습니다.

故이순목사님과는 어떤 관계이신가요?

제가 천안중앙교회 이순목사님을 만나게 된 계기는 제 신대원
동기인 양형주 목사님을 통하여 소개받고 서류 내고 면접 보고
그래서 뵙게 되었는데요. 누구든 똑같이 말하겠지만 사실 저는 이
모든 게 은혜입니다. 정말로 은혜인 것은 제가 목회를 늦게 시작했기
때문에 기대도 않고 그저 주님 부르시면 가겠다, 생각했는데
천안중앙교회에 와서 이순목사님을 만나서 참 너무 행복했습니다.

특별히 그날 와서 면접 보고 나오는데 이미지는 참 강하고
무서우신데 문밖까지 나와서 직접 배웅해 주시고 "안녕히
가세요~" 해주셨던 그 따뜻한 그 뒷모습이 아련히 남았었지요.
그런데 다시 불러 주셔서 여기까지 오게 되었습니다. 그런데 참
묘한 것은요, 저는 천안중앙교회를 오래 섬기지는 않았어요.
3년 밖에 있지 않았어요. 근데 저는 평생을 두고도 배울 수 없는
목회를 천안중앙교회 이순목사님을 통해서 짧고 굵게 배운 행복한
제자입니다. 그래서 저는 행복한 사람이라고 자신 있게 말할 수
있습니다.

목사님의 첫인상은 어떠셨나요?

물론 처음 인상을 편하고 따뜻하고 부드러운 분이라고
이야기할 분은 세상천지에 아무도 없을 겁니다. 호.랑.이.교.관.
딱 어울리는 별명이십니다. 육군사관학교에서 우리나라의 정병
최강의 군인들을 육성하듯이 천안중앙교회는 목회자훈련 양성소,
말하자면 목사사관학교라고 자타가 공인하는 교회입니다. 그런
중앙교회에서의 사역을 참 두렵고 떨림으로 시작했는데, 목사님이

너무나 인간적인

살아가시는 일거수일투족이 저에게는 전부였고 그것이 제 목회
방향을 정해 주는 거라고 저는 마음에 담고 있었기 때문에, 혼나도
기분 좋게, 맞아도 행복하게, 뭐라고 잔소리를 더 해주시면 더
감사했지요. 그 가르쳐 주시고 혼내시는 열정의 소리와 메시지가
지금은 아련하게 남아있습니다. 그때는 그저 '끝내면 좋았고 짧으면
좋았다'라고 생각했는데, 지금 와서 생각하니까 회의 때마다 칠판
앞에 서셔서 칠판에 글씨를 쓰시면서 하나하나, 말투 어투 억양
하나하나를 몸짓 발짓 손짓을 다 해가면서 가르쳐 주셨던 그 열정은
지금도 제 삶의 귀감이 되어서 오늘까지 저에게도 이르러서 제
목회의 근간을 이루고 있습니다. 제가 좀 강성이라고 말씀하시는
분들도 계시는데, 저도 부드러운 면이 있거든요, 목사님처럼
강하면서도 부드러운 모습으로 목사님께 받은 전부를 그대로
전달하고 싶은데 부족할 따름입니다.

**목사님을 만나신 것이 계기가 되어서 변화가 되었거나, 결단을
했다거나, 그때 이후로 바뀌게 된 무엇이 있으시다면 나눠주실 수
있을까요?**

사실 제가요, 급하고 좀 어수선하고 정리되지 못하는 부분도
있고 시작은 잘했는데 마무리가 좀 우유부단한 그래서 결정력이 좀
딸리는 그런 아쉬움이 좀 있었습니다. 그래서 저는 선생님이 되실
목회자를 만난다면 정말로 배울만하고 기억이 되고 반듯하고 그런
분을 기도하고 기대했는데요, 바로 그분이 이순목사님이십니다.
반듯하고 정갈하고 깔끔하시고 단순하고 정리 정돈을 항상 잘
해주셨어요. 그러다 보니 따라가기에 좀 힘들었지만 그런 모습이

목사님의 목사님

제 생활 속에서 또, 제 목회 가운데 깊이 담기게 되었습니다.
그래서 저는 지금 예찬교회를 섬기면서 가르쳐 주신 대로 단순하고
깔끔하고 정리 정돈 잘해서 지나가고 오가는 사람들한테 정말
교회다운 교회, 목사다운 목사, 뭔가 남고 싶고, 같이 하고 싶고,
계속 동행하고 싶은 그런 교회를 만들고자 목사님의 뜻을 이어받아
행하려고 애쓰고 있습니다.

목사님과의 기억나는 에피소드가 있으시다면 소개해 주실 수 있나요?

전도사로 제가 부임을 했거든요. 너무 다른 선배님 후배님 잘
가르쳐 주셔서 참 좋은 전도사 시절이었다가 목사 안수를 받기 위한
서류를 준비하는데 주일에 회의가 12시 가까이 끝나고 나서 밤 12시
끝나고 나면 피자를 먹고 우리끼리 운동도 하고 즐기기도 했는데,
그날 제가 목사고시를 준비하기 위한 서류를 깜빡 잊고 있다가 그날
밤에 생각이 나서 부리나케 준비해서 들어갔습니다. 서류 준비해서
책상 위에 올려놨더니 "뭔가?" 그러시더라고요. "목사님, 목사고시를
보기 위한 준비서류인데 내일모레까지인데 너무 늦게 내서
죄송합니다." 혼날 줄 알고 미리 제가 무릎을 꿇을 마음으로 그렇게
얘기를 했었죠.

그랬더니 목사님께서 책상 위를 손바닥으로 엄청나게 세게
내리치시면서 "뭐 하는 거야? 자기 일도 제대로 챙길 줄도 못하면서
무슨 성도를 돌보겠다는 거야?" 말씀하셨던 그 기억이 지금도
남습니다. 목사님께서는 '자기 일 챙기지 못하는 목사는 볼 필요도
없다, 됐다, 그만둬라!' 그러시면서 그 늦은 시간에 사택으로

올라가시는 뒷모습을 보았습니다. 이러면 안 되겠다 싶어서 포기할 수 없어서 서류를 챙겨서 올라갔습니다. 사모님이 같이 계시면서 눈으로 신호를 보내주시더라고요.

'계속해서 얘기하시라고, 기다리라고, 목사님 좀 풀리면 나을 거라고' 사인을 받고 계속 무릎 꿇고 앉아 있었습니다.

"목사님, 제가 다시는 제 일 못 챙기는 일 없도록 오늘 기억하면서 잘하겠습니다." 그럼에도 불구하고 목사님은 저를 가르치시기 위해서 그러셨는지 그냥 사택으로 올라가셨는데 역시 거기서도 무릎을 꿇고 기다렸다가 허락을 받았습니다. 그때 "내가 왜 이러는지 알겠느냐. 자기도 챙기지 못한다면 어떻게 성도들을 잘 돌볼 수가 있겠느냐?" 그 말씀을 지금도 잊지 않고 있습니다.

또 하나는 제가 이렇게 소품을 들고 나왔는데 처음 부임하자마자 전화 예절에 대해서 가르치시면서 이 책을 선물해 주셨는데 최근에도 다시 또 책을 주시면서 기억나는 귀한 가르침을 제가 잊지 않고 있습니다. 전화 받는 것까지도 말을 한마디 한마디 어떻게 해야 하는 것까지도 챙겨 주시고 가르쳐 주시고 남겨 주시려고 했던 목사님의 사랑을 저는 지금도 잊지 못하고 있습니다.

처음에는 사실 듣지도 보지도 않고 어디에 올려놨다가 지나놓고 보니 목사님의 그 정성과 사랑이 너무 고마워서 책을 꺼내서 다시 한번 보고 마침 부목사가 부임했길래 목사님의 받은 사람을 그대로 전달했던 기억도 있습니다.

또 하나는 저는 사실 3년 밖에 있지 않았다 그랬잖아요. 목사님

목사님의 목사님

은퇴하신 뒤에 오히려 목사님을 더 자주 만날 기회가 있었거든요. 천안중앙에서 3년보다 목사님 은퇴하시고서 제가 18년 예찬교회서 목회하던 기간이 목사님을 만나는 횟수가 더 많았던 듯합니다. 언젠가는 오셔서 "타라!" 그러시더니 그냥 오창에 가까운 횟집에 가서 맛있는 회를 먹여 주시면서 이런저런 일 가르쳐 주셨던 그런 소소한 기억들도 있고요.

　또 한 번은 점점 힘이 약해지시면서 지팡이를 짚으실 때가 있었어요. 그렇게 당당하고 그렇게 자신 있던 어르신이 힘이 빠져가는 모습을 보면서 아무런 표정 안 지는 것 같아 보여도 마음이 참 서글펐습니다. 그런데 그렇게 강하신 분이 지팡이를 짚고 "김목사, 지팡이 굽이 다 떨어졌네. 이것 좀 어떻게 해봐." 제가 웃으면서 그랬어요. "목사님, 제가 무슨 지팡이 고치는 사람입니까?", "아이 그래도 김목사 한번 만져봐라." "제가 잘 모르지만 한 번 보고서 고쳐드리겠습니다."

　얼마나 지팡이를 많이 짚고 다니셨는지 밀린다는 거예요. 닳았던 거지요. 그만큼 지팡이를 많이 의지하셨다니 마음이 참 아프더라고요. 그렇게 강하셨던 분이 지팡이가 닳을 때까지 의지했던 거지요. 제가 교체해 드리면서 그렇게 말씀드렸어요. "목사님 지팡이보다는 목사님 두 다리가 더 건강하셨으면 좋겠습니다." 그랬더니 배시시 웃으셨던 모습 또한 잊히지 않습니다.

　참 많은데요. 또 감사한 건 그런 거 있지요. 저희 처남 덕성교회 부임한다고 말씀드렸더니 부부를 초청해달라 하시더라고요.

예찬교회 담임목사실에서 앉혀 놓고 하나하나 하나에서 열까지 가르쳐 주시고 설명해 주시는 그 모습 지금도 생생하게 잊지 않고 있습니다. 목사님 말씀 기억하면서 처남도 잘할 거고요. 저도 목회 더 잘할 수 있도록 하겠습니다.

마지막으로 잊을 수 없는 기억이 한 가지 있습니다. 아산 어느 지역에 장애인 목사님을 찾아서 차를 몰고 갔었죠. 그러면 "넌 여기서 기다려라. 내가 올라갔다오리라" 제가 "아니 따라갈게요. 목사님 넘어지시면 어떻게 해요?" 그랬더니 "아니야. 나 괜찮아. 할 수 있어. 여기서 1층에서 기다려." 거역하면 혼나기 때문에 그냥 1층 로비에서 한참을 10분~15분 기다리는데, 사명을 완수하고 오시는 큰 목사님의 모습을 보면서 아무 말씀 없이 집으로 다시 또 갑니다. 그러기를 여러 차례 하시다가 언젠가는 전화가 왔어요.

"가려고 했는데 내가 몸이 힘이 없어 못 가. 심부름 좀 해줘.", "네, 알았습니다. 목사님.", "여기 주소는 있어. 이리로 가서 잘 전해 주고 와." 제가 두 번 전해 드리고 왔을 때 그 뒤에 목사님은 계시지 않았습니다.

늘 소리 없이, 가지려고 하는 게 아니라 주려고 애를 쓰고 사셨던 목사님의 그 사랑, 그걸 이어가겠습니다. 손해 보면서, 남 살피면서, 내가 갖기보다는 교회를 위해서 하나님 나라를 위해서 목숨 걸고 생명 걸고 애쓰셨던 목사님 잊지 않겠습니다. 존경합니다.

기억에 남는 목사님의 한마디가 있으신가요?

기억나는 건 "힘들지? 어렵지? 야 나도 여기까지 고속도로 타고 온 거 아니야." 그 말씀 참 많이 하셨어요. 참고 견디는 거지요. 힘들 때마다 어려울 때마다 그 말씀 기억합니다. 또 있지요. 영어를 가끔 하셨지요. "one step. 한 번만 더 생각해. 한 발자국 더 네가 더 해. 그러면 주변이 편하고 아름답고 좋아져. 깔끔하게 정리될 수 있어. 왜 한 번 더 못 해, 못 생각해? 한 번 더 움직이면 되는걸!"

one step 가겠습니다. 감사합니다. 목사님.

나에게 故이순목사님이란?

호랑이 선생님이라기보다는 너무나 인간적이고 너무나 자상하게 하나하나 가르쳐 주시기에 여념 없으셔서 1분 1초를 아끼셨던 분. 월요일도 쉬지 않고 일하셔서 저는 정말 '쉬지도 않고 왜 우리 힘들게 하나' 그랬는데 그게 다 교회사랑 하나님사랑 성도사랑이었음을 이제야 깨닫습니다. 목사님이 그렇게 하셨으니 우리들 당연히 그 뒤를 따라가야 되겠지요. 목사님, 감사합니다 그리고 사랑합니다.

혹시 개인적으로 이순목사님께 받은 특별한 사랑 기억나시는 게 있다거나 나눠주시면 좋겠습니다.

목사님 언젠가부터 체중이 빠지시고 힘이 없으시면서 저에게 오라고 그러시더니 선물을 챙겨 한 보따리 주시더라고요. 목사님 그 쌓인 옷 중에는 한 번도 안 입은 속옷도 있었고, 티셔츠도 있었어요. 근데 제가 잊을 수 없는 선물을 주셔서 너무 감사한데요, 바로 이 양복입니다. 여기에 목사님 성함이 쓰여 있네요, 이 순.

언젠가 토요일 전화하셨어요. "시간 있어?" 항상 예의 바르게 시간 있냐고 먼저 물어보시죠.

"시간 있어?"

"예, 목사님. 말씀하세요."

"토요일인데 말이지."

"아닙니다. 말씀하세요. 필요하시면 바로 갈 수 있습니다."

"잘 들어. 나 가야 돼."

"네? 어디를요?"

"갈 곳이 있어."

"어디를 말입니까 목사님?"

"나 계시받았어."

"계시요? 하나님의 음성을 뭐 좋은 소식 들으셨어요?"

뭣도 모르고 제가 물어봤죠. 그랬더니

"나 이제 상반기 못 넘겨."

청천벽력 같은 갑작스러운 말씀에 제가 억장이 무너지는 듯한 마음으로 목사님 왜 그러시나요? 갑자기 이게 무슨 얘기냐고 무슨 날벼락이냐고 기다리시라고 제가 집사람 들어오면 찾아뵙겠다고 해서 찾아뵀던 그 기억이 있습니다. 그때도 꼭 껴안아 주시면서 이런저런 얘기 순서 있게 차근차근 준비된 사항을 하나하나 말씀해 주셨던 걸 기억합니다.

목사님 잊지 않겠습니다. 사랑합니다. 그리고 주신 선물 기억합니다. 말씀을 주셨습니다. 생명의 복음을 주셨습니다. 빈손 들고 앞에 가 십자가를 붙드네. 남겨 주신 고귀한 뜻 이어서 십자가 앞에 저도 주님 따라가듯 목사님 따라가고 십자가 붙들고 최선을 다해서 누가 되지 않도록 최선을 다하겠습니다. 목사님 사랑합니다. 존경합니다.

2021년 6월 위임예식에 축복해 주신 목사님

2021년 6월 위임예식에 축복해 주신 목사님

너무나 인간적인

선교하는 목사

을지자르갈 목사

본인 소개를 부탁드립니다.

네 안녕하세요. 저는 이제 몽골에서 사역하고 있는 을지
목사입니다. 저는 2007년도에 한국에 와서 신학대학원에서
공부하고, 그리고 이어서 신학석사학위 공부를 했습니다. 그리고
이제 2013년도 10월에 목사 안수를 서울노회에서 받았고, 그리고
몽골로 돌아가서 이제 몽골 울란바토르에 있는 연합신학교회에서
구약학을 가르치면서 학생처장으로 일하고 했습니다. 섬기는 교회는
알드릭에젱드 교회라고 현지인 교회의 협력목사로 있습니다.
그러니까 주로 학교에서 풀타임으로 일하고 있고요 또 몽골에 있는
몽골목사협회 이사로 섬기고 있습니다.

故이순목사님과 어떤 관계이신가요?

저는 몽골에서 안광표선교사님이랑 거의 15~16년 동안 같이
일을 했어요. 선교사님 비서로 일했었죠. 그때 안광표선교사님이
사람들에게 교회와 신앙의 좋은 이야기들을 많이 들려주셨어요.

목사님의 목사님

그런데 그중에서 "우리 사랑하는 이순목사님"이라고 말씀을 많이
들었던 기억이 저는 있고요, 그리고 선교사님이 2000년도에 몽골에
처음 선교하러 오셨을 때, 사랑하는 목사님께서 몽골에 선교하러
갔다고 제일 먼저 찾아와 주셨던 목사님이 이순목사님이셨다고 저는
들었거든요. 안광표선교사님 가까이에서 일했기 때문에 항상 그
얘기를 들었어요. 안목사님하고 이목사님 두 분이 페루선교를 함께
하셨었대요. 그래서 정말 행복하게 잘 섬겼다는 얘기를 많이 들었죠.

목사님의 첫인상은 어떠셨나요?

저는 2007년도에 이제 한국 이제 장로회신학대학교에
신학대학원 공부를 하러 왔었어요. 그래서 지금 이렇게 생각하니까
이제 안광표목사님이 형님목사님이자 사랑하는 목사님이신
이순목사님한테 몽골에서 비서였던 을지 전도사가 이제 장신대에
공부하러 갔다고 이야기를 하셨던 것 같아요. 그래서 2007년도에
장신대에서 공부할 때 "천안중앙교회 담임목사 이순입니다."하고
전화가 왔었어요. 그래서 천안으로 한번 내려오라고, 그래서
수요예배 때 간증하라고 저를 초청해 주셨죠. 그래서 지금
기억하기로는 4월이었어요.

제가 갔는데 목사님이 맞이하러 나오셨고, 그리고 저한테 간증할
수 있는 기회를 주셨죠. 지금 생각해 보면 제가 그때 한국어를
잘했었나 싶어요. 좀 못했을 거예요. 그래서 '교회 교인들께서
어떻게 이해했을까?'라고 지금 생각해 보면 되게 부끄럽고
그렇거든요. 그런데 이제 지금 생각해 보면, 너무너무 고맙고
감사했고요, 목사님의 따뜻한 마음이 느껴졌어요. 교회에서 식사

맛있게 하고 예배도 잘 마쳤어요. 그리고 끝나면 제가 버스 타고 올라가야 하는 상황이었죠. 봄이었는데, 사모님께서 되게 세련된 짧은 코트하고 또 세련된 그런 정장 바지를 사주셨어요. 제가 그 바지와 바바리를 거의 2017년까지 입었어요. 10년 가까이 입었던 거죠. 마지막에 바지가 너무 이렇게 찢어져서 어쩔 수 없이 더 못 입게 될 때까지 입었어요. 그 옷들을 볼 때마다 그 따뜻한 마음을 제가 생각했었죠. 그리고 이순목사님께서 개인적으로도 책 사보라고 2007년도에 저한테 20만 원을 이렇게 봉투에 담아주셨어요. 그렇게 따뜻한 사랑을 받고 갔었죠.

무섭거나 그러지 않았어요? 이순목사님의 인상이?

아니에요. 저는 목사님을 만나고 그냥 말을 많이 나누지는 않았어요. 그런데 목사님이 되게 높은 산 같은 분이라는 느낌? 그러니까 되게 항상 그 자리에 그냥 있는 모습 그대로 이렇게 변함없이 있는 그런 인상을 제가 받았었어요.

몽골에 있으면서 페이스북을 통해 병원 다니신다.. 소천하셨다 소식을 들었을 때 어떠셨어요?

저는 안광표목사님을 통해서 이순목사님을 알게되고 그리고 이순목사님을 통해서 또 나중에 이기둥목사님을 알게 되었죠. 그리고 2007년도에 이기둥목사님이 몽골에서 키즈워십 어린이사역을 시작하게 돼서 그때 처음에는 저는 신학공부하느라 너무 바쁘긴 했지만 이기둥목사님이 "이제 같이합시다!" 이렇게 딱 믿고 저를 밀어주셔서 이제 번역도 하고, 막 못하는 노래까지 했던

목사님의 목사님

것 같아요. 그래서 저는 이기둥목사님도 알고, 아버지목사님도 알게 되면서, 저한테는 마음으로 참 가까운 분들이었죠. 한국에서 유학 생활을 마치고 돌아가서 페이스북을 통해서 목사님의 이야기를 들었죠. 그리고 그때 안광표선교사님께서 우리 사랑하는 형님이 아프시단 얘기, 수술 받으셨다는 얘기를 전해 들었고 그래서 저는 정말 이렇게 잘 회복하시는 줄 알고 있었어요.

그래서 이기둥목사님이 설날 때, 추석 때 아버지 어머니를 찾아갔다고, 이발소 다녀왔다고, 아버지 좋아하시는 음식 같이 가서 냉면 먹었다고 그리고 또 목사님이 그 서민 음식을 되게 좋아했었다고, 그러면서 이제 일부러 찾아가서 먹었다고 이런 이야기를 페이스북으로 올릴 때마다 항상 그런 따뜻한 마음을 많이 느꼈죠. 그러다가 마지막에 목사님이 하늘나라 가셨다는 소식 듣고 저는 저는 슬펐어요. 그래서 이제 몽골에 있기 때문에 슬픈 마음을 또 가족들에게 이제 위로할 수 없고 그냥 다만 페이스북 댓글로만 위로의 말씀을 전하고 기도하고 그랬죠. 그러면서 한국 가게 되면 곧 가서 인사를 드리고 가족분도 찾아가서 슬픔을 나누고 싶다 이런 마음은 있었어요. 그래서 이번에 나와서 여러 가지 일 중에서 제일 먼저 목사님 가족 찾아가서 만나는 것 그거 생각했고요, 이렇게 만나고 이야기를 나눌 수 있어서 정말 감사하게 되었습니다.

이순목사님과 꼭 관계된 게 아닐 수도 있는데 을지 목사님은 몽골에 기독교가 들어갔던 초기에 예수님을 믿게 되었고, 지금은 신학교 교수님까지 되셨잖아요? 그 과정을 온몸으로 경험하셨는데, 선교에서 이런 목사님들의 헌신이 어떤 역할을

했는지 말씀해 주실 수 있을까요? 많은 목사님들이 몽골에 갈 때 통역도 많이 했으니까 가장 가까이에서 보셨을 것 같아요.

저는 하나님께서 저에게 주신 큰 은혜 중의 하나가 한국어를 배우게 된 것이라고 생각하고요, 그랬기 때문에 예수님을 믿게 되었고 또 한국교회를 알게 된 것이 하나님의 특별한 은혜인 것 같아요. 그래서 이제 되돌아보니까 안광표목사님을 통해서 이순목사님과 다른 많은 목사님들을 알게 되었죠. 제가 그때 느꼈던 게 뭐냐면 목사님을 통해서 우리 사랑하는 형님은 선교도 많이 하시고, 제자들이며 목사후보생들도 많이 사랑하시고, 정말 이렇게 존경하는 어른이라고 정말 제가 많이 들었거든요. 그래서 뵙기 전에도 정말 궁금하기도 하고 그랬거든요. 이제 목사님 만났을 때 "인상 깊게 남아있었던 이분이 그분이군요." 이런 생각을 했죠. 이순목사님께서 몽골선교를 후원하고 도와주셨던 얘기를 많이 들었죠. 그래서 벌써 현대몽골교회가 30년을 지나가고 있는데 여기에 한국교회가 한 역할이 엄청 많죠. 제가 우리 안광표목사님하고 17년 가까이 사역을 함께 했는데 만나는 분들에게 '우리 을지를 부탁한다'고 몽골에서도 제자 선교사님들한테도 그렇게 부탁하시고.

또 제가 한국에서 유학할 때 이제 많은 분들한테 '우리 을지를 부탁한다.' 얘기 하셨어요. 그래서 이순목사님도 저를 이렇게 아껴주고 이렇게 사랑해주셨던 거라고 생각을 해요. 그러면서 제가 받았던 인상이 뭐냐면, 한국 땅을 찾아온 나그네를, 정말 한 사람 한 사람을 이렇게 품어주신 목사님으로 저는 기억하고 있고, 그래서 저도 그런 면에서 이제 앞으로 몽골에 있는 나그네들을 정말 그런 따뜻한 마음으로 환대하는 그런 성품을 갖고 싶다. 이런 생각 하며 살고 있어요, 정말 동기부여가 됐어요.

그리고 안광표선교사님 은퇴하시면서도 을지를 부탁한다고 많은 사람들에게 부탁하시길래 제가 "목사님, 많이 걱정되시죠?" 그랬더니 목회의 길이 그리 쉽지 않아서 그렇다고 말씀하셨어요. 나중에 을지 목사가 힘들면 여러 사람이 도와줄 수 있어야 하니까 그렇게 하신다고. 말씀하셨어요. 어떻게 보면 안광표목사님도 처음에 혼자 혈혈단신 몽골에 가셨는데 사랑하는 친구 목사님들이나 동료 선후배, 후원하는 교회들, 이렇게 사랑하는 사람들이 있어서 버틸 수 있었던 거지요. 저도 그 길을 가니까 다른 분들이 도와주고 또 서로 사랑하지 않으면 어려울 거라는 걸 너무 잘 아셨던 거지요. 그래서 저도 이젠 신학교의 학생처장으로서 신학생들이 그 길을 갈 걸 아니까 '더 많이 사랑해야겠구나.' 생각을 해요.

서로 사랑하고 돌봐주고 예수님 사랑 나누는 것. 그리고 정말 예수님의 겸손하고 한 영혼 한 영혼을 끝까지 사랑하는 그 삶을 직접 사셨던 목사님들의 영향을 받았죠. 우리 몽골교회가요. 한국교회의 목사님들이 그 삶을 직접 사셨고 또 한국교회가 몽골교회를 그동안 정말 많이 사랑했어요. 사랑하고 지금도 사랑하고 섬기고 있고요, 나중에 이다음에 몽골교회가 이 빚을 또 다른 나라에게 갚을 날이 있을 거라고 저는 믿어요. 어느 나라가 될지는 모르겠지만요. 아마 한국교회가 그냥 전체적으로 몽골교회를 도왔던 것처럼 몽골교회가 전체적으로 이제 또 한 나라를 품을 수 있는 날이 있을 것 같아요.

예수님이 마음으로 사랑하셨듯이 한국 목사님들도 그렇게 사랑하는 삶을 직접 사셨고요, 앞으로 저도 그런 마음으로 신학교육도 하고 또 그런 마음으로 목회도 하기를 소원합니다.

시장에서 호떡을 함께 나누며

김기영 목사

故이순목사님과는 어떤 관계이신가요?

저는 이순목사님이 제주도에 오셔서 출석하셨던 교회의 담임목사입니다. 제주도 서귀포의 향림교회를 담임한 지 23년째 됐습니다. 故이순목사님께서는 2018년 4월 중순쯤 저희 교회 예배에 참석하기 시작하셨습니다.

처음 오셨을 땐 천안중앙교회 원로목사님이라는 사실을 모르고 평범하게 일반인처럼 맞이했습니다. 제가 처음 모시고 갔던 곳이 향토 오일장이었으니까요.

목사님의 첫인상은 어떠셨나요?

이순목사님 처음 뵈었을 때 '참 강직한 분이다'라고 느꼈습니다. 큰 교회 담임목사님이셨으니까 신중함이 몸에 배어서 그러셨는지, 한번 말씀하시면 그다음에 더 이상 타협이나 변경하는 일이 없는 그런 분이셨습니다. 그래서 첫인상부터 강한 카리스마가 풍기셨습니다. 어쩌면 큰 교회를 담임하시면서 그 교회를 이끌어간다는 것, 그 자체가 굉장히 큰 부담이셨을 것 같습니다. 아무래도 육지에서는 아는 사람들이 굉장히 많으시니까 부자유스러우셨을 것 같은데, 제주도 생활은 그래도 좀 자유로운 분위기다 보니까, 그렇게 강직하고 그런 분이었어도 얼마 가지 않아, 아마 육지에서 생활하시던 것과는 전혀 반대의 모습, 인간미가 넘치는 모습으로 많이 바뀌신 게 아닌가 싶습니다. 제주도에 오셔서는 그렇게 생활을 하신 것 같습니다.

제 아내와 만나셨을 때 일종의 문화 충돌이 빚어졌습니다. 제 아내는 '상대편이 이렇게 하면 이로울 것이다'라고 생각되면 무조건 앞장서서 막 이끌어가는 성격입니다. 사실 시골 같은 경우에는 사람들이 자기 마음에 원하는 것이 있어도 차마 그것을 선뜻 선택하여 요구하지 못하기 때문에 그렇게 나서서 행동해 주면 결국 좋아하시기 때문입니다.

그런데 이런 행동을 보시고는, 목사님께서 처음에는 당황하시는 듯 보였습니다. 하지만 차츰 의도를 아시고는 잘 받아들여 주셨습니다. 그러면서 여러 부분에서 온화한 모습을 보이셨습니다.

그렇게 여러 번 만나 뵙다 보니, 목사님의 강직하셨던 모습도 차츰 바뀌셨습니다. 그리고 또 우리 교회 교인들도 이순목사님이 큰 교회 담임하셨던 분인 줄 모르고 접했다가 나중에 그 사실을 알고 난 이후, 교회 분위기도 굉장히 좋은 방향으로 많이 바뀌어졌습니다. 그런 훌륭한 분이 시골 교회 예배에 참석한다는 그 자체만으로도 많은 사람들이 자부심을 갖게 되었으니까요.

목사님이 보시기엔 시골에서 목회하는 제 모습이 답답해 보이셨을 것 같습니다. 그런 중에 책을 하나 선물해 주셨습니다. "멀리

너무나 인간적인

가려면 함께 가라"는 책을 주셨는데, 어떻게 보면 목사님이 직접
말씀하시지는 않았지만, 그 책에 전하고자 하는 메시지가 담겨
있었다고 생각됩니다.

그러면서도 제가 제 나름대로 계속 느낄 수 있었던 것은, 강직한
모습 그리고 시간을 쪼개어서 사용하는 그런 모습, 그리고 늘 책을
즐겨 보시는 그런 분으로, 그 뿐 아니라 그래도 저한테는 참 편하게
대하셨습니다. 어쩌면 부모님처럼 그런 분으로, 어려운 문제들이
있을 법하니까 본인이 목회하시며 경험했던 어렵고 힘들었던
이야기들을 해주시며 위로해 주셨습니다.

목사님과의 기억나는 에피소드가 있으실까요?

우리 교회에 집무실이 없는 것을 안타까워하시며 목양실
건축헌금을 하셨습니다. 그 헌금이 마중물이 되었고, 당회에서
허락하여 교회에서 모아두었던 예비비로 목양실을 건축하였습니다.
목양실이 있다는 자체만으로도 큰 의미가 있었습니다. 새로운
공간이 생겨났기도 했고요, 또 제가 이전에는 출퇴근이라는 느낌이
없었는데 목양실이 생기고 보니까 시간에 맞게 출근하고 퇴근하게
되었습니다.

목사님이 목회지에서 경험하지 못하셨던 것을 제주도 와서
경험하기도 하셨는데요, 오일장 가셔서 선 채로 호떡을 드실 정도로,
천안에서 느껴 볼 수 없는 평범한 생활을 경험하셨습니다. 그 모습이
어색해 보였지만 말입니다. 왜냐하면 지금까지 그런 일들은 전혀
해보지 못한 그런 일 아니셨을까요? 이곳에서는 격식을 내려놓고, 참
인간미를 느끼신 것 같았습니다.

목사님의 목사님

이순목사님께서 댁에서 쓰러지셨을 때 목사님은 시간이 지나면
괜찮아지겠거니 하고 집에서 그냥 휴식을 취하고 계셨습니다.
제가 보니까 그런 상황이 아닌 것 같아 제주대학병원으로 모시고
갔습니다. 응급실로 가서 검사를 하셨고, 중하다고 하여 곧바로
육지에 있는 병원으로 이송해 가셨습니다. 나중에 건강하게 돼서
다시 오셨을 때, 목사님과 함께 아귀찜도 먹고 관광도 하고 집으로
돌아왔습니다. 장기간의 관광은 피곤해하셔서, 잠깐잠깐 나들이로
모시곤 했습니다.

제주도에서 함께 보내신 마지막 한 주간 이야기를
나눠주시겠습니까?

목사님이 아귀찜을 굉장히 좋아하셨습니다. 그래서 한 주간
내에 두 번이나 아귀찜을 먹으러 갔습니다. 그때가 1월이었습니다.
그래서 음식을 먹으며 목사님께 "올해는 건강하셨으면
좋겠습니다."라고 말씀드렸고, 사모님께 올해의 소망을 여쭸더니,
사모님께서는 "올해는 이순목사님께서 병원에 입원하지 않으셨으면
좋겠습니다."하고 말씀하신 기억이 납니다.

사실, 목사님은 저에게 아주 좋은 면만 보여주셨습니다. 잠깐
만났기 때문이기도 하지만, 아파하시는 모습은 전혀 내보이지
않으셨습니다. 목사님은 제게는 부모님과 같은 인자한 그런 모습,
그리고 어려울 때는 응원하시며 기다려 주시는 그런 분으로
보여졌습니다.

가까이서 뵈었던 이순목사님의 모습은 어떠셨나요?

목사님께서 예배하시는 신앙 모습은 한결같은 그런 경건한
모습이셨고요 일반적으로 생각할 때 큰 교회 목사님이라면 값비싼
물품만 쓰실 것 같은데, 오일장에 가서 만 원짜리 모자를 사서
이리지리 살펴보시며 환하게 웃는 그런 모습도 보았습니다.

직접 경험한 故이순목사님은 어떤 분이신가요?

이순목사님은 직임을 철저히 잘 감당하시는 그런 분, 자기 관리를
철저히 하시는 훌륭한 분이라고 생각됩니다. 어떻게 보면 그릇이
그럴만한 그릇이라고 느꼈고요. 또 그러면서도 따뜻한 분이라는
사실을 느꼈습니다.

목사님의 목사님

2015년 제주도 요양 중에

향림교회 목양실

향림교회 전경

너무나 인간적인

나의 영원한 담임목사님

백승철 목사

본인 소개를 부탁드립니다.

뭐 거창하게 소개라고 할 것까지는 없고요. 안녕하십니까, 저는
시골의 작은 교회에서 행복한 목회를 하고 있는 천안두정교회
담임목사 백승철입니다. '행복한 목회를 하고 있다'라고 말씀드릴
수 있는 것은 큰 깨달음과 배움을 주셨던 목회의 큰 스승이 제게
있었기 때문입니다. 신학교를 졸업하고 전임으로 순천성은교회에
부임하게 되었습니다. 첫 번째 전임지였기에 저에게는 남다른
곳이었습니다. 그곳에서는 1년 동안 기도하는 것과 제자교육하는
훈련을 받았습니다. 그리고 두 번째로 가게 된 사역지가 전주에 있는
성암교회였습니다.

그런데 그곳에서 평생 경험하고 싶지 않은 문제에 봉착하게
되었습니다. 당회의 파벌싸움이었습니다. 당회에 문제가 생기자
교회 부목사들의 거취 문제가 논란이 되었고, 목사안수 받은 지
얼마 되지 않은 저였기에 순번상 옮길 수밖에 없는 처지가 되고

말았습니다. 그래서 또 옮기게 된 곳이 바로 제 목회 인생의
분기점이요 최고의 출발점이 되는 천안중앙교회였습니다. 인터뷰를
준비하면서 이런 일련의 과정들을 다시 한번 살피는 가운데
사도행전에 나오는 사도들의 모습과 스데반 집사의 모습이 강하게
떠올랐습니다. 하나님께서는 사도들에게 "예루살렘과 사마리아와
땅끝까지 이르러 내 증인이 돼라" 이렇게 말씀하셨는데 사도들은
자기의 삶의 자리(예루살렘)에서 떠나려고 하지 않았고, 스데반
집사가 박해받는 것을 시발점으로 안주하려는 사도들을 이렇게
저렇게 흩으시는 하나님의 세밀한 손길을 깨닫게 됩니다.

   이런 제자들의 모습이 저의 모습이었던 것 같습니다. 그래서
첫 전임지도, 두 번째 사역지도 그리고 천안중앙교회까지 오게
만드시는 모든 과정들이 하나님께서 특별한 사랑과 인도하심을 통해
빚으시는 은혜가 있음을 발견하게 되었습니다. 그렇게 하나님의
섭리와 사랑과 인도하심을 체험하고 사는 행복한 목사입니다. ^^*

故이순목사님과는 어떤 관계이신가요?

   사실 두 번째 사역지였던 전주 성암교회의 담임목사님과 저의
스승이신 이순목사님은 장신대 신학대학원 71기 동기셨습니다.
   형님 동생으로 잘 지내고 계시던 터라 속 이야기까지 하실
정도로 서로 친밀감이 깊으셨고요, 이런 이유로 인해 세 번째
사역지인 천안중앙교회에 부임하기 전에 이미 저의 목회 스승이신
이순목사님을 뵐 기회도 몇 번 있었습니다. 두 분이 만나시게
될 때면 항상 제가 운전해서 함께 전주에서 천안까지 올라왔기

때문입니다. 그때는 제가 이순목사님을 담임목사님으로 모시고 목회를 배울 것이라고는 꿈에도 생각지 못했습니다. 그러나 앞서 말씀드린 대로 두 번째 사역지인 교회에서 당회의 문제로 말미암아 천안중앙교회로 오게 되면서 목회 스승과 제자가 되는 은혜를 입게 되었던 것입니다.

하나님의 섭리가 놀라운 것은 모든 타이밍이 어쩜 이렇게 정확할까! 생각이 들 정도로 너무나 착착 들어맞게 진행되었기 때문입니다. 천안중앙교회로 옮기고 싶어도 혹시 공석이 없으면 불가능할 텐데, 마침 한 분 목사님께서 다른 사역지에 담임목사로 나가게 되셨고, 그 자리가 비어서 중앙교회에 올 수 있는 기회가 주어졌습니다. 추천서 한 장 들고 면접하러 천안중앙교회에 오게 되었고, 면접을 마치고 돌아가는 저희 가족들을 끝까지 배웅해 주시는 모습을 뒤로 하고 전주로 돌아왔습니다. 그 후 합격했다는 통지를 받고 햇수로는 약 7년, 스승 목사님이신 이순목사님께 목회를 배우게 되었습니다.

목사님의 첫인상은 어떠셨나요?

글쎄요, 사실 첫인상은 아마 대부분 거쳐 간 목사님들이 똑같이 말씀하셨을 것 같아요. 사실 뭐 그리 좋지만은 않았습니다. 무엇인가 막 딱딱한 것 같고, 사무적인 것 같고, 각이 잡혀 있는 듯한 그런 느낌을 많이 받았습니다. 나중에 알게 되었지만 목사님은 베트남 참전용사셨습니다. 그런데 그 때문에 남들은 어렵게 느껴졌다는데 오히려 제게는 각 잡힌 목사님께 빠르게 적응할 수 있는 은혜가 되었습니다. 왜냐하면 저의 아버지 또한 직업 군인이셔서 제가 어려서부터 군인관사에서 살아야 했고, 그러다 보니 군인의 생리를 이미 잘 알고 있었기 때문에 하사관이든 영관급이든 위관급이든 군대 내에서의 어떤 예절과 질서를 쉽게 배울 수 있었기 때문입니다.

규율이 엄격하시고 늘 질서를 강조하시고 매사에 정확 철저함이 몸에 배신 우리 목사님이셨기에 어려서부터 생활 속에서 군인정신을 배우며 자란 저에게는 목사님께 적응하는 것이 큰 무리가 없었고, 오히려 더 쉽게 적응할 수 있는 은혜가 되었습니다. 아참! 서두에 첫인상이 좋지만은 않았다고 말씀드린 것은 아버지도 군인이셨기 때문에 "야, 이제 아버지의 규율과 질서 속에서 좀 벗어나서 살겠구나!" 생각했는데, "아니 또 규율과 질서 속에서 살아야 하나?" 생각에 마음이 좀 어렵기는 했었기 때문입니다.

그런데 시간이 지나면서 차츰차츰 목사님을 알아가다 보니, 강한 질서와 규율 속에서도 예수 그리스도의 사랑이 그렇게 듬뿍 담기신 분이라는 사실을 알게 되었습니다. 영하 20도라고 느껴질 만큼 차갑고 어려운 분이 아니라, 너무나도 따뜻하고 바르게 가르치려고 몸소 행하시는 '세상에 이런 분 없다'라고 자신 있게 외칠 수 있는, 저에게는 힘들고 답답할 때 아버지처럼, 잘못했을 때는 훈장님처럼 채찍을 들어 고쳐주시는 가장 인애하신 분으로 인상이 바뀌게 되었습니다.

잘은 못 하지만 지금까지 제가 이어가고 있는 목회의 철학 속에 또 목회이념 속에 이순목사님께서 보여주신 규율과 질서라는 부분이 목회의 한 자리를 채워가는 하나의 계기가 되었습니다.

목사님을 만나신 것이 계기가 되어서 변화가 되셨다고 할 부분이 있으실까요?

사실 목회초년병 무엇을 알 수 있겠습니까? 인터뷰를 준비하면서 하나님께서 인도하시는 섭리를 생각해 보니, 첫 사역지인 순천성은교회로의 부임도, 원래의 목적지와는 다른 곳이었는데 가게 되었습니다. 순천에 있으면서 홍기일 목사님으로부터 제자교육과 기도 훈련을 받았고, 하나님의 음성에 늘 민감하셨던 목사님께서 기도하시다가 "여러 상황들이 개척하게 하신다."고 말씀하시며 서울로 가시는 바람에 저도 이동을 해야 하는 일이 생기게 되었습니다. 이런 과정에 교육전도사로 있었던 전주에서 전임을 하라고 연락이 왔고, 목사 안수를 받은 후 누적되었던 당회의 문제가 터져버려서 부목사로서의 사역을 옮겨야 하는 일이 생기게 됩니다. 이 과정에서 천안중앙교회로 인도를 받았고 이때까진 1년에 1번씩 옮겨 다니느라 크게 뭘 배웠다기보다는 그냥 신학교 졸업해서 하나님 사랑하고 교회를 사랑하는 열정 하나만 갖고 있는 야생마 같았습니다.

이렇게 길들지 않은 야생마 같은 저를 지금의 두정교회 담임목회자가 될 수 있도록, 무엇보다도 하나님께 길들도록 가르쳐 주신 분이 우리 이순목사님이셨습니다. 때로는 엄중하게, 또 때로는 부드럽게, 때로는 미소로, 때로는 시말서로, 목회의 원리와 방향 등을 가르쳐주셨습니다. 목사로서의 품위가 무엇인지 옷 입는 방법부터 넥타이 매는 방법까지, 심방할 때 교인의 집에 들어가기 전 해야 할 것과 나올 때 해야 하는 것까지도 아주 꼼꼼히 가르쳐 주셨습니다. 겨울에는 외투를 현관에서부터 벗고 들어가야 한다고 가르쳐 주셨고, 심방기도는 어떻게 해야 하고 순발력과 배려심에 대한 부분까지도 아주 상세하게 가르쳐주셨습니다. 설교에 대한 가르침 또한 상당하셨습니다. 극단적인 표현은 자제하게 하셨고, 부정적인 문구는 가급적 사용하지 않도록 말씀해 주셨지요. 찬송부를 때 입 모양과 발음까지도 신중하게 하나하나 다 가르쳐주셨습니다. 그뿐만 아니라 전화하는 예절까지도 책자를 나눠주시며 공부하고 사용할 수 있도록 하셨습니다. 이런저런 목회현장에서의 세밀한 교육을 통해 어느 순간에 제가 하나님께 길들여 가고 있다는 것을 깨닫게 되었습니다. 모세가 하나님께 길들여 온유함을 얻은 것처럼 저도 어느 순간 이순목사님의 훈육을 통해 온유하게 되었습니다.

그때 결단한 것이 있는데, "혹시 제게도 기회가 주어져 언젠가 부교역자가 생긴다면 우리 목사님처럼 목회를 가르칠 수 있는 스승이 되어야겠다."라는 생각입니다. 그러려면 신학뿐만이 아니라 우리 목사님처럼 사회 경제 정치 문화에 걸쳐 다방면에서 지식을 갖고 있어야 함을 알게 되었고 그래서 그 이후부터 지금까지 신문의 사설이나 논평을 끊임없이 읽고 관심을 갖고 있습니다.

목사님과의 기억나는 에피소드가 있으시다면 소개해 주실 수 있나요?

이 질문이 진짜 생각을 많이 하게 만들었습니다. 그래서 제 가슴 한편에 묻어두었던 옛 추억들을 고스란히 다시 꺼낼 수 있는 시간이 되었습니다. 저는 개인적으로든 공동체로든 이순목사님과 함께 했던 시간들이 너무나 다 소중하고, 좋은 추억들이 참 많이 있는 복 있는

너무나 인간적인

사람입니다. 어떤 분들은 "많이 혼났다." 그러시는데, 저는 사랑을 참 많이 받은 것 같습니다. 특별히 기억나는 것이 있다고 하면 해비타트 이사장 하실 때 번개 건축이 있다고 하시며 경기도 양평에 있는 해비타트 지역을 돌아봐야 한다고 하시고, "새벽예배 마치고 함께 가자!" 하셨습니다.

한 3~4시간을 달려간 것 같습니다. 맡겨진 사역, 주어진 일에서만큼은 최선을 다하시는 모습이 경이롭기까지 했습니다. 왜냐하면 대형교회 목사님들은 대체로 그냥 보고만 받지 직접 움직이는 경우를 많이 보지 못했기 때문입니다. 직접 현장을 발로 뛰시며 현장에 계신 분들을 독려해 주시고 점심도 사주시고 기도해 주시는 모습을 보면서 '어른이시구나' 하는 생각을 갖게 되었습니다. 늘 먼저 몸소 체크하시고 상황도 숙지하시고 함께 일하시는 분들을 격려하시던 모습이 지금도 눈에 선합니다.

그리고 기억나는 목사님과의 일화가 있는데요. 두정교회 담임으로 사역하고 있을 때 갑작스러운 전화를 받았습니다. 목사님께서 흉부통증이 오면서, 호흡이 불편하다고 하시는 응급 전화였습니다.

119를 부를 정신도 없이 모든 것 뒤로하고 급하게 차를 몰고 목사님과 사모님 그리고 함께 계시던 지인분들을 모시고 순천향병원 응급실을 향했습니다. 2차로 3차로 신호등이 무엇이었는지조차 생각도 나지 않고 빨리 병원에 모셔서 호흡을 되찾도록 해야 한다는 생각만 가득했습니다. 간신히 응급실에 도착해서 미리 전화를 해서 준비하고 있던 중앙교회 교인이신 의사분들과 간호사분들의 도움을 받아 빠르게 진료를 받을 수 있게 되었습니다. 그런데 문제는

응급환자를 보시는 응급의사들이 제가 보기에도 너무 서툴게
보였습니다. 숨도 고르게 쉬지 못하는 목사님을 이리저리 교보재
다루듯이 하는데 우리 목사님은 아프고 정신없고 힘드실 텐데도
응급실에서조차 흐트러진 기색이 하나도 없는 겁니다. 의자에
기대어 앉으시긴 했지만, 의사가 하자는 대로 움직여 주셨습니다.
관을 삽입하는 과정에서 의사가 실수를 하는 바람에 민망할 일이
생겼습니다. 저는 당사자가 아닌데도 속상하고 화가 나는데 그래서
"아 좀 똑바로 하면 안 되겠냐!" 언성이 높아졌는데, 당사자이신
목사님은 나지막한 목소리로 "의사 선생님, 많이 서투시네요."
하시며 오히려 그분을 당황하지 않게 배려해 주셨습니다. 한결같이
우뚝 서 있을 것 같은 우리 목사님이 초라한 환자복을 입고
계셨는데도 그 기상은 전혀 흔들리지 않았고, 오히려 다른 때보다 더
기백이 단단해 보이셨습니다. 돌아가시기 얼마 전에 찾아뵐 때 사실
그때가 마지막이 될 줄은 전혀 몰랐습니다.

　　그런데 집에 돌아오면서 여느 때와는 다른 느낌이 확
다가왔습니다. 마지막 뵙는 길은 저희 집 첫째 온유가
대학교에 입학하게 돼서 첫째와 함께 찾아뵙고 인사를 드리기
위함이었습니다. 대학 생활을 어떻게 해야 하는지, 가쁜 숨을
몰아쉬시면서도 진지하게 말씀을 이어가셨습니다. 본인도 많이
힘드셨을 텐데 막내 진유의 건강도 물으시고, 둘째 선유의 학업도
물어 주셨습니다. 게다가 지방에 계시는 저희 부모님의 안부까지도
꼼꼼히 체크하시며 잊지 않고 지금까지 기도하고 계신다고 말씀해
주셨습니다. 잠시 후 방으로 다녀오시더니 봉투를 하나 주시며
"이거 용돈이다."라고 하시면서 금일봉을 주셨습니다. 끝까지

너무나 인간적인

자기에게 맡겨주신 사람들을 챙기시고, 책임지시려는 그 모습에 머리 숙여지고 먹먹해지는 마음이었습니다. 오늘 나는 목사님처럼 교인들을 지인들을 돌보고 있는지 다시 한번 점검해 보게 되는 시간들이었고, 마지막 뵙는 그 순간까지도 제겐 큰 가르침의 시간이었습니다.

기억에 남는 목사님의 한마디가 있으신가요?

지금까지 제 마음속에 남아있는 세 마디가 있습니다. 지금도 서툴지만 늘 말씀하신 것 중에 "정확·철저하라"는 말씀이 있으셨습니다. 저의 약점이 바로 이 부분입니다. 서툴거든요. 지금도 많이 서툽니다.

그리고 또 하나는 "목사는 해결사로 사는 거야." 하셨던 말씀이 떠오릅니다. 교회의 해결사가 되어야 하고, 가정의 해결사가 돼야 한다고 늘 말씀해 주셨습니다.

그리고 끝으로 "복음은 건물이 아니라 사람이 전하는 것이다."라고 하시며 "사람을 세우고 살리는 일이 목회자의 일이다."라고 말씀해 주셨던 것이 떠오릅니다.

담임목회를 하면서 전화를 드려 교회의 이런저런 문제를 상의드리며 "목사님의 목회가 너무 부럽습니다."하고 말씀드리면 "나는 기차 타고 온 줄 아느냐" 하시며 여러 가지 어려움도 있었고, 시행착오도 있었지만 목사님이 가졌던 목회 이념, '정확 철저' 그리고 '해결사' '사람을 살리고 세우는 일이 가장 중요한 일'이라는 것을 늘 마음속에 새기라고 하시며 위로해 주시고 다독여 주셨습니다.

목사님께 받은 특별한 사랑, 나누어주시면 좋겠습니다.

저는 진짜 사랑을 많이 받은 부교역자인 것 같습니다. 물론
목사님을 거쳐 간 많은 부교역자들이 있을 것이지만, 아마
그중에 제가 제일 사랑받은 목회자이지 않을까 생각을 해봅니다.
두정교회로 부임해서 나올 때 목양실에서 목사님 앞에 무릎 꿇고
"제게 축복기도 해주셔야 갈 겁니다." 하며 야곱이 얍복강에서
천사와 씨름하듯이 떼를 썼습니다. 목사님께서 환하게 웃으시면서
"뭘 그래" 그러셨는데 그래도 손 얹고 기도해 주시면서 담임
목회로의 출발을 알리는 기도를 해주셨습니다. 참으로 오랫동안
양손을 머리에 얹어 주시고 대제사장으로서의 축복기도를
해주셨습니다.

그 이후로도 계속 연락 주시면서 이런저런 가르침을 참으로 많이
주셨습니다. 두정교회로 부임하고 나서 3개월쯤 지났을 때 어느
날인가는 심방중이어서 전화를 받지 못한 적이 있었습니다. 심방을
마치고 나서 전화를 보니 여러분 전화가 들어와 있었습니다. 무슨
일인가 싶어 바로 전화를 드렸더니, 지금 올 수 있으면 목사님 계신
방으로 오라고 하셨습니다. 그래서 부리나케 담임목사님 실로
향했습니다. 자리에 앉자마자 천안두정교회의 토지문서에 대한
부분을 이야기해 주셨습니다. "내가 있을 때에 우리 백목사에게
줄 수 있는 마지막 선물이 될 것 같네." 그러시면서 지금 현재
두정교회의 땅을 중앙교회에서 두정교회 이름으로 명의를
바꿔주셨습니다. 그러면서 하신 말씀이 있으셨어요. "목회는
무릎이다, 백목사 잘 들어야 돼. 목회는 무릎이야."하고 격려해
주셨습니다.

지금도 그 격려의 말씀과 가르침 사랑의 목소리가 귀에 생생합니다. 목사님 참 사랑했고 존경했습니다. 그리고 저에게 故이순목사님이란 어떤 분이냐 라는 질문을 주셨는데 저는 이렇게 자신 있게 답할 수 있습니다. "이순목사님은 영원한 저의 담임목사님이십니다. 보고 싶습니다. 고맙습니다, 목사님."

2015년 제주도 해안길을 함께 걸으며

2017년 천안두정교회 임직식

너무나 인간적인

2017년 천안두정교회 임직식 안수례

목사님의 목사님

빈손 들고 앞어가
섭자가를 붙드 너

이순

목사님의
목사님

초판 1쇄 2023년 05월 15일 발행

지은이 권 철, 김권수, 김기영, 김명서, 김상규, 김정호, 김정희, 김치성, 남주희,
리종빈, 박선타, 백승철, 성연순, 어윤일, 워런홀랜드, 이성민, 윤마태,
을지자르갈, 이규황, 이남수, 이종혁, 이준학, 이진만, 이태승, 임종희,
임채련, 최진철, 최찬호, 한현수, 함영복, 현해순

펴낸이 김용환

편 집 안종성

디자인 박지현

발행처 (주)작가의탄생   **출판등록** 제 406-2003-055호

임프린트 하이지저스   **주소** 04521 서울특별시 중구 청계천로 40 CKL 1315호

대표전화 1522-3864   **전자우편** we@zaktan.com   **홈페이지** www.zaktan.com

ISBN 979-11-394-1172-0   03230